GUILLAUME
WARMUZ
Avec Alexandre Taillez

MA VIE SERA ICI

DANS LA MÊME COLLECTION

Alain Bernard - *Mon destin olympique*
Arnaud Démare - *Une année dans ma roue*
Guy Roux - *Confidences*
Wendie Renard - *Mon étoile*
Grégory Havret - *Ma vie sur les greens*

TALENT ÉDITIONS
115 rue de l'Abbé Groult, 75015 Paris

Photo de couverture : © Icon Sport
Photos livret : collection personnelle de l'auteur,
© Icon Sport et © AFP

ISBN : 978-2-37815-344-1

GUILLAUME WARMUZ

Avec Alexandre Taillez

MA VIE SERA ICI

Préface de Franck Raviot,
entraîneur des gardiens de but de l'équipe de France
de football, championne du monde 2018

Talent Sport

SOMMAIRE

AVANT-PROPOS

Champion de France 1998, acteur majeur de la victoire lensoise à Wembley en Ligue des champions la même année, vainqueur de la Coupe de la Ligue en 1999 : Guillaume Warmuz fait partie des légendes du Racing Club de Lens et a réalisé de nombreux exploits connus de tous les supporters sang et or. L'on ne peut toutefois pas résumer sa vie, sa carrière de footballeur ni même son passage au RCL à ces moments.

Jack London disait que « ce n'est pas la destination qui compte, c'est le voyage ». Celui entrepris par Guillaume Warmuz, débuté dans la petite commune bourguignonne de Blanzy, est en effet une aventure pleine de péripéties, faite de hauts et de bas, de questionnements et de travail. À Lens comme ailleurs, les succès rencontrés par « notre » gardien de but furent toujours l'aboutissement d'un long processus.

C'est en 2019 que j'ai échangé avec Guillaume Warmuz pour la première fois. J'achevais à l'époque mon propre livre, *L'Opéra du Peuple, Le stade comme école de vie*, et je prenais mon courage à deux mains pour lui demander s'il me ferait l'honneur d'en écrire la préface. Comme son titre le suggère, mon ouvrage tâche de briser les idées reçues sur les amateurs de sport et plus particulièrement sur les supporters de football en montrant que leur passion est une véritable ouverture sur la culture, notamment historique, et qu'elle peut apporter beaucoup dans de nombreux domaines, en plus de procurer des émotions fabuleuses. Par ce que j'avais pu lire ou entendre à son propos, il me semblait évident que Guillaume Warmuz était un parfait ambassadeur de la thèse que je défends, affichant qui plus est de belles valeurs humaines et spirituelles. C'est très rapidement qu'il accepta ma demande. Immense honneur, joie indescriptible.

De fil en aiguille, une relation de confiance s'est établie. À la suite d'une discussion courant 2020 avec un ami journaliste sportif (Xavier Barret, pour ne pas le nommer !), il m'est venu l'idée de proposer à celui qui a été désigné en 2016 comme le meilleur gardien de l'histoire du Racing de me raconter son histoire. Un premier test « grandeur nature » a été réalisé début 2021 tandis que je préparais un autre projet, et plus précisément un magazine dédié à l'histoire du RCL. Nous étions alors quelques mois après la douloureuse disparition de Daniel Leclercq, figure emblématique du club, et Guillaume racontait avec pudeur, respect, émotion mais sans tabou la relation qu'il avait vécue avec lui entre 1997 et 1999, lorsque « le Druide » était aux commandes de l'équipe première. Ce premier test fut un succès et déboucha donc sur le début du grand chantier que représentait cette biographie. Le covid et la distance géographique entre Guillaume Warmuz et moi-même n'aidant pas, c'est par téléphone que nous tracions les grandes lignes et définissions les angles. S'ensuivit une multitude de rendez-vous téléphoniques, un par semaine pendant des mois, pour retracer sa vie, lui poser toutes les questions possibles, tant sur les péripéties sportives que sur son état d'esprit tout au long de son parcours. Et quel parcours !

Un jeune Bourguignon aux origines polonaises et italiennes découvrait peu à peu le monde du football, intégrait l'Institut national du football de Vichy puis le grand OM de Bernard Tapie, l'équipe de France Espoirs, le monde professionnel… Bien sûr, la décennie lensoise fut exceptionnelle et trouve une place de choix dans le récit, des premiers pas à Avion en 1992 jusqu'au départ quelque peu précipité fin 2002, en passant par les succès et les échecs, sans oublier les relations amicales avec les supporters et avec ses coéquipiers. Mentions particulières à Vladimir Šmicer,

Mickaël Debève et Éric Sikora ! La fin de l'épopée lensoise ne fut pas la fin de la carrière de Guillaume Warmuz. Le grand Arsenal d'Arsène Wenger, le mythique Borussia Dortmund et l'AS Monaco de Didier Deschamps lui ouvrirent leurs portes tour à tour et lui permirent de vivre de nouveaux grands moments.

La vie de Guillaume Warmuz est marquée par le football, saupoudrée de deux blessures évidemment difficiles à appréhender mais également d'une vie de foi. « Notre » gardien est catholique et ne s'en cache pas. Depuis une dizaine d'années, il s'implique dans la pratique de son culte en endossant plusieurs responsabilités. Il profite des derniers chapitres de ce livre pour expliquer son cheminement, ses inspirations, son idéal et ses activités. Non, les footballeurs ne sont décidément pas les incultes égocentriques que l'on décrit souvent !

Tout cela, et bien plus encore, anime cet ouvrage que nous avons souhaité rendre le plus représentatif possible de la vie de Guillaume Warmuz, en respectant sa sensibilité, mais aussi tous ceux qui se sont présentés sur son chemin depuis sa naissance dans la petite commune de Blanzy en 1970. Cette sensibilité et ce respect ont fait accepter à Guillaume Warmuz de confier son histoire à un auteur étant avant tout un supporter. Pour les annexes de cet ouvrage, il a également accepté avec bon cœur de répondre aux questions des supporters des clubs dans lesquels il a évolué au cours de sa carrière, afin de matérialiser la relation qu'il a entretenue avec le public pendant près de 15 ans.

Bonne lecture !

Alexandre Taillez

PRÉFACE DE FRANCK RAVIOT

Guillaume Warmuz,

Un nom, un visage, une carrière de sportif de haut niveau et de footballeur professionnel connu et reconnu dans l'univers du football français…

Mais Guillaume, dit « Gus », est avant tout et surtout un homme. Un homme de cœur, un homme de valeurs, un Homme avec un H plein de grandeur.

Si nous sommes originaires, l'un et l'autre, de Saône-et-Loire, un département auquel nous sommes très attachés, ce sont nos saisons communes à Lens qui ont forgé une amitié jamais démentie. Les années ont passé mais le lien a perduré, invariablement…

Les souvenirs et les anecdotes qui se succèdent tout au long du livre nous font voyager à travers le temps et ont autant de couleurs et de saveurs que les différents maillots portés tout au long de sa carrière par l'auteur…

Il ne peut y avoir de grandes épopées sportives sans de grandes aventures humaines. Leurs histoires sont intimement liées, conjuguées, et ce sont elles qui procurent les plus intenses et saisissantes émotions ainsi que des souvenirs indélébiles…

Guillaume Warmuz, à travers cet ouvrage, nous emmène sur son chemin de vie ou plutôt sur ses chemins de vies, souriants, émouvants mais avant tout authentiques en laissant sa plume traverser les années pour ne jamais nous faire oublier… que la vie est d'une infinie beauté !

Franck Raviot

INTRODUCTION

Nous sommes le 27 avril 1996. Nous recevons l'équipe de Montpellier au stade Félix Bollaert de Lens. C'est le genre de match de football professionnel vraiment délicieux à jouer, à enjeu maximal entre les deux formations, déterminant pour la 5e place du championnat de France et la qualification pour la coupe d'Europe.

C'est une partie avec beaucoup de tension, le stade est archicomble.

Nos adversaires du jour ouvrent le score, nous sommes donc menés 1-0. Puis vient le moment de l'égalisation et le peuple sang et or exulte ! Dans la foulée, les Montpelliérains se ruent vers mon but et obtiennent un coup franc à la limite de la surface de réparation, légèrement décalé sur mon côté droit. C'est Michel Der Zakarian qui va le tirer. Il reste peu de temps.

Le ballon part, passe par-dessus le mur formé de mes défenseurs, en direction de ma lucarne droite. Je me détends, je pousse le plus fort possible sur mes jambes, je donne tout. Je veux aller chercher ce ballon, coûte que coûte, en sortant mes bras. Je le touche, le dévie de la main droite et finalement l'empêche de rentrer. Le ballon retombe devant la ligne de but, offert au premier arrivé. Les joueurs des deux équipes se précipitent avec un engagement féroce, les uns pour marquer, les autres pour défendre. Finalement, dans la confusion, mes défenseurs seront les plus prompts pour dégager le ballon.

Le score ne bouge pas, mais en retombant à l'intérieur de mon but, dans les filets, je ressens un effet particulier, comme si quelqu'un m'enfonçait une grosse aiguille à tricoter dans mon genou gauche. Un début de bagarre éclate autour de moi. La douleur est grande, et plus encore. J'essaye de me relever mais je ne peux pas, cette piqûre refait son effet, je n'y arrive pas. Je hurle de douleur, je sens que je vais pleurer. Le staff médical arrive en courant, il s'affaire à mes côtés. Je ne peux pas me mettre debout.

Tout s'arrête là pour moi.

Je me retrouve sur un brancard pour la première fois de ma vie et le stade m'ovationne. Je quitte immédiatement le terrain pour aller faire des examens. Tout cela a été si rapide. Dans l'ambulance je retrouve mon épouse. Je me relâche, la route et ses petites secousses me font comprendre par la douleur qu'elles génèrent que la blessure est grave.

Les examens sont maintenant terminés, il va falloir voir un spécialiste. Je suis sur le chemin du retour en direction de la maison, j'apprends finalement à la radio que nous avons gagné. C'est validé, voilà de nouveau une campagne européenne, pour le club la saison prochaine ! Cette action, ce geste, ce don de moi-même, n'ont pas été en vain.

Ce fut une nuit incroyable. Tout le monde est venu à la maison. Le défilé du Racing Club de Lens a duré toute la nuit, un va-et-vient incessant : joueurs, dirigeants, entraîneurs, familles entières et le président Martel. Un groupe de supporters s'est même formé devant la maison, obligeant gentiment la police à venir. Tous, nous refaisions le monde et pas qu'un peu… !

Bière, champagne et autres boissons étaient de rigueur pour fêter dignement la victoire et honorer cette saison réussie. Les chants sont sortis peu de temps après. C'était une ambiance indescriptible, un moment si unique. Il y avait tant de joie. Je me souviendrai toujours du regard de ce ciel étoilé.

Puis, écumant les secondes ultimes, la dernière personne est partie, elle est rentrée chez elle et le petit matin est arrivé. Tout le monde est parti se coucher et je suis resté seul, avec ce nouvel état de moi-même, inconnu jusque-là. J'ai scruté ma mémoire, mes pensées, mon esprit depuis mes tout premiers souvenirs, en cherchant ces origines.

J'ai retracé le fil de ma vie.

1.
D'ITALIE ET DE POLOGNE JUSQU'EN BOURGOGNE

Warmuz est un nom qui vient de Pologne, dont on a retrouvé la trace jusqu'au XIIe siècle. Plus précisément, nos origines viennent de Wadowice, la ville du pape Jean-Paul II. Lors de l'entre-deux-guerres, mon grand-père paternel est venu s'installer en France une première fois mais est vite rentré en Pologne. Il est parvenu à revenir définitivement juste avant la Seconde Guerre mondiale. Bien lui en a pris puisqu'il a été décoré pour hauts faits d'armes, sur le sol français, étant entré dans la résistance alors qu'il n'avait pas encore la nationalité française. Il subit deux blessures dont il put se remettre, fut décoré par le Général de Gaulle et devint français à cette occasion. Avant la guerre et après sa fin, il cherchait du travail, et c'est en Bourgogne que la terre promise a pu être trouvée, dans le quartier des Gautherets à Montceau-les-Mines où vivaient principalement des Polonais et des Italiens. À cette époque, les dossiers des immigrés, et notamment leurs compétences, étaient étudiés au cas par cas, avant qu'ils obtiennent la nationalité française. C'est dans ce quartier que mon grand-père Antek Warmuz a rencontré ma grand-mère Helena Gottardi. Elle était née en France en 1928, deux ans après l'arrivée de mon arrière-grand-père italien, Alberto Angelo Gottardi. La famille était originaire de Vénétie, au nord de l'Italie.

Antek et Helena se sont mariés le 4 octobre 1947 et de cette union sont nés deux enfants, mon père Robert et ma tante Violette. Mon père a vécu sa vie de jeune homme avec une origine italo-polonaise un peu particulière. C'est grâce à mon grand-père qu'il est né français. Ma maman Bernadette, elle, habitait à Blanzy, un village attenant à Montceau, à l'ouest de la ville. Son arbre généalogique remonte pratiquement jusqu'à la Révolution. Elle est issue de la famille Coronel, de tradition et de souche françaises, enracinée en Bourgogne du Nord, du côté de la ville d'Autun. Mon père et ma mère se sont rencontrés en janvier 1969. Il se sont aimés, ils se sont mariés en novembre de la même année et moi je suis né tout de suite après.

Le quotidien de mon arrivée dans la vie était magnifique.

Les premiers souvenirs, en creusant au plus profond de ma mémoire, remontent à l'époque où mes parents habitaient dans un immeuble à Montceau-les-Mines. Je devais avoir trois ou quatre ans et j'ai un « flash » où je me revois sur le balcon. J'ai aussi un souvenir identique du côté des Gautherets, où, du côté de mon père, les hommes jouaient aux boules, mais pas seulement à la pétanque, aux boules dites lyonnaises, une variante plus volumineuse. Enfin, j'ai encore en tête des images de ma grand-mère maternelle qui me gardait à Blanzy les mardis soir.

Mon père était chauffeur routier puis est devenu agent de maîtrise tandis que ma maman était secrétaire. Ils travaillaient tous les deux dans la même entreprise de transport. Mes deux grands-pères travaillaient à la mine. Des mineurs, tout comme mon oncle et « parrain Daniel » d'ailleurs, qui est décédé il y a peu. Habiles de leurs mains, ces hommes travaillaient aussi pendant leur temps libre, pour toutes sortes de tâches, comme réparer des machines à laver, faire du jardinage où encore aider le voisinage...

J'ai vécu dans cette ambiance d'ouvriers solidaires, de gens simples, de ces personnes avec toutes ces valeurs que nous aimons tant, celles qui respectent les traditions, malgré les différences qui pouvaient exister. Et il y avait plein de gamins de mon âge dans le quartier, avec leurs parents, les frères, les sœurs… Bien sûr, il y avait les copains, avec qui l'on jouait tout le temps au football. Dès qu'une fenêtre de quelques secondes se présentait, un ballon arrivait de nulle part et le match pouvait enfin commencer. Je souhaite à tous les enfants de vivre ça !

Mes parents ont déménagé à Blanzy dans une résidence HLM, puis ils ont pu acheter une maison, nous rapprochant du côté maternel. J'ai une sœur, Stéphanie, de cinq ans ma cadette. Elle a fait du judo, elle avait un très bon niveau et a même participé aux championnats de France. Je lui fais un petit clin d'œil particulier, de frère à sœur. Elle est toujours à Blanzy aujourd'hui et travaille comme éducatrice et professeur de judo.

Je suis rentré à l'école maternelle de Blanzy, qui était juste en face du stade, comme par hasard ! J'en ai de très bons souvenirs, l'ambiance était bonne, même si c'était un peu dur au début de lâcher sa famille. Ces souvenirs sont très frais dans ma mémoire. Mes premiers souvenirs vraiment constants remontent à l'âge de cinq ou six ans et sont majoritairement liés au football.

2.
À BLANZY, LA NAISSANCE D'UNE PASSION

Cette découverte du football est liée au voisinage de mes grands-parents maternels, qui habitaient autour de la verrerie de Blanzy. Celle-ci était attenante à l'ancien stade de l'équipe de football de Blanzy-Montceau, qui a joué jusqu'en troisième division à une certaine époque, l'équivalent du National 1 aujourd'hui. C'est une route nationale qui a eu raison de cet ancien stade, le délocalisant de quelques mètres. Et c'est dans ce vaste espace restant, alliant pelouse, herbe naturelle, terrain en terre et quelques arbres servant à faire les buts à défendre, que mes genoux et mes coudes ont commencé à goûter le terroir, même si je n'avais pas encore de poste bien défini.

L'usine n'existait plus en tant que telle mais il y avait encore toute la structure pour les habitants qui étaient et souhaitaient être serrés les uns aux autres, telle une belle grappe de raisin autour de son cep de vigne. Plutôt normal en Bourgogne ! Parmi les habitants il y avait un monsieur qui s'appelait Robert Pommerolle, décédé aujourd'hui – paix à son âme – et qui avait deux enfants, Sébastien et Olivier. Je suis un tout petit peu plus âgé qu'eux, mais c'est ensemble que nous avons commencé à jouer. Comme leur père, le football était passionnel, pour tous. Gilles, un autre voisin, nous rejoignait de temps à autre. Tout a débuté dans ce lieu de la verrerie où M. Pommerolle nous préparait des entraînements. Il installait des piquets pour faire les buts et organisait des petits matchs. Rapidement, ma famille s'est renseignée pour savoir s'il était possible que je signe une licence dans le club de Blanzy, qui venait de se restructurer quelques années auparavant, à peu près au moment de ma naissance. Seulement, je n'avais que cinq ans, et il fallait en avoir six…

Mon cousin Christophe faisait de la gymnastique dans le gymnase situé juste à côté de la verrerie. Je suis allé voir, ça m'a plu et pendant un an je suis devenu gymnaste. L'avantage, c'est qu'il suffisait de pousser la porte pour me retrouver immédiatement avec les « jeux de quartier » où l'on continuait de taper dans le ballon, sans cesse, bien sûr. Cette année de gymnastique m'a finalement beaucoup servi. Cela m'a notamment appris comment cultiver la souplesse. Une qualité on ne peut plus utile pour un gardien de but !

Tout était très simple à l'époque. Je me levais, je rejoignais les amis, nous traversions la route et nous étions à l'école. Avant le début de la classe, il y avait un préau et pour bien débuter la journée nous disputions une petite partie de football. Puis arrivait la récré et un autre match s'imposait. À midi, nous rentrions manger à la maison et le soir il fallait faire les devoirs, le plus vite possible pour pouvoir enfin, de nouveau, jouer au football. C'était football en permanence !

À six ans j'ai enfin pu prendre une licence. J'étais tout de même allé me renseigner du côté de Montceau-les-Mines, dont l'équipe A professionnelle jouait en seconde division (L2). Finalement, j'ai décidé de rester à Blanzy avec mes copains. M. Pommerolle a pris la charge de ce qu'on appelait « les poussins ». J'étais tellement heureux et fier d'en faire partie pendant deux ans avec ses fils ! Il y avait une ambiance d'insouciance, de camaraderie… Je pourrais presque dire que c'était la même famille. C'était l'essence même du football.

Comme tout le monde, je voulais jouer, attaquer et marquer des buts. Un jour, M. Pommerolle me demanda : « Tu te débrouilles bien, mais est-ce que ça ne te dirait pas de jouer gardien de but ? »

C'était quelque chose que je n'avais pas forcément envisagé. Non pas parce que je n'avais pas de talent pour jouer à ce poste… Mais plutôt parce que j'étais le plus grand ! J'avais un caractère assez docile, il est vrai, mais je n'avais jamais pensé ni même réfléchi à tenir ce rôle en permanence. Je lui ai quand même répondu « Pourquoi pas... ». Et voilà que l'on m'envoyait les balles et que j'ai commencé à les arrêter.

La première sensation fut celle d'un simple bien-être. Je me trouvais bien. Je me sentais à ma place. Le fait de m'avoir fait cette proposition m'a comme investi. J'étais dans mon but comme dans une maison. Cela me plaisait. C'est comme si quelque chose me revenait, à moi. C'était maintenant mon lieu, mon espace, que j'allais devoir défendre, et finalement je ne suis plus jamais sorti de cet endroit si spécial. Voilà comment tout a commencé : en écoutant mon éducateur !

À partir de la deuxième année, nous jouions des matchs contre les équipes locales. Là, j'ai commencé à vraiment prendre goût aux entraînements. Je commençais un travail un peu plus technique pour arrêter les tirs. C'est le début de la connaissance des gestes spécifiques pour plonger. À l'époque existait le challenge Guérin, une évaluation individuelle sur les capacités techniques des garçons qui jouaient au football, avec des tests de jonglage, de vitesse… Les matchs des « poussins » ont commencé à l'âge de six-sept ans, mais je me souviens davantage de la période suivante, entre huit et douze ans. Trois événements structurants me semblent importants à raconter.

Le premier a eu lieu lors d'un match où le score était serré. J'avais réussi un arrêt décisif en toute fin de match, arrêt qui nous avait permis de gagner. Toute l'équipe était venue me féliciter pour ce geste déterminant. Cette sensation d'être héroïque, de devenir tout à coup important, a totalement validé le fait de vouloir être et de devenir gardien de but.

Ce fut dans la foulée que le second événement structurant se produit. Il va être fondamental, et même – n'ayons pas peur de mots – historique, légendaire ! Il y avait dans mon équipe les frères jumeaux Stivalet. L'un des deux, Richard en l'occurrence, me dit : « Tu ressembles à un *gugus* qui saute partout et arrête les buts. » Jusque-là me direz-vous, rien de bien original. Sauf que de ce moment, ce sobriquet est resté. Très rapidement le préfixe *gu* disparut, au profit de… Gus. Ce qui, en définitive, ne pouvait pas mieux me correspondre, puisque Guillaume est beaucoup trop long à dire quand vous êtes dans le feu de l'action. Ce sont également les deux premières lettres de mon prénom et

Gus se porte très bien, à dix ans comme à cinquante. Pour preuve, il n'y a pas un endroit dans ma carrière de footballeur et dans ma vie, même à l'heure actuelle, où quelqu'un ne m'appelle pas… Gus. Mieux, je suis certain que nombre de joueurs et de personnes m'ont seulement appelé Gus, parce que finalement, c'était simplement évident.

Enfin, pour le troisième événement « structurant » de cette période, je retiens une anecdote qui m'a beaucoup marqué, piqué sur le moment, mais qui m'a surtout fait beaucoup de bien pour le restant de mes jours. Ma grand-mère maternelle, Jacqueline Coronel, s'occupait de moi le mardi soir et le mercredi pour la journée, puisqu'il n'y avait pas d'école. Elle était formidable et pouvait être aussi gentille que rigoureuse. Un mercredi matin, alors qu'elle m'aidait dans mes devoirs, elle découvrit que j'avais eu une mauvaise note à l'école, que j'essayais de cacher tant bien que mal. La sanction fut immédiate. « Puisque tu n'as pas bien travaillé, me dit-elle, tu n'iras pas à l'entraînement de football cet après-midi ! » Là, le monde s'est écroulé sous mes pieds ! Je suis devenu le garçon le plus malheureux de la Terre. Me couper du football a été pour moi la pire chose qui pouvait m'arriver dans la vie.

Cet épisode m'a marqué pour le restant de ma vie. Je me suis dit que plus jamais je ne ferais cette erreur funeste, de ne pas faire tout ce qu'il faut… pour aller au football. Et c'est ainsi que j'ai tenu cette promesse faite à moi-même durant tout mon parcours scolaire. Mon objectif n'était pas d'avoir de bonnes notes mais uniquement de faire le nécessaire, pour pouvoir aller jouer, m'entraîner, vivre football. Voilà pourquoi, j'ai toujours eu entre 10 et 12 de moyenne dans toutes mes classes.

Si j'ai pu évoluer dans ma vie d'homme, plus tard, pour aller chercher le meilleur, c'est parce qu'il y a eu des moments éducatifs décisifs, avec la présence des parents et des grands-parents. Ils ont donné le meilleur et contribué à nous éduquer de façon rigoureuse. Cet aspect est important pour nous, qui avons aussi des origines étrangères. Sans faire du Zola et pleurer sur notre sort non plus, il était important de nous faire remarquer par notre discrétion et notre respect des institutions, mais surtout de briller par la valeur de notre travail. C'est cet ancrage et le souvenir de cet engagement de tous les membres de ma famille qui ont creusé mon mode d'action, la tenue à suivre, la direction pour prendre les décisions essentielles.

L'anecdote des devoirs est un bon exemple. Il fallait travailler, dire bonjour, être poli. Ma famille ne suivait pas d'équipe professionnelle, ils n'étaient pas des « fans » acharnés. Ils étaient passionnés de football, certes, mais le marketing n'était alors pas autant développé que de nos jours. On en était encore au début de *Téléfoot* le samedi soir. Pas de matchs retransmis chaque jour, évidemment. C'était le moment où l'on passait à peine de la télé en noir et blanc à la couleur. Nous attendions avec impatience, je dirais presque religieusement, la seule émission qui était diffusée. Je me souviens m'être toujours assis à la même place, sur un coussin posé sur le tapis... Déjà prêt à plonger ! Malgré cela, ce n'est pas cet aspect qui a déclenché mon intérêt pour le jeu. C'est le jeu en lui-même !

Cependant, à cette période, ce sont les Verts dont on commençait à entendre parler. Ceux de l'ASSE. Saint-Étienne c'étaient les ouvriers, c'était Manufrance, la manufacture, cet état d'esprit travailleur, donc cela nous correspondait parfaitement. Un environnement qui plus est relativement proche de chez nous, à environ deux heures de route. Au printemps 1976, nous avions beaucoup de monde à la maison pour dîner, famille, amis, à l'occasion de leur demi-finale victorieuse contre Eindhoven en Coupe d'Europe des clubs champions, l'ancienne Champions League. Nous regardions donc le match à la télévision, quand tout à coup, lorsque les Verts ont marqué, l'un des invités, qui avait le pot de moutarde dans les mains, a tapé si fort sur la table qu'il l'a non seulement explosé, mais le contenu du pot s'est retrouvé collé au plafond. S'il vous plaît, rien que ça ! Quand on est gamin, ça marque à jamais ! Leur défaite en finale contre le Bayern a été traumatisante. Nous étions atterrés. Chacun essayait de trouver le ou les responsables : l'arbitrage, les fameux poteaux carrés… À vrai dire, à mon âge je ne savais pas trop ce que tout cela voulait dire. Je me souviens qu'ils avaient tout de même défilé sur les Champs-Élysées, et cela aussi nous l'avions suivi à la télé.

Quelques années plus tard, j'ai eu la chance d'aller voir un match dans le Chaudron au stade Geoffroy Guichard. Après l'épopée européenne, les dirigeants du club de Blanzy, la famille et les amoureux du football de la ville ont organisé un bus, parce que justement, tout le monde aimait beaucoup les Verts, il y avait un engouement exceptionnel. Là encore, cet instant de vie reste profondément ancré ! J'ai encore eu la chance de pouvoir y aller une seconde fois au début des années 1980, lorsque Michel Platini jouait. Avec mes amis nous l'aimions beaucoup, et particulièrement ceux d'origine italienne. Nous l'adorâmes encore plus lorsqu'il joua pour la Juventus de Turin, la Juve, par la suite !

C'est à mes douze ans que s'est produite, dans ma vie de jeune footballeur, ce que j'appellerais une première bascule décisive. Celle-ci s'opéra lorsqu'est arrivé à Blanzy un nouvel entraîneur, M. Christian Larièpe. Pour situer le personnage, il travailla plus tard, après notre avènement, dans les centres de formation de Louhans, Saint-Étienne et Marseille. Mais également dans les clubs de Nantes et du Dynamo Moscou. Avant de rejoindre Blanzy, il faisait partie du groupe de l'équipe professionnelle de football à Montceau-les-Mines. Il avait une petite trentaine d'années et n'était pas un titulaire indiscutable. Ses parents voulaient qu'il reprenne coûte que coûte l'entreprise familiale. Le problème, c'est qu'il souhaitait tenter sa chance en tant que footballeur ailleurs, espérant devenir professionnel dans un autre club. Sa situation le frustrait terriblement. Voyant que rien ne s'arrangeait pour lui, il décida de quitter le club de Montceau, brutalement.

C'est ainsi que ses espoirs déçus de ne jamais devenir footballeur professionnel se muèrent en une mission de transmission envers une jeune équipe. Il ressentit comme une obligation de faire quelque chose, tout d'abord pour libérer toute cette frustration qui existait en lui-même, mais surtout pour concrétiser cette envie de réussir dans le football et d'alimenter son côté compétiteur. Il avait la fibre de la formation et est arrivé chez nous à Blanzy, telle une météorite tombant de l'univers football sur nos jeunes têtes blondes. Comme un astre venant éclairer ce qu'il pouvait y avoir de meilleur en nous-mêmes. Pendant toutes ces années, il nous a tout simplement donné la meilleure préformation qui puisse exister.

Nous sommes passés d'une ambiance d'insouciance et d'amitié avec un football basique, presque champêtre, à quatre entraînements par semaine ! J'avais un entraînement spécifique pour gardien le mardi soir puis il y avait des entraînements collectifs le lundi, le mercredi et la veille du match du week-end. Il y avait toujours autant de plaisir mais nous n'étions plus dans la même dynamique insouciante. Nous avions basculé dans le plaisir de la victoire. Et ce fut à travers Christian que j'ai commencé à avoir l'idée et l'ambition de faire du football un objectif professionnel.

Une image me revient souvent en tête, à l'évocation de ces souvenirs. Avant son arrivée, je jouais avec des genouillères, un gros pantalon, des coudières. J'étais alourdi, je ressemblais plus à un gardien de hockey sur glace qu'à autre chose... Lui m'a tout enlevé, m'a mis une tenue « Le Coq Sportif », des nouveaux gants. Il a tout dégrossi. Ayant côtoyé les pros, il voulut nous donner un aperçu de ce monde. Il a développé en moi le plaisir d'être gardien, l'élégance également, mais surtout, il m'a montré ce qu'il était possible de faire, avec mes qualités.

Début des années 1980, Coupe du Monde 1982 en Espagne et cette défaite de l'équipe de France contre l'Allemagne. Je m'en souviens comme si c'était hier et m'en souviendrai toujours. Le scénario du match, la dramaturgie finale, le lieu, le moment, l'heure de ce rendez-vous historique. Pour atténuer l'amertume et sauver le tout, c'est finalement l'Italie qui a été championne du monde, en battant les Allemands justement, dosant ainsi, un peu, cette immense déception... Tout cela est lié.

Et la passion augmentait ! La rencontre avec Christian fut donc déterminante. Il devenait à la fois un entraîneur, un ami, un grand frère qui voyait en moi quelqu'un qui travaillait et progressait. De douze à quatorze ans, l'équipe a suivi tranquillement son bonhomme de chemin, mais les choses n'ont pas tardé à s'accélérer. Nous commencions à disputer et gagner des tournois internationaux, celui de Vaulx-en-Velin par exemple. Notre entraîneur est parvenu grâce un leadership génial à organiser chez nous au printemps 1986 un tournoi international qui fut une vraie réussite sur tous les plans. Nous avons affronté entre autres le Sporting Club de Toulon, le RC Strasbourg et le Partizan de Belgrade. Nous avons battu chacune de ces équipes en ne prenant aucun but sur l'ensemble du tournoi ! Christian avait réussi à renforcer l'équipe en ramenant les meilleurs jeunes du département.

Nous avons conclu cette saison 1985-1986 en beauté, avec un des plus hauts faits, en étant champions de Bourgogne devant l'AJ Auxerre d'un certain Guy Roux !

L'AJA raflait tout et était en pleine ascension à cette époque précise. Ce jour-là, Guy Roux était très présent, il hurlait au bord du terrain, après les joueurs, après l'arbitre… Il a tout fait pour que son club gagne mais cela n'a pas suffi ! Nous avions une équipe très forte, avec un état d'esprit incroyable, et après avoir fini en tête dans notre département, nous avons joué et gagné cette finale 1-0. Battre le club professionnel de l'AJ Auxerre, quelle fierté pour les joueurs, leurs familles et le club de Blanzy ! Historique !

Malgré les années, Christian et moi sommes toujours restés liés, d'une affection indélébile d'amis. Il a été l'auteur d'une genèse inédite en accomplissant quelque chose d'extrêmement brillant. Un truc incroyable ! Il a réussi à fédérer des types, dont mes meilleurs amis Gilles De Bonis et Jérôme Narcisse qui était défenseur central, par exemple. Jérôme le dit lui-même : « Moi, techniquement, mon registre était très simple », mais de ce défenseur à l'ancienne qui avait la capacité d'empêcher l'attaquant adverse de marquer, d'annihiler ses occasions, l'entraîneur a tellement développé chez lui cette volonté de défenseur pur, qu'il en est devenu professeur de boxe ! Nous avions su trouver et avons toujours conservé cette dynamique, cette culture de l'excellence, la volonté d'être les meilleurs. Quatre joueurs de notre équipe de Blanzy sont devenus professionnels : il y a eu Thierry Kruajitch et Tony Serandao, qui ont principalement joué à Louhans-Cuiseaux. ; Lucien Sergi, qui est aussi allé à Louhans-Cuiseaux, mais également à Valence, Niort et Grenoble. Et moi.

À la suite de ces événements inoubliables, il y eut comme un arrêt brutal. Comme si un espace s'ouvrait sous nos pieds pour tout avaler, pour nous précipiter dès l'âge de seize ans vers une autre destination. L'heure des départs de chacun vers sa propre vocation avait sonné. Je me souviens de ce moment très particulier où, tout à coup, une autre réalité faisait jour. Cette joie commune, cette progression collective, cette vibration constante avec le sommet que nous venions d'atteindre ne devaient subitement plus pouvoir demeurer. Pire, c'était comme une prise de conscience venant se figer devant nous pour nous signifier la fin de ce moment. Que de pleurs, intimes et pudiques. Nous étions ces jours-là privés de nos êtres profonds. La vie allait changer, chacun devant partir dans sa propre direction. Nous ne pouvions plus être les uns avec les autres.

De mon côté, mes performances ne sont pas restées infructueuses. J'ai tout de suite eu des contacts, notamment avec le Sporting Club de Toulon, qui m'a demandé de venir faire un essai. J'y suis allé avec mes parents et j'ai rencontré Rolland Courbis. Il ne s'en souvient sûrement pas et je n'ai jamais eu l'occasion d'en discuter avec lui lorsqu'il était mon entraîneur au RC Lens. Malgré l'accueil très chaleureux des gens du club et la proposition concrète qui m'a été faite suite à ma bonne prestation, je n'avais qu'une idée en tête : entrer à l'Institut national du football de Vichy, l'INF. C'était L'ÉCOLE, LA référence, encore aujourd'hui, pour les gardiens de but. Parmi ses anciens élèves : Jean-Luc Ettori, gardien emblématique de l'AS Monaco, titulaire des Bleus de l'équipe de France lors de la Coupe du Monde 1982, Pascal Olmeta ou encore Alphonse Areola pour un exemple plus récent. Et tant d'autres…

D'un point de vue pragmatique, Vichy n'était qu'à deux heures de la maison. J'ai donc commencé par réaliser tous les tests nécessaires pour me donner la chance de pouvoir vivre cette formation unique. Des tests d'abord départementaux, régionaux puis nationaux, avec les meilleurs joueurs qui se retrouvaient pendant une semaine sur place à Vichy. J'ai réussi à faire partie des 40 sélectionnés pour l'épreuve finale, décisive, qui se déroulait tout le mois de juillet à Saugues, dans la Haute-Loire, non loin du Puy-en-Velay. Mon père n'était pas frontalement opposé à ma volonté de tenter ma chance de devenir footballeur professionnel, sinon je n'aurais pas pu le faire, mais il m'a simplement montré la page des demandeurs d'emploi, les annonces professionnelles dans le journal. Puis il m'a dit : « Chez nous il n'y a pas de chômeurs. Va faire ce que tu as à faire, mais si ça ne marche pas il faudra que tu travailles. » Cette phrase a fait mûrir en moi une autre option qui me parlait bien au cœur.

À l'âge de quatorze ans, j'avais travaillé pendant les deux mois d'été chez le frère de mon entraîneur, qui était garagiste. Le garage se situait juste à côté du lieu où mes parents travaillaient. J'effectuais différents travaux, mais la mécanique me plaisait beaucoup, surtout lorsque je voyais le mécanicien œuvrer sur une voiture. Tout semblait évident pour lui. Depuis ce jour, je me suis donc dit que je devais comprendre sa logique, son assemblage, son fonctionnement. Cela a développé en moi l'envie de l'imiter. Un jour de grande chaleur, l'ensemble du personnel du garage était affairé sur une voiture qui était sur le pont pour un changement de moteur. Tout à coup, une dame se présente à la porte. Le patron me demande d'aller voir la demande. Le pneu de sa voiture venait de crever à quelques mètres de là. Je prends le matériel nécessaire, cric, clés, etc. et assure tout seul la réparation. Le « C'est pour toi, Guillaume » lancé par mon patron résonne encore dans mon cœur : me voilà reconnu pour mes compétences ! Entre-temps, j'avais également développé un grand intérêt pour le sujet de la Seconde Guerre mondiale, à sa complexité, à l'armée, au courage de ces hommes et plus particulièrement au rôle des porte-avions. Le chemin qui reliait ces deux passions a été très rapide dans ma tête : devenir mécanicien sur un porte-avions. Voilà donc ce que serait l'autre direction de ma vie si je ne parvenais pas à devenir footballeur professionnel. C'était donc simple, j'avais le choix entre réussir et réussir ! Alors j'ai choisi de réussir…

Ma maman, comme plus souvent chez les mamans, était plus « coulante », dans le sens maternel, c'est pourquoi elle a bien œuvré et m'a permis de pouvoir tenter ma chance. Je la remercie particulièrement pour cela. Elle m'avait tout de même inscrit au lycée au cas où, parce que le destin est toujours incertain, et le football n'était pas encore validé comme une réussite sociale, tel qu'il est aujourd'hui.

3.
L'INF VICHY, UNE ÉCOLE DE VIE PAR LE FOOTBALL

L'INF était la référence institutionnelle de la fédération, créée à la suite des années 1960/70, quand l'équipe de France avait plus de mal au niveau international. L'objectif était de trouver une solution pour permettre une formation plus approfondie des jeunes sur l'ensemble du territoire. C'est donc en novembre 1972, à Vichy, que l'aventure INF a débuté avec une profusion de terrains d'entraînement toujours bien tondus, un stade avec de grandes tribunes pour les matchs officiels et toutes les infrastructures nécessaires. Le but était de former des jeunes joueurs pour le monde professionnel, pendant trois années, de seize à dix-neuf ans. Par la suite, les clubs professionnels ont pris à leur compte cette formation en créant leurs propres centres. L'INF était donc une référence en 1986 quand je l'ai intégré, et notamment pour les gardiens de but. La fédération a ensuite acheté le château de Clairefontaine que nous avons intégré en janvier 1988. J'y reviendrai plus tard.

Je veux laisser mon propos s'attarder sur une parenthèse qui a chagriné le justicier qui sommeille en moi. Lors de l'écriture de ce livre, je me suis rendu compte d'un oubli : à en croire mes calculs, l'INF a fêté ses 50 ans en 2022. J'ai découvert avec une joie mêlée de tristesse qu'il devait bien avoir eu un événement pour marquer ce moment. La joie, c'est que les enseignements de l'INF perdurent, et de quelle façon ! C'est désormais à Clairefontaine que s'exprime son héritage, avec cette préformation unique en son genre. Quel savoir-faire et quelle continuité dans sa réussite mondiale, avec cette quantité de joueurs qui en sont sortis, qu'ils soient retraités ou encore en activité !

Ma tristesse venait d'un oubli, d'une maladresse peut-être, involontaire j'espère, celle d'une pensée restrictive. En effet, depuis 1988 et le passage de Vichy à Clairefontaine, j'avais le sentiment que, finalement, rien n'a existé avant. Ou plutôt, que tout a débuté à partir de 1988. C'est vrai pour la préformation mais faux si l'on tient compte de l'institution dans son ensemble. Pour le dire autrement, je pensais qu'il aurait été légitime et juste de mettre à l'honneur, pour ses 50 ans, ceux qui ont connu le départ, le balbutiement de l'aventure, son fondateur, ses premiers entraîneurs et ses joueurs mais aussi et surtout chaque promotion. Ayant personnellement eu la chance d'atteindre, de dépasser ce que j'avais pu imaginer étant enfant, puis de vivre le très haut niveau pendant 20 ans, tel n'a pas été le cas de certains – j'ose le mot – frères d'armes de l'INF. C'est bien par ce long processus de maturation, après l'arrivée chaque année d'une nouvelle promotion, que l'édifice actuel tient et porte tant de fruits.

Certes, le passé est le passé et il faut bien regarder ce futur qui arrive, mais je pense que chaque joueur est aussi important qu'un autre, et que celui qui est le plus renommé le doit également, d'une certaine manière, au plus anonyme. Regarder d'où l'on vient pour savoir où l'on va : cet héritage n'est donc pas uniquement à mettre au compte de Vichy ou de Clairefontaine, d'un espoir de treize ou seize ans, des jeunes ou des aînés, des stars ou des inconnus. Chaque personne a apporté son histoire, s'est formée et est ressortie différente, en laissant sa trace personnelle dans l'Institut qui, lui-même, lui a rendu ce quelque chose d'unique. Une singularité qui nous habite tous et que nous souhaitons transmettre. J'aurais aimé que la Fédération française de football recherche et invite chacun d'entre nous, ne serait-ce que pour un verre de l'amitié, avoir un petit livre retraçant l'histoire complète, voir son petit nom inscrit dans l'édifice ou prendre simplement des nouvelles. Mieux, avoir une pensée pour ceux qui sont décédés, par exemple. Bref, faire vraiment mémoire des 50 ans de l'Institut national du football. Cette idée me semblait opportune, d'autant plus que le directeur technique national est M. Hubert Fournier, qui lui-même a fait l'INF, et que j'ai vu évoluer en troisième année alors que je faisais mon entrée.

Quelques jours avant de valider définitivement le manuscrit pour la publication de ce livre, j'ai reçu le mail que voici :

Chers anciens pensionnaires de l'Institut national du football,

Nous espérons que ce message vous trouve en excellente forme depuis votre passage à l'INF en 1986-1988.

Nous sommes heureux de vous annoncer que la Fédération française de football célébrera très prochainement le 50e anniversaire de l'INF, un événement qui mettra à l'honneur la formation à la française et tous les anciens pensionnaires qui ont contribué à cette réussite collective.

Nous souhaitons vous inviter chaleureusement à participer à cette célébration qui se déroulera à l'automne 2023 au Centre national du football de Clairefontaine.

Ce message confirmait bien la tenue de mes pensées exprimées plus haut. Si je me suis permis, par cet écrit, de reprendre les hommes de l'institution sur nos fondements, c'est parce que justement, cet oubli ne correspond pas à ce que nous sommes. Pour preuve, l'invitation est là, parce que le ou les auteurs de cette idée ne pouvaient pas, tout comme moi, supporter que rien ne puisse être fait au regard de l'histoire et de tout ce que l'INF représente. Je prends donc ma plume et glisse chaleureusement :

Merci sincèrement pour cette invitation, je l'attends maintenant avec grande impatience.

Revenons à mon entrée à l'INF. J'espérais y recevoir tous les conseils qui allaient me permettre de pouvoir devenir professionnel. Au début, ce fut très dur. À la suite de l'écrémage fait pendant l'été, en ce mois de juillet, nous nous entraînions trois fois par jour. C'était un rythme un peu militaire, humainement assez difficile, mais cela m'a beaucoup servi et également à tous ceux qui sont passés par ce mode de formation. C'était la marque de fabrique de cette institution. Il fallait avoir le goût de l'effort et chercher des ressources mentales. Être sélectionné pour la première année était déjà une étape importante. La formation durait trois ans. Les jeunes de première année jouaient en division d'honneur (R1 aujourd'hui), ceux de deuxième année en quatrième division (N3) et ceux de troisième année en CFA (N2), avec les équipes réserves des clubs professionnels. Ces différents niveaux permettaient de se confronter d'abord à des adultes et de progresser pour se rapprocher de l'élite.

En ce qui me concerne, en ce mois d'août 1986, après avoir été retenu pour vivre cette première année, les six premiers mois à Vichy furent très compliqués. Nous étions trois gardiens de but et je me suis retrouvé numéro 2 durant la première partie de saison, de juillet jusqu'à décembre. Je m'entraînais tous les jours mais je n'avais pas la finalité. C'est la première fois que je vivais une telle situation. Au fond de moi, je ne comprenais pas ce choix, non pas parce que je pensais que celui qui était choisi comme numéro un ne méritait pas sa place, mais parce que dans mon esprit, j'ai toujours été numéro un et il était évident que je le sois. Évidemment il n'y a qu'un seul gardien qui joue.

Nous n'avions pas de portable, pas d'ordinateur, nous ne pouvions donc échanger avec nos familles comme aujourd'hui. C'était uniquement par courrier et avec un coup de fil de temps en temps depuis une cabine téléphonique. Quand l'hiver avec sa trêve est arrivé en décembre, je me suis beaucoup interrogé, je me suis remis en question. Les circonstances faisaient que je ne voyais pas d'issue, même si j'étais très content d'être à l'INF. Être numéro 2, alors que j'avais l'habitude que l'on s'appuie sur moi… En rentrant à la maison familiale pour vivre la période de

Noël, je me suis vraiment demandé si j'allais continuer. L'entraîneur disait qu'il fallait que je fasse plus d'efforts, que je fournisse plus de travail. Il ne pouvait pas m'assurer que j'allais jouer et il était même peut-être difficile d'espérer plus.

Cette situation était délicate à vivre mais, au fond de moi, il y avait un « je ne sais quoi » qui me disait qu'il fallait que je retourne à Vichy. Je pense que c'est ce qui m'a sauvé. Je me suis simplement dit : *Tu as déjà fait tant d'efforts, tu es si proche, qu'il faut continuer jusqu'à la fin de saison, tu ne peux pas t'arrêter comme ça !* L'aspect géographique a aidé également, le centre ayant l'avantage de ne pas être très loin de chez moi, à deux heures de route. Ce retour à la maison m'a permis de me poser les bonnes questions, m'a ressourcé. J'ai rechargé les batteries et je suis reparti.

Mon absence a été très dure pour mes parents et ma sœur car la famille est un écosystème très fragile. Souvent, les jeunes partent plus tard et le départ se fait en douceur. Ils se préparent quand c'est « le bon moment ». En ce qui me concerne, je n'avais que seize ans, c'était tôt et personne n'était vraiment préparé ni n'avait anticipé ce qui allait se passer. À cet âge, c'est encore l'adolescence et les parents nous voient encore comme un enfant. Lors des matchs, des tournois que nous jouions à Blanzy, les parents venaient pour nous encourager, avec les frères et sœurs. Ces moments étaient incroyables. Et puis, subitement, je suis parti de la maison, cet été-là, ce dernier matin. Il était tôt. Il faisait beau, j'ai embrassé ma mère qui pleurait sur le pas de la porte puis je suis monté dans la voiture avec mon sac, mon père au volant, Christian à ses côtés. Le véhicule a commencé à rouler et tous les deux m'ont conduit jusqu'à Vichy. Ce moment reste gravé, mais émotionnellement il était plus simple à vivre pour moi, car j'étais complètement « happé » par l'idée de devenir professionnel.

Il fait froid en ce début d'année 1987 en revenant à l'INF pour la reprise. Je suis optimiste, je suis heureux, je retrouve ma chambre, j'ai les idées claires, je retrouve mes potes, la bonne ambiance et le travail de chaque jour entre gardiens… C'est enfin la reprise et nous nous remettons dans le bain petit à petit, la compétition ne devant reprendre qu'à la fin du mois de janvier. Le premier match a lieu chez le premier du classement. Nous, nous sommes deuxièmes. Et voilà que quelque chose de complètement indépendant de ma volonté va bouleverser le cours des choses.

Franck Chaumin, le gardien titulaire, tombe malade. Grippé, il est souffrant toute la semaine avant le match. Il est complètement KO. Cloué au lit. Il est donc logiquement forfait pour la rencontre.

Nous sommes à la veille de ce match important, et l'entraîneur nous dit, à Olivier Quint et moi, soit les deux gardiens disponibles, qu'il n'a pas encore tranché pour savoir qui jouerait le lendemain. Cela allait se jouer au cours de ce dernier entraînement.

La séance se termine par un match à distance réduite. Et voici que le ballon arrive à mi-chemin entre l'attaquant adverse du jour et moi-même. Je me précipite, je suis légèrement en retard, je sors en me jetant dans ses pieds pour contrer la balle de toute ma puissance possible. Je suis au maximum de ma détermination, je m'engage de tout mon être. Je donne tout ce que j'ai, tout ce que je suis. L'attaquant frappe et je détourne le ballon de la poitrine. Cet instantané est encore très frais dans ma mémoire. Joaquim Francisco Filho, l'entraîneur, arrête la séance sur ce fait puis il dit d'une voix forte : « Stop ! Demain, c'est toi qui joues ! » Me voici donc titulaire pour ce match décisif.

Dès le début de la partie, le jeu est très serré. Le score n'évolue pas. Puis arrivent les ultimes minutes, la fin du match et nous ouvrons le score. 0-1. Je pensais à ce moment que le plus dur était fait et que nous allions vers la victoire. Finalement, le leader adverse obtient un penalty lors de la dernière action, dans les arrêts de jeu. Jusque-là, j'avais fait un match plutôt bon, sans encaisser de but. Me voilà face à face avec le tireur. Il s'élance, je pars du bon côté, à gauche, et je détourne la frappe avec ma main gauche. Je préserve la victoire en sortant le penalty à la dernière minute, au dernier instant. Quelle sensation ! Je venais de gagner ma place de titulaire !

Comment décrire l'INF, avec mes mots, mais le plus justement et de la manière la plus représentative possible. Dire que nous étions en immersion football totale, dans un centre de formation, est un doux euphémisme. La respiration football prenait l'ensemble des 24 heures de ce qu'un jour peut nous donner, même s'il y avait une dimension scolaire qui était beaucoup moins présente qu'aujourd'hui. L'idée était vraiment de préparer, d'améliorer, de former des footballeurs pour le haut niveau. Pour les gardiens de but, il n'y avait pas un seul jour qui se terminait sans qu'une séance spécifique ait lieu avec les trois promotions réunies. Généralement, ce moment avait lieu en fin de journée.

Mais il y avait un autre moment très rare à l'époque, et donc très en avance sur son temps, qui avait lieu le lundi matin. Une fois de plus, nos trois promotions de gardiens de but se réunissaient, dans un gymnase cette fois, pour travailler la prise de balle de façon non conventionnelle, en perdant complètement l'équilibre dans l'espace. On sautait sur un trampoline dans toutes les postures possibles, tel que le salto avant par exemple, ou encore avec des obstacles. Nous devions tenir compte de ces dispositions, mais le seul et unique objectif était la captation du ballon coûte que coûte. Je sais que ce travail spécifique unique, lors duquel nous sautions tels des acrobates, m'a permis d'avoir une prise de balle sûre, particulièrement dans le domaine aérien. J'avais un énorme plaisir à aller à cet entraînement. J'aimais particulièrement le lundi matin.

C'est M. Joaquim Francisco Filho, d'origine brésilienne, qui avait en charge notre promotion pour les trois années. Dans son parcours professionnel il avait joué avec le roi Pelé, rien que ça !

Il y avait M. André Mérelle, l'un des formateurs de Jean-Pierre Papin par exemple, ainsi que Christian Damiano avec qui j'ai gagné la coupe Gambardella. Cela aussi, nous l'évoquerons plus tard. Chaque entraîneur était chargé d'une promotion qu'il accompagnait pendant les 3 ans du parcours complet de formation. De temps à autre, nous avions le droit à quelques anecdotes sur Pelé ou bien tel autre joueur du passé… Celui-ci est professionnel, celui-là joue maintenant dans tel club. Nous étions assez impressionnés et personne ne posait vraiment de questions mais chacun recevait ces moments avec la certitude d'être dans le lieu idéal qui nous conduirait à nos fins espérées.

Malgré tout, nos entraîneurs ne passaient pas leur temps à raconter des anecdotes. Francisco avait une cinquantaine d'années mais était encore en forme. J'étais très, très impressionné par la qualité de sa frappe. Il mettait le ballon où il voulait ! Chaque jour, c'est lui qui frappait, qui nous entraînait, qui s'occupait des séances spécifiques pour les gardiens, ce qui peut paraître curieux puisqu'il avait été attaquant. Mais avec un peu de réflexion, pas tant que cela, car quand je le regardais évoluer, il ne cessait à chaque instant d'observer le placement du gardien. Il était en réalité dans de ce rapport inversé où il nous réajustait en permanence pour ne pas encaisser le but.

Depuis ce penalty arrêté, il fait beau à Vichy et dans mon cœur. Oui, je suis très heureux et fier d'avoir inversé cette tendance. Mon entraîneur, M. Francisco, m'appelle et me dit : « L'entraîneur des deuxièmes année, M. Christian Damiano, souhaite que tu ailles t'entraîner avec lui… » Même s'il y avait régulièrement des « échanges » entre les promotions, quelle joie ! Quel honneur d'aller m'entraîner à l'étage supérieur ! En fait, la surprise a été beaucoup plus grande… Non seulement, je vais m'entraîner toute la semaine avec eux, mais c'est aussi moi qui vais jouer samedi ! L'entraîneur avait eu un souci avec ses deux gardiens, s'agissait-il d'une blessure, d'une méforme ou d'un problème de comportement… Toujours est-il que me voilà dans le bus avec la promotion supérieure en route pour le stade Geoffroy Guichard contre la réserve de Saint-Étienne !

La rencontre se passe bien, nous faisons match nul 1-1, je fais plutôt un bon match même si je suis frustré par le but que j'ai pris.

Le lundi suivant, je retourne avec ma promotion mais l'entraîneur revient me voir : « Tu vas de nouveau avec les deuxièmes année. » Et c'est ainsi que je suis resté jusqu'à la fin de saison avec eux. J'ai joué très régulièrement, et voilà comment s'est finie ma première année. Non seulement j'allais faire partie de ceux qui allaient retourner à Saugues pour le mois de juillet et se donner le droit de passer en deuxième année mais, en plus, j'avais joué avec la promotion supérieure. Comme j'étais heureux en rentrant à la maison. Je chantais à tue-tête dans la voiture sur le chemin du retour !

Me voilà donc de retour à Vichy après avoir passé de formidables vacances où nous sommes allés en Espagne avec mes parents et ma sœur et terminé cette préparation de juillet toujours difficile ponctuée par ce qu'on appelle « les probatoires ». Cela équivaut à une remise en question forcée, pendant ce mois, en laissant sous-entendre clairement qu'un gardien de notre génération pourrait ne pas être retenu. À vrai dire, je ne comprends pas tout, à moins qu'ils aient vu une nécessité, un besoin chez moi d'être stimulé et poussé dans mes retranchements, pour donner le meilleur de moi-même. Toujours est-il que cela a fonctionné puisque j'ai été sélectionné à l'issue de la préparation. Quand j'y repense, cela m'a fait le plus grand bien !

Début de ma deuxième année. Je marche en me dirigeant vers les terrains d'entraînement en ce beau mois d'août, sur les bords de l'Allier quand, tout à coup, M. Christian Damiano me rejoint. Il me dit qu'il souhaite à nouveau me prendre avec lui, et cette fois dès le début de saison pour m'installer au niveau supérieur. Quelle magnifique surprise ! Je débute donc cette fois lors du premier match en 3e division nationale. Nous jouons à Clermont-Ferrand devant 10 000 spectateurs. Il faut savoir que pour les troisièmes année, dès les premiers matchs, les meilleurs jeunes de l'INF sont scrutés par les clubs professionnels. Cette première partie de saison se passe bien et, pour tout dire, elle dépasse bien largement mes espérances. Je m'entends bien avec tout le monde, particulièrement avec les défenseurs, ce qui est fondamental pour un gardien. Je suis juste un peu mal à l'aise vis-à-vis des autres gardiens de troisième année puisque venant de l'étage du dessous. Mais il y a une vraie solidarité entre nous ; même si c'est très difficile pour eux, ils ne me font rien ressentir, bien au contraire. C'est un vrai apprentissage de la vie.

Je me souviens encore de ce mois de décembre 1987, avec ce dernier match joué à Vichy, avant les vacances de Noël, de cette dernière soirée, mémorable puisque c'était la dernière dans la ville thermale. La rentrée de janvier allait en effet se faire à Clairefontaine. Après cette dernière rencontre, nous décidons de façon unanime de fêter le départ, même si je dois le dire, quitter la ville était pour tous un vrai crève-cœur ! Il est peut-être 5 heures du matin, nous faisons la fermeture du casino et de sa discothèque. Nous décidons tous de rentrer au CREPS pour dormir un peu, avant de rentrer chez nous. Nous disons au revoir au personnel, à tous ces liens qui avaient été créés depuis tant d'années. Nous nous dirigeons vers les voitures quand soudain, l'énorme alarme du casino se met en action, hurlant à pleine mesure, à l'intérieur comme à l'extérieur, alors que les vigiles et autres personnes venaient de tout fermer. Stupéfaction et précipitation, tout rouvre. L'alarme est rapidement maîtrisée mais il se passe forcément quelque chose, il y a un problème. La police arrive rapidement sur place avec ses gyrophares bleus éclairant la nuit. Nous faisons demi-tour pour tenter de comprendre. Les lieux sont donc réinvestis et quelques minutes après, tous ressortent, en discutant, avec le sourire. Surprise ! Nous voyons sortir un gars de notre équipe, un troisième année, au milieu de toutes ces personnes. En arrivant sur le bord des escaliers, devant l'entrée, il lève les bras en V tel un boxeur vainqueur ! Il s'était simplement endormi entre deux canapés et personne ne l'avait remarqué, bien caché qu'il était. Il avait forcément tout donné durant ce dernier match puisque ni la musique, ni son arrêt, ni les portes claquées pour tout fermer n'avaient eu raison de la sensibilité de son sommeil. Je ne vois que cela comme explication… Autant dire que cette anecdote est restée célèbre, pour ne pas dire mondiale !

En ce mois de janvier 1988, c'est le départ pour Clairefontaine. Ce lieu choisi par la fédération est l'inconnu pour tous. Nous arrivons et découvrons le château tel qu'il est aujourd'hui et nous prenons possession des bâtiments adjacents qui nous sont réservés. Le premier sentiment qui reste, c'est celui de s'installer dans un lieu encore en travaux mais vraiment d'une grande qualité, idéal pour être davantage en immersion, en formation football. C'est bien le souhait des instances en s'ancrant dans cet endroit, pour que les équipes nationales et de la formation française puissent avoir un point central, une référence unique. Le second sentiment, c'est que la ville de Rambouillet est à quelques kilomètres et que Vichy semble donc bien loin…

Nous investissons donc pleinement les terrains de ce beau lieu, avec l'équipe de 3e année. C'est le moment de jouer la Coupe Gambardella, compétition nationale, réservée aux jeunes joueurs. Elle est à l'heure actuelle réservée aux moins de dix-huit ans. Mais pour nous ce sera pour toutes les catégories juniors. Nous voilà déjà en quart de finale, avec un déplacement à Lens. Le match se jouera au stade Léo Lagrange. Je ne pouvais pas imaginer, à ce moment, ce qui se passerait pour moi dans cette ville quelques années plus tard !

Nous faisons 0-0 à la fin du temps réglementaire et le sort de la rencontre se décidera donc aux tirs aux buts. J'en arrête deux, mes coéquipiers font le geste juste, ce qui nous permet de nous qualifier. La demi-finale contre le Racing Club de Paris a lieu à Clairefontaine. Nous faisons 1-1. Comme au tour précédent, nous allons donc à nouveau aux tirs aux buts. Je me souviens de ce moment où, juste derrière le but où avait lieu la séance, deux autres promotions dont la mienne vociféraient, hurlaient, nous encourageaient. Tout l'INF nous soutenait ! C'était génial ! J'arrive de nouveau à en arrêter deux, mes coéquipiers marquent et je permets à mon équipe d'accéder à la finale !

À l'heure actuelle, pour lever ce trophée, c'est en lever de rideau de la finale de la Coupe de France, au Stade de France, qu'il faut venir. Mais pour nous, cette finale s'est jouée à Reims juste avant une demi-finale de Coupe de France. L'adversaire était Beauvais, qui avait dans ses rangs les frères Mendy, très réputés. Nous maîtrisons très bien le match et gagnons 1-0. Beauvais n'avait eu qu'une ou deux occasions et j'avais fait les bons gestes, complétant ceux de mes partenaires.

Gagner ce titre national marque à jamais, c'est un très grand souvenir qui reste frais dans ma mémoire. Par cette victoire, cette promotion a inscrit pour toujours le nom de ses joueurs dans l'histoire de la Coupe, c'est une émotion jamais vécue ! J'ai toujours gardé et garde encore cette victoire en Coupe Gambardella comme une référence. Après avoir gagné des titres régionaux et internationaux avec mon club de Blanzy, me voilà en quelque sorte dans une certaine continuité, mais cette fois sur la scène nationale. C'est, je me souviens, en rentrant de Reims, que je me suis dit de façon claire et certaine, avec la découverte de toutes ces émotions que peut procurer le football, que c'est bien ce métier que je veux faire.

À l'INF il n'y a pas d'alternative au don de soi, par respect de l'Institution et pour le développement de l'homme-footballeur, pour apprendre son métier et savoir être un compétiteur, pour apprendre à gagner ! Quand les centres de formation jouaient contre nous en Gambardella ou en championnat, ils savaient que c'était un mauvais tirage, un jour difficile. Il est certain que de temps à autre, lorsqu'il pouvait y avoir quelques carences techniques, celles-ci étaient largement comblées par cette mentalité très spécifique, propre à l'INF, cet aspect volontaire, courageux, de faire ces répétitions des courses avec l'idée d'en faire plus que l'adversaire, sans rien lâcher, jamais.

C'est aujourd'hui, avec le recul et quelques années de plus, que je peux faire ce bilan. Non seulement mon passage à l'INF a répondu et même dépassé mes attentes les plus simples, les plus pragmatiques, celles purement techniques, mais il m'a aussi donné le goût de l'effort. Quand vous avez seize ans et que vous devez déjà ne compter que sur vous-même, vous apprenez l'exigence, la difficulté, le don de soi, la générosité qu'il faut avoir pour espérer ne serait-ce qu'avoir une chance d'arriver à l'objectif que vous vous êtes fixé. C'est pourquoi je remercie vraiment du fond du cœur tous mes formateurs et l'institution elle-même qui, à travers cette formation, la meilleure qui puisse exister, ont préparé le jeune gardien de but que j'étais à répondre à tous les défis, toutes les attentes, même les plus subtiles, qui allaient arriver. Cet environnement un peu rustre, voire frustre, à Saugues, le côté un peu disciplinaire, hiérarchisé par les années, a fait du bien aux jeunes que nous étions ! Il a fallu se réformer personnellement, faire des efforts, surmonter la fatigue physique. Cet aspect moral imposant et difficile nous a permis de « chialer de bons coups » dans notre coin et ainsi d'en terminer avec notre adolescence. Ce n'était pas une humiliation mais tout le contraire. C'était lâcher cet aspect sécuritaire qu'apportent la famille, les amis et le bien-être pour aller rencontrer le réel de soi-même. Voir qui l'on est vraiment. S'obliger à trouver ces ressources nécessaires pour aller de l'avant, justement quand tout est plus dur, que tout incite à tout stopper, à s'arrêter. C'est en ce sens que tout cela fut très utile, c'était une formation d'homme. La formation technique est sans appel, mais il y a aussi et surtout ce passage commun, cette appartenance, ce façonnage dans ce moule si spécial, pour devenir des types solides. Dire que cela m'a beaucoup servi pour la suite de ma carrière est un euphémisme. Ma vie d'homme a débuté à partir de ce moment. Je suis passé de l'adolescent un peu désolé, désespéré, ne sachant pas vraiment que faire ni comment réagir après six mois à l'INF, à un jeune homme sûr de lui au printemps 1988. Certes, il y a aussi mon caractère qui a joué. D'autres garçons qui n'avaient peut-être pas cette même capacité d'acceptation n'étaient pas faits pour cela et donc ne sont pas restés. J'ai du respect pour eux. C'était simplement leur caractère qui ne correspondait pas à ce mode de vie. Il y a également les autres joueurs qui auraient voulu rester mais la sélection s'est faite sans eux, j'ai une pensée pour tous. C'est parce que j'ai commencé tout au bas de l'échelle que j'ai pu transcender tout cela. Je connais le goût de chaque échelon gravi.

Aujourd'hui, en tant que formateur, j'applique toujours certaines méthodes apprises durant ma formation à l'INF, notamment tout ce qui concerne l'exigence. Ce seront parfois des exigences simples, des exigences proportionnées au public que j'ai en face de moi, comme bien s'appliquer sur une passe ou bien faire son lacet. Auprès des jeunes j'insiste surtout sur certains aspects fondamentaux. Je commence par leur dire de bien écouter ce qui leur est demandé. Aujourd'hui, chacun veut un peu faire comme bon lui semble, mais cela ne fonctionne pas dans le football. Simplement, parce que nous ne sommes pas seuls sur le terrain, nous devons composer avec nos partenaires. Mais ce sont surtout nos adversaires qui nous posent problème. Alors il faut mettre l'accent sur la force collective, la solidarité complète d'un groupe, l'entraide comme modèle universel, à l'image de la bande de potes qui a tout traversé ensemble, pendant cette formation.

Cette période de ma vie s'est terminée de façon assez inattendue, avec un épisode très étonnant. Voilà donc cette superbe saison qui se termine et tous les joueurs de troisième année signent dans les clubs professionnels qui souhaitent les engager. C'est le moment que nous attendions tous ! Ayant moi-même joué avec eux, je me faisais une joie de voir dans quel club chacun allait. Celui-ci à Metz, celui-là Monaco et ainsi de suite… Voyant cette réussite, me voici de retour avec ma promotion d'origine et plus que jamais motivé pour cette dernière année, celle de l'aboutissement. Nous avions un match amical en ce début de saison, contre l'équipe anglaise du club d'Everton qui se préparait également à Clairefontaine. Je réalise une très, très bonne performance. À la fin du match, je vois l'entraîneur anglais et les membres de son staff discuter avec M. Dusseau, le directeur de l'INF. La discussion dure un assez long moment, tout simplement parce qu'Everton souhaitait m'enrôler. Mieux, le club était prêt à payer une somme pour mon départ. Encore mieux, il souhaitait que je parte tout de suite avec eux, pour l'Angleterre, en bus ! Rien que ça ! Je n'ai pas eu à réfléchir, l'INF a tout refusé en bloc. Mais des étoiles ont commencé à s'allumer dans ma tête...

Nous sommes au mois d'août 1988 et voici qu'un après-midi, je me réveille en sursaut. Catastrophe rarissime, mon réveil de la sieste n'a pas fonctionné ! Les cheveux en bataille, je descends m'habiller tant bien que mal au vestiaire puis je file le plus vite possible rejoindre la séance qui a déjà débuté depuis vingt bonnes minutes. « Je vais me faire *tuer* », pensai-je... L'entraîneur, M. Francisco Filho, lance alors : « Tiens, il est déjà parti à Marseille ! » Personne ne comprend. Je ne me fais même pas gronder, même pas un « Quel c... celui-là », par lui qui est si rigoureux et si âpre parfois. Cette phrase, je ne l'ai comprise que quelques heures plus tard. Voilà ce qu'elle voulait dire : à la suite du début de saison moyen de l'Olympique de Marseille, son président Bernard Tapie décide de remercier son entraîneur Gérard Banide. Son successeur est Gérard Gili, l'entraîneur du centre de formation, qui passe donc de l'équipe réserve à l'équipe professionnelle. C'est Henri Stambouli, gardien de but professionnel dans l'effectif de l'OM, qui est choisi pour être le nouvel entraîneur du centre de formation et succéder à Gérard Gili. Arrivant en fin de carrière de joueur, diplômé, il décide donc d'arrêter, pour se consacrer au métier de formateur de l'équipe réserve de l'OM. De ce fait, à la suite de ces événements, le club s'est mis à la recherche d'un deuxième gardien afin de suppléer Gaëtan Huard, le gardien titulaire. M. Michel Hidalgo, qui venait de rejoindre la direction sportive de l'OM, avait suivi mes performances, notamment pendant la Coupe Gambardella. Il était resté en très bons termes en tant qu'ancien sélectionneur avec la Fédération française de football. Mon profil lui a plu et c'est ainsi qu'il a décidé de me choisir pour être le deuxième gardien à l'OM. Le soir même, j'ai un rendez-vous avec tous les responsables. Il y avait M. Michel Hidalgo, M. Dussaut et mon entraîneur, M. Francisco Filho. Cette fois l'Institut valide la possibilité pour moi de partir et de rejoindre l'Olympique de Marseille. Je ne me rends pas encore vraiment compte de ce qui me tombe dessus !

4.
À MARSEILLE, AU MILIEU DES GÉANTS

Quand M. Michel Hidalgo, le sélectionneur de l'équipe de France, que j'avais bien sûr suivie et admirée pendant le mondial 1982 puis lors du triomphal Euro 1984, vient vous voir, vous n'êtes pas vraiment en position de force pour une grande discussion dans les bureaux de l'INF. L'heure est plutôt au silence, dû à la répétition des gorgées d'eau, pour desserrer l'étau qui avait pris forme dans ma gorge. C'est l'une des plus grandes figures du football français qui se tenait face à moi, jeune apprenti de dix-huit ans. Nous avons parlé de mon poste, de mon rôle et de mon contrat. Il me proposait un contrat de stagiaire professionnel de deux ans à l'Olympique de Marseille, avec le poste de doublure derrière Gaëtan Huard, le gardien de but titulaire. J'ai bien sûr répondu favorablement, sans souci d'aucun ordre.

Il faut se rendre compte de ce qu'était l'OM à cette période. C'était le club le plus puissant de France. Mes parents étaient montés pour cette occasion exceptionnelle, ils ont rencontré tous les protagonistes à commencer par M. Hidalgo. Puis, après quelques discussions, je les vois cherchant quelque chose dans leurs poches… Ils s'étaient remis à fumer tous les deux !

À Marseille, j'allais donc devenir le gardien titulaire de l'équipe réserve mais, surtout, j'allais m'entraîner au quotidien avec l'équipe professionnelle pour continuer ma progression et me tenir prêt. C'est ainsi que du jour au lendemain, ma vie a basculé dans le monde professionnel.

Je venais d'avoir mon permis et j'ai mis tout mon barda dans ma Renault 5 TL bleue. Je me souviendrai toujours de mon départ de Clairefontaine. C'était un dimanche, toute la promotion regardait *Téléfoot* à la télévision commune. L'émission terminée, je les ai salués un par un, avec une accolade. Il y avait un mélange de joie et d'émotion. J'étais très heureux, mais en même temps je quittais cette famille si spéciale. Je suis parti la gorge bien serrée. Puis chaque kilomètre qui passait me rapprochait d'une nouvelle aventure, celle dont j'avais tant rêvé tout au long de ces dernières années. J'ai d'abord fait une pause familiale dans ma Bourgogne, qui se situe en plein milieu du trajet. Le lendemain, je suis parti directement à Marseille.

En tant que jeune stagiaire, en débarquant et ne connaissant forcément encore personne dans le monde professionnel, Michel Hidalgo m'a proposé, pour assurer mon adaptation, d'habiter pour débuter au centre de formation, en attendant de trouver mon appartement. J'y ai retrouvé des garçons comme Benoît Cauet, Patrice Eyraud et Frédéric Meyrieu, entre autres, qui faisaient partie du groupe professionnel et qui jouaient régulièrement. Ils étaient presque de ma génération ; leur compagnie m'a permis de m'imprégner très rapidement de l'atmosphère locale et de me fondre dans le groupe professionnel.

Je me souviendrai toujours de mon premier entraînement. J'arrivais avec ma petite Renault 5 et sur le parking il y avait le plus beau parc automobile que je n'avais jamais vu. Le contraste était succulent. Je dis bonjour, je serre la main à tout le monde : Jean-Pierre Papin, Gaëtan Huard, Klaus Allofs, Karl-Heinz Förster, Yvon Le Roux, Éric Di Meco, Franck Sauzée, Éric Cantona… Pour ne citer qu'eux. Il y avait également Philippe Thys, défenseur latéral qui avait fait l'INF. Celui-ci m'a tout de suite pris sous son aile, dès le premier jour, tel un troisième année qui voit arriver un première année. Dans sa bienveillance, Philippe a tout de suite vu et dit ce qui m'était nécessaire pour que je ne sois pas *un petit lapin pris dans les phares des grosses voitures*. Il m'a expliqué et montré comment les choses fonctionnaient, et je lui en sais gré. Il arrivait en fin de carrière tout comme Yvon Le Roux et il m'a dit cette phrase : « Gus, toi tu débutes, surtout, profite de chaque moment pour bien t'entraîner et ne rien regretter dans ton métier. Je suis en fin de carrière, je n'ai rien vu passer. » À dix-huit ans j'ai entendu cette phrase qui me paraissait tellement lointaine et pas vraiment pour moi. Mais force est de constater que ces moments passent à une fulgurance…

Après avoir été présenté au groupe, j'ai donc participé à mon premier entraînement. J'ai découvert Gaëtan Huard et nous avons immédiatement eu de très bons rapports. Il m'a mis tout de suite très à l'aise et la solidarité des gardiens de but a été instantanée. Nous avons travaillé ensemble, j'ai fait un très grand nombre de spécifiques à ses côtés. Un pur bonheur ! J'ai vraiment passé deux années formidables avec lui, même si malheureusement il s'est blessé gravement la seconde année, mais nous y reviendrons. Gaëtan avait un style très explosif, très tonique. Ce que j'ai retenu, c'est l'intensité des entraînements, la volonté de Gaëtan de toujours être performant dans le travail à chaque séance. C'était un grand compétiteur.

Dans les vestiaires, j'étais assis à côté des Allemands Karl-Heinz Förster et Klaus Allofs, champions d'Europe en 1980 et finalistes de la Coupe du Monde 1986. Que dire de leur rigueur qui m'a marqué également pour ma future carrière. C'est simple, ils arrivaient les premiers et repartaient les derniers. Ils en faisaient toujours plus. Karl-Heinz me disait : « Gus, sois le premier avec nous demain matin. » Je venais donc en avance. À la fin de la séance, quand je ne pouvais presque plus me relever : « Gus, viens faire quelques tours de terrain supplémentaires, pour récupérer… » Je les faisais avec eux, nous sortions les derniers. J'ai appris mon métier avec le gratin du football, les meilleurs. Je ne m'en suis pas rendu compte immédiatement, mais ces deux années à Marseille ont vraiment été déterminantes pour apprendre comment se préparaient les grands professionnels et surtout comment se vivait l'intérieur d'une grande équipe.

Après chaque entraînement, j'allais avec Jean-Pierre Papin, INF lui aussi, au passage. C'était incroyable. Il passait un temps fou à faire des volées, des tirs, à frapper des penaltys… Les ballons arrivaient de tous les côtés, j'en prenais plein la pipe ! Je me régalais, me donnais à fond, et à la fin de ces séances, j'étais complètement vidé. Mais c'était le football pur, le plus délicieux ! Et quelle adresse il avait ! Pas étonnant qu'il ait toujours été un sacré buteur ! Qu'il ait marqué tant de buts, dans des positions incroyables. Ou plutôt, c'est parce que chaque jour il s'entraînait minimum quinze ou vingt minutes après chaque séance qu'il a pu réaliser cette progression et faire des « papinades » mondialement reconnues. C'est un souvenir non périssable et nous avons gardé en ce sens une amitié indéfectible avec Jean-Pierre. Il m'a d'ailleurs appelé pour son jubilé au stade Vélodrome en 1999. J'ai joué la deuxième période avec la sélection internationale contre l'équipe de France. J'en profite pour le remercier, cette invitation m'a beaucoup touché. Jouer avec ces très grands joueurs de classe mondiale a été un très grand honneur et pur bonheur de footballeur, pour moi.

Il y a un autre épisode qui m'a marqué pour toujours, c'était lors de ma seconde saison marseillaise, au moment de l'arrivée de Didier Deschamps mais la scène se joue surtout avec M. Jean Tigana, encore un immense joueur, qui arrivait de Bordeaux. Nous sommes sous la douche après un entraînement et il me dit : « Espères-tu un jour jouer en équipe professionnelle ? » Je lui dis que oui, en tout cas je l'espère de tout cœur et je travaille pour. Il me répond : « Tu ne pourras pas. » Mon sang se glace. Je lui demande pourquoi et il rétorque : « Tu n'as pas tes claquettes aux pieds ! » Je le regarde en pleine décomposition. Il précise : « Tu vois là, si tu sors de la douche pieds nus, qu'il y a un morceau de verre ou quelque chose de coupant qui traîne, que tu t'entailles et que nous devons jouer demain ou dans quelques jours, eh bien tu ne pourras pas participer. »

L'anecdote peut faire sourire mais moi pas du tout. Cela a changé ma perspective du monde professionnel. Il m'a fait comprendre que tout était important dans la préparation. En dehors des claquettes, que j'ai bien sûr toujours portées à partir de ce jour-là, c'est le sens du détail qu'il me faisait toucher du doigt, que j'ai appris grâce à ce moment partagé avec lui. Tout est important, ne jamais rien négliger. En poussant la réflexion un petit peu plus loin, je pourrais presque dire que je suis un peu comme Obélix, je suis tombé dedans quand j'étais petit. Pas dans une potion magique quelconque, mais dans le professionnalisme et le très haut niveau.

C'est ainsi que ma vie marseillaise se lança. Et celle-ci se passait bien, très bien même. Avec la réserve, nous avions une bonne équipe et nos résultats étaient tout à fait convenables. J'étais très à l'aise, ayant déjà eu l'habitude de jouer à ce niveau de troisième division nationale, avec l'INF.

Les matchs à domicile avaient lieu au stade de l'Huveaune, qui est situé juste au bord de la mer.

C'est cette atmosphère particulière, où il y avait un peu monde, cette simplicité, ce lieu, qui me laisse de bons souvenirs. Août 1988. Me voilà maintenant installé dans mon appartement sur la Corniche, en bord de mer, en cette première saison qui se termine. Mais c'est surtout l'heure du match décisif au stade Vélodrome pour le titre de champion de France contre le Paris Saint-Germain. Les journaux, la ville, la région... Tous attendent ce moment depuis 1972. C'est Franck Sauzée qui libère les couleurs de l'olympisme en marquant un but décisif, magnifique, légendaire, quelle frappe soudaine, lointaine ! Il offre de nouveau un titre national à l'OM. Quelle explosion dans le stade, dans la ville... Tout résonne encore ! Quelle intensité ! Puis quelques jours plus tard, nous voilà à Paris, mais cette fois pour la finale de la Coupe de France. Après un match magnifique, nous l'emportons 4-3 contre l'AS Monaco. C'est au moment de recevoir le trophée au Parc des Princes que Jean Pierre Papin fit la bise à François Mitterrand, président de la République. Annoncée la semaine précédente si nous soulevions la coupe, parole tenue !

Après avoir fêté comme il se doit cette victoire dans la capitale, nous sommes de retour dans la cité phocéenne. Quel accueil ! Quelle liesse dans la ville ! Quelle ferveur dans le stade pour partager les trophées, communier avec ce public marseillais ! C'est ainsi que s'achève cette saison 1988/89 sur un doublé, coupe et championnat de France. Quelle entrée en matière dans le monde professionnel ! Ou plutôt, je ne suis pas certain de l'avoir rêvé aussi fort... Après avoir savouré, partagé ces événements avec ma famille et mes amis pendant quelques semaines de vacances, je signe mon retour pour cette seconde saison.

Nous étions donc qualifiés pour la Ligue des Champions, puisque champions en titre, encore dénommée « Coupe européenne des clubs champions ». Dans cette perspective, le club a décidé de recruter un autre gardien, avec un profil très expérimenté. Le choix s'est porté sur Jean Castaneda. Ancien international, Jean arrivait de Saint-Étienne avec une grosse expérience et était en fin de carrière. Ce qui fait donc trois gardiens : Gaëtan titulaire, Jean deuxième et moi troisième.

Un des faits marquant de cette saison, c'est que malheureusement Gaëtan Huard s'est cassé la jambe. Quel traumatisme ! Jean Castaneda a donc naturellement pris sa place. Nous sommes premiers en championnat, nous filons vers un nouveau titre de champion de France. Parallèlement, lors de la demi-finale aller de coupe d'Europe contre le Benfica Lisbonne, après un match incroyable d'intensité, que nous aurions dû remporter bien plus largement, la victoire est courte, seulement 2-1. Nous prenons un but qui nous fait très mal parce qu'avec la perspective du match retour, il laisse les Portugais dans l'espoir. Je ne sais pas ce qui prend alors au président Tapie – paix à son âme –, mais il met la responsabilité du but sur Jean et laisse entendre clairement qu'il ne jouera pas le match retour. Donc, par analogie, s'il ne joue pas, il ne reste plus qu'un seul gardien.

D'un seul coup, je suis passé du Guillaume gentil, troisième gardien de but de l'OM, au portier sollicité par tous les médias qui annonçaient que j'allais probablement jouer le match retour à Lisbonne. En fait, je n'étais pas du tout préparé à cet aspect, que je nommerai « foudre médiatique », dans le sens où je vivais mon quotidien, dans le groupe, avec les médias, mais sans jamais en porter la responsabilité. Je me suis retrouvé en première ligne, et je me suis ainsi beaucoup perdu à répondre à tout le monde. À vouloir être ce que je suis, bien élevé, gentil, j'ai laissé énormément d'énergie. Ce moment et cette erreur commise à ce sujet m'ont beaucoup servi pour le reste de ma carrière.

Le samedi précédent ce fameux match retour contre Benfica, je joue en équipe réserve comme habituellement. Gérard Gili m'avait dit de me préparer comme si je jouerais lors de cette prestigieuse échéance et le staff assistait d'ailleurs à la rencontre. Cela fait tout à coup beaucoup de choses à gérer émotionnellement. Tout est nouveau et je me fais un petit peu mal à l'épaule. Dans la foulée je passe chez le kiné, ce qui jette un trouble. Il n'est pas envisageable qu'un jeune sans expérience, avec cette douleur qui ne le met pas dans les meilleures conditions, puisse jouer un tel match. Je ne suis pas à 100 %. Finalement, Jean est maintenu à son poste. Cela ne s'est pas joué à grand-chose.

Ma titularisation était une hypothèse crédible, puisque trois ans plus tard c'est Fabien Barthez qui a eu sa chance malgré son jeune âge, ce qui a permis à l'OM d'être champion d'Europe.

Si je veux être un peu philosophe, je dirais que ce n'était simplement pas mon heure. Mais cela reste un regret malgré tout, simplement par le fait de n'avoir su gérer toutes mes émotions. Je crois que j'étais sportivement prêt à jouer, mais je n'ai pas réussi à dompter l'environnement médiatique qui m'est tombé dessus telle la foudre et je pense vraiment que cela a eu un impact dans le fait que je me fasse mal. Après, aurais-je arrêté la fameuse main de Vata, qui a donné la victoire à Benfica ? Rien n'est moins sûr. Mais l'histoire est l'histoire et sur ce sujet elle s'écrit comme cela. J'étais donc sur le banc de touche, il y avait près de 120 000 personnes au stade de la Luz et je me souviendrai toujours du vrombissement du public, particulièrement à cette 83e minute. Quand leur équipe a marqué, le temps s'est figé, les aiguilles de la pendule n'ont plus bougé. Le monde s'est écroulé, assis à côté de Didier Deschamps, dans ce vestiaire de Lisbonne. Deux buts partout sur l'ensemble des deux matchs, mais comme justement ils avaient inscrit ce but si précieux à l'extérieur, ce fut donc l'élimination.

Malgré cet épisode difficile, quelle formidable aventure de vivre cette expérience avec les plus grands professionnels, les grands joueurs. C'était le top niveau, j'ai découvert cette ferveur marseillaise, si spécifique. Il y avait la joie d'aller s'entraîner sur des terrains de qualité. Les émotions étaient incroyablement neuves et extrêmes. J'ai vécu ces moments, toutes ces victoires de l'intérieur. Ce sont des instants qui restent très frais dans ma mémoire et qui ont posé les bases de mon devenir, de ce que je souhaitais vivre pour ma future carrière.

J'ai eu très peu de relations avec le président, M. Bernard Tapie. Ce qui est plutôt normal, étant jeune, je lui serrai la main à chaque fois qu'il y avait des gros rendez-vous et qu'il venait préparer le match avec nous. C'était quelqu'un de très directif, un leader parfois très dur et toujours très exigeant mais qui avait un charisme incroyable. Quand le boss entrait, il n'y a pas grand monde qui parlait ! Il est à l'heure actuelle le seul président français à avoir fait gagner la plus prestigieuse des coupes d'Europe, celle des Champions, avec un club français. L'Olympique de Marseille.

À la fin de la saison, il y a eu pas mal d'interrogations sur le poste de gardien de but, entre Gaëtan Huard qui allait revenir de sa blessure, Jean Castaneda et moi. Il y a eu une certaine incertitude, les choses ont un peu traîné, le club m'a dit qu'il voulait me faire prolonger en tant que doublure et peut-être me prêter. Parallèlement, j'ai eu deux opportunités. La première, être dans ce même rôle au départ, doublure, au FC Nantes. La seconde était de rejoindre Louhans-Cuiseaux, club de mon département natal en Saône-et-Loire, qui était en deuxième division (Ligue 2) pour être gardien numéro 1. En scrutant le magazine *France Football*, je m'étais aperçu que tous les gardiens qui étaient sélectionnés en équipe de France Espoirs (moins de 21 ans) jouaient en deuxième division.

Je me suis dit qu'il fallait que je me lance, pour apprendre mon métier, avec l'objectif d'être appelé chez « les Bleuets ». C'est pour cela que j'ai choisi le club de Louhans-Cuiseaux.

Ne pas avoir joué au moins quelques matchs professionnels avec l'OM me laisse comme un goût d'inachevé, même si j'ai joué certains matchs amicaux. Ce match contre Saint-Étienne avant la demi-finale retour contre Benfica, si je ne m'étais pas fait mal à l'épaule, aurait pu être ce premier match. Mais avec des « si »… Le compétiteur que je suis a quand même un petit pincement au cœur de ne pas avoir foulé la pelouse officiellement avec cette grande équipe de l'Olympique de Marseille. En plus de l'aspect sportif, j'ai découvert un superbe environnement. Il fait toujours beau à Marseille, ce n'est pas une légende et ça change la vie ! C'est une ville atypique, la culture marseillaise est unique et spéciale. Je salue chaleureusement toutes les personnes que j'ai croisées durant cette période.

En 1989, ce samedi 11 novembre, Marseille jouait à Caen. Nous nous sommes donc entraînés la veille et le groupe composé de 13 joueurs retenus s'est envolé direction la Normandie pour préparer ce match. Il n'y avait pas de match avec l'équipe réserve ce week-end-là. Samedi et dimanche libres. J'en ai donc profité pour prendre ma voiture et remonter pour faire une surprise à ma famille, en Bourgogne. En arrivant, j'appelle un ami qui tenait un établissement. Il me dit de venir boire un verre, je réplique que je suis bien fatigué, que j'ai fait la route… Il insiste… Et bien lui en a pris ! Il n'y avait personne sauf une jolie brune dans le fond de l'établissement. Je lui demande qui est-ce mais il ne la connaissait pas. Je l'invite à boire un verre, nous discutons, nous dansons. Deux ans plus tard on se mariait.

5.
ÊTRE PROFESSIONNEL ET DEVENIR BLEU

C'est mon ancien entraîneur de Blanzy, Christian Larièpe, décédé dernièrement, qui est à l'origine de ma venue à Louhans-Cuiseaux. Il avait rejoint ce club professionnel pour s'occuper de la formation. Il connaissait bien sûr mon dossier, et savait que j'étais stagiaire professionnel à Marseille car nous étions restés en contact. Il savait également, qu'arrivant en fin de contrat stagiaire, il y avait là une opportunité de me faire signer. C'est pourquoi il en avait parlé à l'entraîneur M. René Le Lamer ainsi qu'au président M. Jacky Duriez. J'ai finalement décidé de les rejoindre, avec un double objectif.

J'avais vraiment envie d'apprendre mon métier en enchaînant les matchs. Je sentais que ce moment était arrivé et je voulais également être sélectionné en équipe de France Espoirs. Le choc a été thermique, parce que je suis passé du plus gros budget de D1 à l'un des plus petits de D2. Je vais situer mon propos avec l'anecdote qui suit. En arrivant au club, j'ai vu Georges Tournay, qui était un pilier du club, un historique, capitaine de l'équipe, que j'ai retrouvé plus tard à Lens, qui conduisait le minibus. Ne le connaissant pas au préalable, je pensais donc qu'il s'agissait du chauffeur.

Je suis passé du bus de l'OM avec son chauffeur en costume cravate, au minibus de Louhans-Cuiseaux conduit par le capitaine de l'équipe ! Une bonne illustration de cette période qui m'a fait connaître la réalité de la vie d'un club professionnel modeste, ses difficultés, mais également la responsabilité qui m'en a incombé immédiatement à l'âge de vingt ans. J'ai donc appris mon métier avec des professionnels, mais gardant cette simplicité, avec les personnes qui conservent ces valeurs, que l'on retrouve également dans les clubs amateurs.

La D2 de l'époque était composée de deux groupes A et B de 18 clubs. Le premier de chaque groupe montait directement en première division. Il y avait également des barrages pour l'accession. Le second de chaque groupe rencontrait le troisième de l'autre groupe. Le club qui sortait vainqueur de ces matchs jouait une double confrontation contre le 19e de D1. Notre objectif était le maintien.

Les débuts ont été très durs. J'ai eu du mal à intégrer le mode de fonctionnement du club, qui était un club professionnel mais, on l'imagine, très différent de ce que je venais de quitter en Provence. Ne plus avoir le magasinier, le docteur, le kiné, tous ces gens qui facilitent notre vie, qui nous mettent dans un confort de professionnel, a été vraiment difficile. Ce n'était pas non plus le même niveau, la même approche. L'aspect rugueux, âpre, physique, a fait son apparition. Une dureté dans le contenu de toute chose m'a ramené d'une certaine manière à l'INF. Cela tombait finalement bien puisque nous étions quatre à en faire partie, Olivier Potet, Jean-Marc Philippon, Sylvère Hoffer (paix à son âme) et moi-même.

La première année a été très compliquée d'un point de vue sportif. Nous avons failli descendre à l'étage inférieur, mais heureusement, nous nous sommes maintenus sur le fil avec quelques concours de circonstances extrasportives. En effet, c'étaient les débuts de la DNCG[1], et cette dernière avait relégué entre autres le club de Bordeaux, pour des raisons financières, venant nous donner le petit coup de pouce nécessaire. De cette saison très compliquée, j'en retire un moment salvateur à assumer vraiment mon métier

1. La Direction nationale du contrôle de gestion est une commission indépendante hébergée par la Ligue de football professionnel, chargée de surveiller les comptes des clubs de football professionnels en France.

de gardien de but, avec toutes les responsabilités que cela comporte. Je suis sorti du confort dans lequel je me trouvais à Marseille en tant que deuxième gardien. Là, il ne fallait pas que le club descende car cela aurait purement et simplement mis des gens au chômage.

Les choses se sont donc mises en place et j'ai été appelé en équipe de France Espoirs dès le mois de septembre 1990 pour participer aux éliminatoires de l'Euro 1992. Se jouaient en parallèle avec ceux-ci les qualifications pour les Jeux olympiques de 1992. Il fallait terminer premier pour participer aux deux événements. J'ai un souvenir très amer d'avoir loupé cette qualification aux JO de Barcelone en perdant 1-0 contre la Tchécoslovaquie de l'époque, alors qu'il fallait s'imposer.

Les souvenirs de cette période sont donc mitigés, car j'avais tellement envie de faire comme les joueurs de l'équipe de France, qui avaient été sélectionnés en 1984 pour les Jeux olympiques à Los Angeles. Ils avaient gagné la médaille d'or ! J'avais suivi leur formidable parcours qui m'avait beaucoup marqué. C'est donc une très grande frustration que cette non-qualification. Elle résonne d'ailleurs encore en moi.

J'ai été régulièrement titulaire avec M. Marc Bourrier le sélectionneur, en participant au Tournoi international espoirs de Toulon à la fin du printemps 1991. Nous nous sommes hissés jusqu'en finale, que nous avons perdue malheureusement, contre les Anglais, 1-0. À titre personnel, je dirais que je n'ai pas été aussi décisif que je l'aurais souhaité. Me vient en mémoire le match aller contre l'Espagne, mais globalement l'expérience de ces matchs internationaux m'a permis de continuer ma progression. Il y a tout de même eu des aspects très positifs, notamment la qualité du groupe. Nous ne le savions pas encore, mais ce mélange de générations est celle des futurs champions du monde 1998. Les futurs très grands, avec Fabien Barthez, Bixente Lizarazu, Emmanuel Petit, Christophe Dugarry, Zinedine Zidane, Thierry Henry...

Zizou était comme il a toujours été. Très calme, très discret, personne ne le connaissait encore. Il arrivait de Cannes. Mais dès qu'il a mis le pied sur le ballon, il n'y a pas eu besoin d'avoir recours à une étude approfondie sur le geste technique, ou de vouloir lire l'avenir dans une boule de cristal pour comprendre que cet homme était une virtuose en devenir ! C'était incroyable. Il y a eu ce match en Italie avec l'équipe de France militaire, où il nous fallait un match nul pour assurer la qualification au tournoi final. Il avait été remarquable. C'est ainsi que la découverte de « la comète Zidane » s'est produite. Il arrivait avec toute cette gentillesse, cette discrétion, mais par contre il n'avait qu'une envie : être sur le terrain. Il voulait toujours mettre des buts, tirer des coups francs, jouer dans le cœur du jeu, le tout avec son style caractéristique, limpide, reliant l'agilité et la simplicité, laissant penser que tout est facile. Zinedine apparaissait déjà comme quelqu'un de différent.

Porter le maillot de l'équipe de France, peu importe qu'il soit espoir, militaire ou autre, a toujours été comme l'aboutissement de l'émotion la plus forte qui puisse exister. J'aimais tant être celui qui était choisi pour représenter son pays. Je me disais que mes grands-parents et mes parents devaient être fiers, ceux qui sont arrivés de l'étranger et ceux de souche française. Ce match joué en Pologne par exemple, je m'en souviendrai toujours. J'étais si ému de chanter la Marseillaise, sur la terre qui fait partie de mon histoire. L'équipe de France m'a permis de progresser. La vraie référence, c'est le niveau international. Il n'y a pas à négocier. Le fait d'en faire partie, de voir comment fonctionnaient les entraîneurs, les nations adverses ; que ce soit en Europe, ou ailleurs dans le monde, c'est une expérience qui forge, modèle, construit. D'autant plus que ce partage se faisait avec les meilleurs joueurs de ma génération. La réalité de ces matchs engagés vous met dans de très bonnes conditions pour la suite des événements. C'était mon objectif en signant à Louhans et j'ai pu le concrétiser. C'est ce qui m'a permis de poursuive ma progression post Marseille.

Je me suis marié le 18 mai 1991 en la cathédrale Saint-Vincent de Chalon-sur-Saône. Ma future femme m'avait proposé ce mariage à notre retour dans la région. Les femmes sont très pragmatiques, elles ont raison ! J'ai accepté, nous avons rencontré les familles et le mariage a donc eu lieu. Ce fut ensuite lors de ma deuxième saison louhannaise que je fis mon service militaire. Quelle expérience unique dans le bon sens du terme. J'étais comme la majorité des hommes, qui n'ont pas envie de connaître cela, le repoussent autant qu'ils peuvent, mais qui par la suite ont un plaisir non dissimulé à narrer, raconter de succulentes anecdotes, vécues uniquement dans ces moments du service militaire, à l'armée. Cette année 1991-1992 m'a vraiment fait du bien, elle a continué à former l'homme. C'était obligatoire, il n'y avait pas le choix, ni pour les joueurs ni pour les clubs.

Les footballeurs professionnels choisis étaient affectés à Fontainebleau, au bataillon de Joinville.

Les internationaux étaient d'office intégrés à l'équipe de France militaire. Tout débutait par un mois de classes, où il n'y avait ni footballeurs, ni autres corps de métier, ni étudiants, seulement de jeunes hommes qui arrivaient des quatre points cardinaux de France et qui apprenaient à servir notre nation. Nous expérimentions ce qu'étaient, ce qu'est la discipline militaire transmise à travers l'histoire de France, avec la levée des couleurs à six heures du matin, les marches, les courses, les séances de tir au fusil… Je me souviens également d'enseignements effectués par le lieutenant des bérets rouges, des sorties de nuit. Me revient également une sortie tactique de plusieurs jours, avec défense et attaque d'une colline munis de grenades à plâtre et balles à blanc. C'est une conviction personnelle mais je regrette vraiment du fond du cœur que le Président Jacques Chirac ait arrêté le service militaire obligatoire. J'espère qu'un jour un futur Président le remettra en place. C'est vrai qu'au départ, comme dit plus haut, beaucoup de monde déteste le fait qu'il semblerait que ce soit un an de perdu, qui plus est pour l'armée… Mais l'arrivée se finit rarement avec le sentiment de départ.

J'ai un exemple parmi tant d'autres, celui de ce boulanger venu d'Angers qui se retrouva avec nous pour faire le mois de classes. Il n'avait jamais quitté le quartier de sa maison familiale, il avait arrêté ses études à quatorze ans pour devenir boulanger, dans la tradition de son père. Il était de petite taille et s'est retrouvé tout à coup avec trois inconnus culminant à 1,87 mètre de moyenne, dont je faisais partie, dans la même chambrée. Il était comme perdu, apeuré, ayant quitté tous les repères de sa vie. De plus il était assez émotif. Le fait de se délocaliser nous ouvre naturellement aux autres, même si au départ nous sommes tous sur la réserve, mais nous ne pouvons pas rester chacun dans notre coin, la solidarité se fait par l'exigence demandée.

À la fin de cette expérience commune, c'est avec grande joie et fierté qu'il avait donné le meilleur de lui-même dans tout ce qui avait été demandé, réussissant à se structurer, pour faire toutes ces choses qu'il n'avait pas imaginées. C'est non sans émotion, nous remerciant de l'entraide que nous avions pu lui apporter, que nous nous sommes quittés à la fin de nos classes, puisque passé ce mois, chacun était affecté pour une année complète dans un lieu choisi par les officiers. De fait, cette vie en communauté nous oblige à cela : servir un bien commun, donner un peu, beaucoup, tout de soi, pour notre pays !

Nous voilà donc lancés pour la saison. Il fallait être le dimanche soir à la caserne, pour la levée des couleurs du drapeau français, à 6 heures le lundi matin. Nous étions libérés en fin de semaine, le vendredi en début d'après-midi, pour retourner dans nos clubs et jouer le week-end. Mais avant de partir, il y avait la fameuse inspection des lieux, comme l'on peut voir dans les films, qui nous faisait tous trembler, pour surtout ne pas rater le train du retour. L'entraîneur du bataillon de Joinville et de l'équipe de France militaire n'était nul autre que M. Roger Lemerre.

Peut-être dis-je cela parce que j'avais un métier très agréable en parallèle, mais il n'en reste pas moins vrai que dans l'esprit, je garde de cette période des souvenirs fantastiques.

Notre chambrée de quatre, avec Jérôme Foulon qui jouait à Valenciennes, Fabrice Vandeputte qui jouait avec moi à Louhans-Cuiseaux et Stéphane Adam que j'avais côtoyé à l'INF Vichy, était un peu le café du commerce. Justement, le café était toujours présent. Il pouvait également y avoir des bières, de temps en temps du vin, et même des spiritueux et autres petits gâteaux, disponibles à toute heure. C'était un fait établi dans la promotion, où pratiquement chacun passait selon son humeur, nous rendre une petite visite. Un jour, Roger Lemerre, ayant eu un vent lointain de ce lieu atypique, est entré dans notre chambre et nous a demandé à tous les quatre, en faisant les gros yeux : « Est-ce que c'est vrai qu'il pourrait y avoir de l'alcool ici ?

— Bien sûr… que non ! Mais si vous voulez, je peux vous servir une bière.

— Ah non ! » a-t-il répondu.

Silence, regards… Puis : « Je préférerais un petit visky (whisky, prononcé vi). »

Éclat de rire général, et finalement nous avons tous bu une petite bière avec lui !

La difficulté majeure était la séparation cinq jours par semaine et pendant un an du cadre familial habituel, mais tout cela était largement compensé par l'état d'esprit et le sérieux des entraînements quotidiens. Lorsque je repense à cette période, il y a tellement d'anecdotes à raconter, que le sourire est toujours présent, et le rire n'est guère loin ! En parallèle de cette année de soldat, nous avons effectué avec Louhans-Cuiseaux la meilleure saison de l'histoire du club. Nous avons échoué de peu, d'une place seulement, à atteindre les barrages et la montée en première division. Cela s'est joué lors de la dernière journée. Nous devions battre Ancenis, nous y parvenons brillamment en nous imposant 4-2 après avoir été mené 2-0 à la mi-temps mais nous n'avions pas notre destin entre nos mains. Il fallait en effet un match nul de notre concurrent direct. C'est alors que quelqu'un nous dit que le coup de sifflet final avait retenti et que la partie s'était achevée sur le score nul que l'on espérait. Explosion de joie ! Possible accession à l'étage suprême ! Nous commencions tous à chanter, à sauter de joie quand, tout à coup, nous apprenons que Le Mans avait marqué un but dans les tout derniers instants de son match… Et était finalement repassé devant nous au classement. Quelle douche froide ! Non, plutôt glacée, venant de l'Arctique. Je ne souhaite vraiment à personne de connaître ce moment. Nous sommes passés du rire euphorique au silence et à la stupeur en quelques minutes ! J'aurais tellement voulu de façon collective, avec mes coéquipiers, les dirigeants, les gens qui aiment le club, valider cette saison pleine et réussie, que ce soit en club ou avec les militaires, par ces barrages. Mais c'est arrivé plutôt de façon individuelle puisque j'avais tapé dans l'œil des dirigeants du Racing Club de Lens.

6.
UN BOURGUIGNON CHEZ LES SANG ET OR

Les dirigeants lensois étaient venus me superviser régulièrement lors de ma deuxième saison louhannaise. M. Jean-Luc Lamarche, directeur sportif de Lens, était là ce jour où nous avions joué contre le Red Star à Saint-Ouen. Avant la rencontre, je discute avec Laurent Hochart, ancien attaquant de Lens, qui joue avec moi à Louhans. Je lui annonce mon intention de faire des relances rapides dès que j'en aurai la possibilité, qu'il doit donc rester attentif. Cela n'a pas manqué. Pratiquement à la fin du match, je récupère le ballon sur un corner, je vois Laurent, attentif, prêt à partir, à la moitié du terrain. J'envoie le ballon en demi-volée qui arrive dans sa course, en plein dans les pieds. Il contrôle, prend les défenseurs de vitesse, élimine le gardien et marque dans la foulée. Ce but nous offre la victoire. J'ai su après coup que cette action-là avait fait basculer ma venue au RC Lens de façon définitive.

J'avais quatre ans de contrat à Louhans. Quand les dirigeants de Lens se sont manifestés en fin de saison 1991/92, ils ont donc dû négocier les deux années restantes et réaliser un transfert. Le RC Lens savait déjà que Bernard Lama allait partir pour rejoindre le Paris Saint-Germain. Le club cherchait donc un gardien et Jean-Luc Lamarche aimait beaucoup les jeunes talents prometteurs. Il est entré en contact avec mon agent, Jeannot Werth. Avant Jeannot, je n'avais pas d'agent, Michel Hidalgo m'avait appelé directement pour me recruter à Marseille, il m'avait contacté lorsque j'étais en équipe de France Espoirs. Puis le président M. Gervais Martel m'a téléphoné pour me présenter le projet. Après toutes ces discussions, je suis allé à Lens pour rencontrer les dirigeants et tout simplement signer un contrat de quatre ans. J'avais vingt-deux ans et je me souviens ne pas avoir trop parlé, par timidité, lors de cette première rencontre ! J'ai conservé la photo de ce moment, c'était mon second contrat professionnel, le premier pour être titulaire dans l'élite du football français ! C'est un doux euphémisme de dire que tout le monde était très content. D'autres clubs s'étaient renseignés mais le RC Lens a été le seul club à me suivre et à se manifester de façon très claire. J'étais très heureux, très content. C'était une belle promotion, presque en avance sur le temps que je me donnais pour connaître et vivre le plus haut niveau.

Avant ma signature j'entendais déjà beaucoup parler du RC Lens dans les médias, grâce à son public, qui faisait corps avec son équipe. J'avais aussi suivi de près l'épopée qui a permis la remontée en division 1. J'achetais également le magazine *France Football*, j'écoutais la radio, je regardais les émissions *Téléfoot* et les matchs qui étaient diffusés. Je n'avais pas de lien particulier, spécifique avec le RC Lens, mais je savais que ce club représentait quelque chose de très fort, de spécial. En regardant de plus près, avec un peu d'attention l'on pourrait presque dire que certains détails au cours de ma jeune vie de footballeur me faisaient comme découvrir l'identité de ce club.

En effet, souvenons-nous de cette victoire en coupe Gambardella à Lens, ainsi que des joueurs qui sont passés par le club, notamment deux à l'OM, les emblématiques Philippe Vercruysse et Gaëtan Huard, qui m'en ont beaucoup parlé et quelquefois même en patois chti. Puis, ce fut le tour des anciens Lensois de Louhans, Monteil, Baudry et Hochart, qui eux aussi avaient leurs anecdotes, sans oublier le capitaine Georges Tournay, natif du Pas-de-Calais. Je connaissais donc par bribes, à travers ces joueurs, l'histoire du club avant d'arriver.

Pour mes débuts, l'objectif annoncé par le président était simple : la stabilité à l'étage le plus haut. Faire une belle saison en obtenant le maintien le plus vite possible. Dès mon arrivée, dès le premier jour, j'ai tout de suite été très bien été accueilli. Jean-Guy Wallemme est venu me voir à l'hôtel lors de ma signature. Il m'a tout de suite mis très à l'aise en m'expliquant le fonctionnement du club, et je le remercie de cette bienveillance. J'ai rapidement noué des liens avec lui, mais aussi avec Éric Sikora, Cyrille Magnier, Jimmy Adjovi-Boco, ainsi que les autres joueurs. J'ai reçu le meilleur accueil possible dans le sens où chacun m'a mis dans les meilleures conditions. Du côté des gardiens de but, deux autres sont arrivés dans le groupe professionnel en même que moi : Pegguy Arphexad et Franck Raviot. Je m'arrête quelques instants de façon particulière avec Franck Raviot.

Prenons ce point de départ et faisons un peu de route ensemble. Nous sommes tous les deux originaires du même département et Franck a également fait ses trois années à l'INF. Nous avons vécu nos deux belles années lensoises, qui nous ont permis de nous découvrir. Quelques fois nous revenions ensemble en Bourgogne pour les vacances, humer notre terre natale et en goûter ses terroirs. Puis Franck a suivi son chemin et très rapidement, ce qui est rare pour un joueur si jeune, il a compris que c'était la formation qui se portait dans son cœur. Cette vocation de transmission, ce savoir-faire si particulier que nous avons déjà décrit. C'est donc dès ses vingt-cinq ans qu'il se lança, certain de son choix, dans cette aventure. La route qui s'ensuivit n'est que l'heureuse conséquence de cet humble travail quotidien, apprenant, arpentant, transmettant tout ce que son être de gardien de but respire, partageant ses certitudes, sur les terrains de Clairefontaine. C'est ainsi qu'il a construit patiemment cette magnifique carrière, devenant progressivement l'entraîneur de chaque équipe de France, ne laissant aucun hasard dans cette réussite, jusqu'à devenir logiquement champion du monde en 2018 aux côtés de Didier Deschamps. Mais l'amitié ne s'achète pas et lorsqu'il est venu me voir avec son ami et son papa pour le match Gueugnon-Mâcon pour l'accession en Nationale 2 en mai 2023, c'est à cet instant, lors de nos discussions toujours très denses, que j'ai su, comme une évidence, que je devais lui proposer de faire la préface de ce livre. Cher Franck, je te remercie de cela mais surtout des mots qui en sont sortis.

Revenons dans le Pas-de-Calais, où j'arrivais derrière le charismatique Bernard Lama, qui avait beaucoup plus d'expérience que moi, avec un leadership naturel. Il tenait la maison « défense » et venait de faire une superbe saison qui lui avait valu de signer au Paris SG. C'est avec toutes les facettes de son talent qu'il savait compenser, peut-être, certains manques dans l'équipe. Quant à moi, j'arrivais simplement, vierge de cette expérience du haut niveau, par mes actes, venant plutôt me découvrir, plongeant sans filet dans le bain de la plus haute compétition nationale. La préparation de présaison débute à Font-Romeu. Je fis rapidement la comparaison avec ce que j'avais pu vivre avec l'OM, et je la trouvai bien terne. Nous partons d'ailleurs très mal en championnat avec six défaites et sept nuls sur les 13 premières journées.

En ce qui concerne mes débuts, j'avais du mal à trouver mes marques, j'étais irrégulier. Je n'étais pas mauvais au sens strict du terme mais plutôt, moyen, inconstant, faisant de belles choses mais pas nécessairement dans les moments décisifs. Je n'arrivais pas à exprimer tout mon potentiel. Une chose importante en plus à considérer est que jusqu'en cette année 1992, le gardien de but pouvait prendre le ballon avec ses mains après une passe volontaire venant de son défenseur.

Durant cette intersaison, cette règle a été abolie. On ne pouvait plus prendre le ballon à la main dans ces circonstances. Cela faisait entrer le gardien de but dans un rôle nouveau de joueur à part entière. Aujourd'hui nous voyons les fruits et tout le bienfait de cette règle qui a amené les hommes qui habitent ce poste d'avoir un profil complet.

Je me souviens de l'un de mes tout premiers matchs amicaux contre le Standard de Liège, où j'ai dégagé le ballon après une passe en retrait, ce qui avait provoqué un brouhaha dans le public qui se demandait ce que je faisais parce que personne n'était encore habitué ni même au courant de cette nouveauté. Il a même fallu d'ailleurs que le speaker du stade prenne le micro pour expliquer ce geste et cette nouvelle règle. Comme si cela était arrivé hier, je me souviens de mon premier match en D1 en ce mois d'août 1992. Ma famille était tellement contente et heureuse de cet événement que tout le monde était venu voir le match, et l'on comprend très bien tout cet engouement. Mais c'est plutôt dans la gestion de ce flux familial que je commis ma première erreur fatale. Tous avaient de louables intentions, voulaient bien évidemment le meilleur pour moi, mais il y avait trop de monde, trop de bruit. Je me suis bien mal préparé. La deuxième chose, c'est qu'il faisait très chaud en ce jour et j'avais mis un maillot molletonné trop épais. J'avais énormément chaud, je n'étais pas bien du tout. Ce sont des détails qui peuvent faire sourire mais cela reste. C'est comme si j'avais fait dès le premier instant tout ce qui ne correspondait pas au très haut niveau. Et puis, troisième « événement », l'adversaire particulier pour moi qui venait se présenter face à nous, l'AJ Auxerre ! Le score de 0-3 au tableau d'affichage en notre défaveur venait concrétiser tout cela. Peut-on faire pire pour un début ? Dans le contenu du match, je n'ai pas la responsabilité explicite sur l'ensemble des buts encaissés. Je prends un coup franc en pleine lucarne, je suis moyen sur le deuxième but et je ne peux pas faire grand-chose sur le dernier. Mais tout au long de ma carrière je me suis servi de cette expérience des plus douloureuses, puisque ce fut l'opposé de ce que l'on espère de ce moment. J'ai toujours eu à l'esprit le fait que tous mes proches étaient en joie en début de journée puis au moment du match l'après-midi mais que tout le monde pleurait le soir après le match. C'est avec cette expérience fondatrice que j'ai compris ce qu'il ne fallait pas faire. Je savais désormais quelle atmosphère était nécessaire avant les matchs : le calme. J'ai progressé de quelques années en une journée, m'intégrant immédiatement dans la réalité de ce qu'est l'exigence du très haut niveau.

La saison est maintenant lancée, filons jusqu'à la trêve du mois de décembre. Sur cette première partie de saison, le graphique de mes performances est de bon niveau mais instable. J'ai en mémoire par exemple un super match contre Saint-Étienne, mais aussi quelques autres plus « moyens ».

Les résultats de l'équipe n'étaient pas non plus au rendez-vous. Nous n'arrivions pas à décoller du bas du classement. Dans ces circonstances, ce ne sont pas les joueurs qui s'en vont, c'est l'entraîneur qui subit ce choix. Arnaud Dos Santos quitte donc le poste et à la suite de cet événement, c'est Patrice Bergues, entraîneur de l'équipe réserve, qui est nommé. Je crois que Patrice Bergues était vraiment un formateur dans l'âme. Il avait une vision apaisée du football, calme, formatrice, toujours avec beaucoup de pondération, de modération. Un formateur tel que lui ne voit pas nécessairement la victoire comme un absolu ; elle est bien sûr très importante chez les professionnels mais Patrice insistait davantage sur l'attitude des joueurs et leur évolution. Je discutais très souvent avec lui, il me donnait des conseils. Au fil du temps nous avons continué à avoir ces échanges spontanés, naturels, et à la fin de notre relation à Lens nous avions même des échanges beaucoup plus approfondis sur les systèmes, sur les joueurs, donnant chacun notre avis. Pour son premier match, il avait su trouver les mots, avec beaucoup de calme et de détermination et nous étions allés gagner à Metz. Il a su trouver ce qui provoque un déclic, celui espéré par tous lorsque les situations sont délicates. Pour moi, ce match a été celui qu'il fallait pour me libérer et m'aider à trouver enfin de la régularité, pour pouvoir exprimer tout mon potentiel. Ce moment précis m'a énormément apporté. Il m'a aidé à vraiment me lancer. D'un point de vue personnel, la figure de Patrice Bergues, sa personne, a été vraiment importante. Sans sa venue, je ne suis pas sûr de faire la carrière que j'ai faite par la suite. Je me suis totalement retrouvé dans son discours.

C'est une chose qui peut paraître désuète, un détail que tous ont sûrement oublié ou peut-être reste-t-il ignoré, mais quand je suis arrivé à Lens, chaque joueur venait s'entraîner avec ses affaires personnelles, pas celles du club. D'ailleurs, lorsque Mickaël Debève, que j'avais connu en équipe de France Espoirs, a effectué son premier entraînement à Lens après nous avoir rejoints en provenance de Toulouse, il m'a demandé « Où sont les affaires pour s'entraîner ? », pensant que le club allait les fournir ! Chacun rentrait donc chez soi, avec son sac, devant faire partir sa propre machine à laver pour que tout soit prêt pour le lendemain. Ce qui est absolument inconcevable aujourd'hui. Personne ne peut penser à l'heure actuelle que cela ait pu exister un jour. J'aime rappeler ce fait, c'est un point de départ pour quelque chose de fondateur. Il rappelle l'environnement dans lequel je suis arrivé mais surtout, tout le chemin parcouru ensuite. En effet, dix ans après, quand je suis parti, le magnifique centre d'entraînement du RC Lens, la Gaillette, venait de sortir de terre. Le club n'a cessé de progresser en même temps que nous et grâce à notre génération, ouvrant ainsi cette voie à nos successeurs. Il y avait déjà comme un terreau favorable, un savoir-faire lensois et des professionnels prêts à se structurer davantage pour aller vers le plus haut niveau, avec cette simplicité à Lens qui nous a permis de progresser petit à petit.

Le club n'a cessé de monter à partir de la prise en main par Patrice Bergues. À la fin de la saison, j'avais le sentiment d'avoir atteint le niveau de la première division professionnelle. Lors de la phase retour de la saison 1992/1993, nous n'avons encaissé que 9 buts dont 3 à Lyon. J'ai réalisé 13 « clean sheet » (un match sans encaisser de but en français) sur cette période. En comparaison, nous avions pris 32 buts sur la phase aller ! Pour être efficace et déterminant, j'avais besoin de communiquer avec ma défense, j'avais besoin d'être à l'aise. J'avais surtout besoin d'être gardien de but professionnel, responsable, celui qui est déterminant, qui sauve son équipe quand elle en a besoin. Après ce premier faux départ, j'en profite pour remercier à ce moment précis mes dirigeants, M. Lamarche et M. Martel, pour la confiance qu'ils ont continué à m'accorder. Ils ont souhaité me garder coûte que coûte malgré la discussion que nous avions eue ensemble à la trêve, à mon initiative, sur le fait de continuer ou non à Lens parce que je n'arrivais pas encore à être celui que tout le monde espérait. Leur patience a été récompensée, et c'est grâce à ce discours et cette confiance que j'ai pu apporter ce qui était espéré. À partir de ce moment, je suis entré pleinement dans ma fonction d'homme responsable et j'ai commencé à avoir une vraie relation avec ma défense.

Peut-être est-ce par mes origines, mais j'ai toujours eu cet aspect « philosophique » du football italien qui a cette particularité, cette habitude d'aimer défendre, de très bien défendre. Si je pousse donc la réflexion un peu plus loin, je considère que cela ressemble à de l'art, à une chorégraphie artistique où chacun doit se sublimer dans cet état d'esprit, dans son rôle très précis. Je ne parle pas ici d'antijeu, de destruction, de brutalité ni de violence. Bien au contraire, je parle de la partie réfléchie par l'art du placement, du temps d'avance pour l'anticipation, du geste déterminant au moment opportun, de l'amour généreux dans le don de soi, alors que toute la partie adverse lève les bras, pensant que le but est déjà marqué. De cette conscience de l'entièreté, qu'il n'y a jamais rien d'inutile dans le fait que les adversaires aient du mal à passer, à se développer, parce que le placement est impeccable et que chacun fait exactement, précisément ce qu'il doit, dans la continuité de ses partenaires. Cet état d'esprit m'a toujours habité, et ce dès mon plus jeune âge. Quand on regarde les chiffres, l'une de mes plus belles satisfactions est d'avoir été régulièrement dans les meilleures défenses dans chaque club dans lequel j'ai évolué, principalement en championnat de France, avec le RC Lens. Tout en continuant de l'apprendre, j'ai exprimé le rôle du gardien tel que je le concevais et nous avons noué avec mes défenseurs des relations d'amitié autant que possible, qui se sont traduites par les meilleures réalisations techniques et tactiques de chacun.

Lors de la phase retour, je me souviens de cette première apparition – enfin – sur la pelouse du stade Vélodrome à Marseille. J'étais cette fois dans le camp d'en face et pas du tout content d'avoir subi la défaite, mais quel plaisir tout de même de vivre ce moment ! À titre personnel, cette bonne seconde partie de saison a été récompensée par une convocation en équipe de France A' avec laquelle nous avons fait une tournée aux Antilles, jouant des rencontres contre le Venezuela, le Pérou et une sélection locale. C'était une telle surprise d'être appelé par M. Gérard Houiller, le sélectionneur. Une expérience formidable. Le football a cette particularité d'aller très vite. En début de saison j'étais au fond du fond de la mine, puis voilà qu'en cette fin mai 1993, je me retrouve, sans nuages, en plein soleil lumineux. J'ai reçu cela comme une belle récompense gratifiante de mon travail et de ma persévérance. C'était une grande joie, même si j'avais dû décaler mes vacances !

Avant de poursuivre, revenons quelques mois en arrière. Il est très bon de narrer une anecdote que j'aime partager et qui résume bien la situation à mon arrivée. Mis à part pour jouer quelques matchs et repartir dans la foulée, je n'étais jamais venu dans le Nord. Au moment de signer au Racing, les anciens Lensois qui étaient avec moi à Louhans m'avaient dit que le club mettait à disposition des joueurs une maison située à Avion, une commune voisine. Ils m'ont conseillé de la prendre et je les ai donc écoutés. Fraîchement marié, nous voilà partis ma femme et moi en direction du Pas-de-Calais. Il n'y avait pas encore de GPS à ce moment. En arrivant dans la région, nous avons croisé beaucoup de terrils, ces monts de charbon sortis de terre. Je cherchais notre destination sur une carte routière. Ne trouvant pas, je m'arrête pour demander le chemin à un passant. C'était un monsieur d'un certain âge. « S'il vous plaît, monsieur, bonjour, pourriez-vous me dire où se trouve le 34 rue Pierre Brossolette ? » lui demandé-je. Il me répond avec son accent chti : « Ben tu vois, min tchiot, tu tournes à droite, tu ravisses par-là, ché ichi. » C'est la première fois que j'entendais parler vraiment chti ! Un peu surpris tout de même, je regarde ma femme et lui dis que je n'ai pas compris ce que le monsieur m'avait dit. Puis ce monsieur enchaîne : « Oh ti, t'es pas d'ichi, t'as un drôle d'acchent. » C'était un peu le film *Bienvenue chez les Chtis* avant l'heure ! Évidemment, avec une telle première discussion, tout ne pouvait que bien se passer ! Et ce fut le cas, dans le quartier, dans la ville, plus tard. Nous y reviendrons.

C'est ainsi qu'avec toutes ces personnes, je me suis mis à parler chti, couramment… Et sans accent.

7.
L'ASCENSION

Au cours de cette saison 1992/1993 que nous venons de décrire, en ce qui me concerne mais également au niveau du club, nous sommes passés de rien à tout en termes de résultats et d'ambiance. À l'aube de la saison 1993/1994 qui arrivait, nous avions un objectif clair, quelque chose qui nous tenait vraiment à cœur, c'était de bien partir puis d'être plus réguliers et surtout ne pas manquer d'ambition. C'est ainsi que s'est confirmé ce que nous voulions forger, ce que j'appelle « une habitude d'équipe ». Tout le monde a commencé à prendre ses marques et suivre l'orientation posée par un style de jeu, une identité d'équipe.

À titre personnel, je suis entré à ce moment-là dans la pleine fonction du gardien de but titulaire du Racing Club de Lens. La préparation physique de l'intersaison avec Patrice Bergues avait été beaucoup plus structurée, et nous étions prêts, dès le début de cette saison. Sur les matchs aller, nous confirmons notre solidité et notre rigueur. Certes, l'équipe n'a pas encore un style offensif flamboyant, nous ne marquions pas énormément de buts mais nous construisions un édifice difficile à battre en encaissant peu de buts.

Pendant ce temps-là, d'un point de vue familial, nous prenons nos marques, et pour ce Noël 1993, nous ne sommes pas redescendus en Bourgogne. En effet, nous venions d'apprendre un heureux événement puisque ma femme était enceinte. Matthieu avait seulement quelques jours, c'est pourquoi nous avons suivi ce conseil de prudence en restant au calme. Petit clin d'œil à tous les papas qui viennent d'apprendre qu'ils vont l'être pour la première fois. Cette annonce n'en est pas qu'une, certes, l'être n'est pas encore « palpable » mais, premièrement, il est bien vivant, et il pousse force de réflexion par rapport à la responsabilité qui arrive. Cela nous fait forcément changer, grandir.

C'est notre parcours en Coupe de France qui marquera les esprits cette saison-là et notamment le quart de finale contre le PSG au Parc des Princes. Je me souviens d'un match que je qualifierai de curieux avec des émotions des plus paradoxales telles que le football peut en procurer.

Sur l'ouverture parisienne du score par Vincent Guérin, je ne suis pas très heureux, lobé par le ballon, piégé par un cafouillage dans la surface, un peu mal placé. Là est le paradoxe parce que ce but nous libère. Nous prenons le match à notre compte. Nous réalisons une telle performance ! Nous marquons deux buts en une minute au cours de la seconde mi-temps *via* Roger Boli et Pierre Laigle d'une superbe frappe. Puis, contre toute attente, nous réussissons à tenir le score et nous qualifier pour le tour suivant.

Ce n'est pas une victoire comme les autres. Mon premier ressenti est qu'il s'agit du premier exploit authentique pour notre équipe et notre génération. Sur le papier ce n'est qu'un quart de finale, une simple qualification pour une demi-finale, mais en face c'était un grand Paris Saint-Germain ! C'est comme le début d'une création, la marque du premier grand coup face à un ténor du championnat. Nous découvrions que nous étions capables de réaliser cette performance ! Cela nous a permis d'emmagasiner énormément de confiance pour la suite. En revanche, la demi-finale qui suivit face Montpellier fut terrible. L'un des pires souvenirs de ma carrière et je pèse mes mots. Tout était réuni pour aller en finale. Match à domicile, le public, la confiance, en venant de battre la plus grosse équipe de notre championnat. Est-ce à cause de l'enjeu de ce match particulier – sûrement d'ailleurs –, toujours est-il que nous faisons un non-match. Nous étions comme empruntés, engagés dans un faux rythme, l'opposé de ce qu'il faut faire pour se donner la chance d'accéder à la finale. Finalement, nous perdons 2-0 logiquement. Implacablement.

Après le match et cette terrible désillusion, je me souviens être parti avec ma femme, comme roulant au hasard en direction de Calais. J'étais tellement énervé et dépité que je ne voulais pas rentrer à la maison. Nous nous sommes promenés au bord de mer en pleine nuit et avons même dormi sur place. Ceci ne m'a toutefois pas aidé davantage à évacuer ce match qui, jusqu'à aujourd'hui, me reste en travers de la gorge. Il est toujours frais dans ma mémoire et reste comme un petit traumatisme sportif.

Dans le raisonnement de ma pensée, qui n'a guère varié, cela me paraissait impossible de gagner au Parc de Princes contre le PSG, à Paris, l'équipe la plus forte, qui plus est en Coupe de France, et de perdre ensuite au stade Bollaert contre Montpellier, avec tout le respect que je dois à nos adversaires. Ce match nous a montré que c'était autre chose d'être le favori. Se retrouver sous la pression d'une logique de résultat n'est pas si évident. Nous l'avons découvert difficilement, très difficilement en ce qui me concerne, mais c'était une expérience en plus pour notre progression et nous habituer à gérer les matchs à hautes responsabilités. Cette défaite a bien sûr touché l'équipe, tout le monde avait beaucoup de regrets. Il a fallu digérer mais cela n'a pas eu de conséquences sur le groupe qui s'est remis en question avec ce souhait de progresser. De cet événement délicat sortira plus tard une constance dans la gestion émotionnelle pour la préparation des rendez-vous les plus déterminants.

Je trouve que ce fut une bonne saison car il y avait un vrai équilibre. Elle n'a pas été facile mais il y avait un vrai projet de jeu, une philosophie suivie et respectée. Je considère cette année comme une transition qui m'a fait beaucoup de bien, qui m'a permis d'engranger de l'expérience que je n'avais pas vécue jusque-là sous le maillot du gardien de but toujours en mouvement, dans l'action. D'ailleurs, au printemps 1994, je suis de nouveau appelé en équipe de France A', ce qui confirmait mon ressenti sur la qualité de ma saison. Petit à petit, nous devenons donc une bonne équipe du Championnat de France. Nous ne sommes plus simplement des garçons qui donnent tout, qui mouillent le maillot, même si nous le faisons très bien, avec un public formidable. Désormais plus personne n'est sûr de nous battre.

De retour de vacances lors de l'été 1994, il y a eu quelques arrivées, dont celle de Joël Tiéhi, international ivoirien, qui finira meilleur buteur du club lors de la saison 1994/1995. Le projet de Patrice Bergues ne variera pas d'un iota : l'équipe se doit d'être solide défensivement et forte tactiquement, tout en sachant aussi prendre ses responsabilités dans un jeu offensif déterminant. Cette philosophie me convenait parfaitement, je me retrouvais complètement dans tous les aspects demandés. La saison a commencé par la plus belle chose qui puisse arriver dans la vie des hommes et des femmes de ce monde. Celle de l'homme que je suis, avec la naissance de mon fils Mathieu en ce jeudi 4 août 1994 à 13 h 30 à Saint-Catherine-les-Arras, par le sein d'Isabelle. J'assiste à l'accouchement, je rencontre ce petit être dont j'ai participé à la création et dont je deviens tout à coup responsable. Plus largement, je deviens responsable d'une famille. L'impact fut comme celui d'une météorite qui tombe du ciel ! Tout cela a complètement changé le sens de ma vie, sa direction, vers le bien. C'est comme si mes forces avaient tout à coup été augmentées pour suivre cette direction. Puis je me suis mis en route lors de cette chaude journée d'été, sans nuages, seulement celui sur lequel j'étais, essayant tant bien que mal de trouver la bonne direction pour rejoindre mes coéquipiers à la mise au vert en cette veille de match à Bollaert contre Rennes, comme dans ces films qui nous touchent au fond de nous-mêmes, nous arrachant régulièrement ces larmes que nous cachons comme nous pouvons pour que personne ne puisse s'en apercevoir. Le scénario fut parfait avec une victoire 5-0 ! Le détail qui reste du lendemain matin, après ces événements parfaits de la veille, c'est que, juste avant de retourner à la maternité, je me suis longuement brossé les dents et j'ai pris le chewing-gum le plus mentholé possible. Ce devait être ultra ou extra fort. J'ai sûrement dû prendre les deux en même temps...

Durant cette saison, l'un des matchs phares eut lieu à domicile contre Nantes le 2 avril 1995. Un match complètement improbable, électrique, qui doit son atmosphère à ce qui s'était passé lors du match aller. Revenons donc quelques mois en arrière, lorsque nous avions pris une cinglante défaite 3-0 sur les rives de la Loire à la Beaujoire. Que les compétiteurs les plus acharnés ferment les yeux où sautent les quelques lignes suivantes, mais il s'agit de la seule et unique fois de toute ma carrière où perdre ne m'a rien fait. Pire, il y a deux buts où les Nantais nous ont totalement mis hors de portée, sans que nous puissions ne serait-ce qu'effleurer le ballon, et pour lesquels j'avais presque envie d'applaudir tellement les actions étaient belles, jouées à la perfection. Cependant, après le troisième but, un Nantais dont je tairai le nom est venu de façon arrogante, gratuitement, nous chambrer, provoquer les entraîneurs, de façon excessive, devant notre banc de touche. Même si la défaite était plus que logique et finalement très lourde, elle a pris un caractère particulier. Dès cet instant, à la vue de l'impact qu'avait provoqué cet incident, le groupe entier, de façon unanime, s'est dit qu'il n'oublierait pas ces événements dans la préparation du match retour.

Quand ce fameux match est arrivé, Nantes était invaincu et allait être logiquement champion. Mais notre objectif très précis comportait deux facettes : qu'ils ne repartent pas de Lens avec une victoire et, pourquoi pas, avoir le plaisir d'être les premiers à leur infliger une défaite. La cause évidente de cette motivation était que nous voulions leur rappeler les événements du match aller. Si l'on ne connaît pas l'ensemble de cet historique, il est fort possible que l'on se demande ce qui se passe chez nous, ce jour-là. Notre attitude pouvait laisser croire que nous avions suivi une hypnose collective ou que nous étions sous l'influence de quelques substances illicites, ou encore sous le coup d'une surconsommation de liquide alcoolisé. Il faisait très chaud ce jour-là. Les Nantais menaient 0-1 jusqu'à la toute fin de match, avec deux cartons rouges de chaque côté. Ils étaient en passe de marquer le second but quand un incident aux abords de la surface de réparation nantaise se produisit, l'arbitre de touche signalant avec insistance ce fait. J'ai simplement osé ne pas jouer l'action qui amenait ce second but nantais pour aller directement voir monsieur l'arbitre et lui signaler ce qui venait de se produire. Mieux, j'ai pris le ballon et je l'ai tout simplement placé à l'emplacement désiré.

Puis arriva ce coup franc d'Éric Sikora à la dernière minute, une merveille d'égalisation ! 1-1 score final. Certes, nous aurions préféré battre les Canaris. Je suis volontairement amnésique quant au déroulement du match, son scénario, de sa fin… Je vous invite à revoir les images.

C'est ce que j'appellerais un échange de bons procédés. Les Nantais ne l'ont pas accepté mais il est possible qu'ils aient compris. Quelques semaines plus tard, ce sera la route d'un inconnu, un certain Thierry Henry, que nous croiserons. À ce jour, tout le monde comprendra très bien si je dis que ce fut cauchemardesque. Ce n'est pas choquant, mais juste avant ce match, ce n'était pas le cas du tout. Ce jour, « Titi » a marqué ses deux premiers buts en tant que professionnel. L'action du premier but commence sur mon côté droit, le ballon arrive en profondeur, je sors, persuadé d'avoir le ballon. Je ne connaissais pas ce jeune, sa vitesse. Il arrive, me devance pousse le ballon du bout du pied, le récupère et du pied droit marque. Le tout avec une rapidité et une facilité déconcertantes ! Nous avons d'ailleurs eu l'occasion d'en reparler quand j'étais à Arsenal. Il s'en souvenait évidemment très bien, lui qui a une si grande culture footballistique ! Thierry a fait un festival ce jour-là. 3-0 était le score à la mi-temps. Cela sentait le naufrage, mais nous nous sommes dit qu'il fallait tout faire pour sauver la seconde période, avec 0-0 par exemple. Malgré nos bonnes intentions, Youri Djorkaeff fait un triplé, déposant définitivement le vaisseau lensois au fond de l'eau du port monégasque, avec un 6-0 retentissant ! Pour les gardiens de but à qui cela arrive souvent, à ceux à qui c'est déjà arrivé au moins une fois, ou à ceux à qui cela n'est pas encore arrivé (j'espère que vous ne le goûterez jamais !), ce score douloureux m'est arrivé à trois reprises pendant mes vingt années de carrière : lors d'un match amical contre Lille en préparation, pour ma première saison à Lens en 1992 (6-0) ; à l'occasion de ce fameux match à Monaco en 1995 ; et en championnat d'Allemagne avec le Borussia Dortmund en 2004 contre le Herta Berlin avec un retentissant 6-2.

De toutes ces anecdotes ressortent un résultat global et une réussite collective qui nous permettent de décrocher la 5e place du championnat, avec à la clé une qualification en Coupe d'Europe. Nous avons effectué une très bonne saison avec 15 victoires. L'une des plus belles victoires restera pour moi ce 4-0 contre Lyon au mois d'octobre 1994, futur dauphin. Ils avaient une superbe équipe. Je me souviens de cet après-midi, dans un match quasi parfait.

Atteindre l'Europe n'était pas l'objectif fixé. Cette réalisation est arrivée comme si nous avions gagné un titre. Lors du dernier match à domicile, quel souvenir de cette fête qui a suivi ! J'ai pris le micro du stade, je ne sais plus trop ce que j'ai dit, car quand l'euphorie est là, la verve est toujours plus facile. Nous avons fait un tour d'honneur avec une bouteille de champagne à la main, quelle belle communion avec le public ! À ce moment, dans nos esprits, il faut bien comprendre que terminer à une place européenne était comme un accomplissement réservé aux équipes plus fortes, aux ténors du championnat.

En parallèle j'ai appris à être à l'écoute de mon fils, à lui donner le biberon, à comprendre ses demandes. Puis les vacances sont arrivées. Après une escale obligatoire en Bourgogne pour voir nos deux familles, direction Cannes lors de l'été 1995. Je me souviens, sur la plage, que Matthieu commençait à se mettre debout, à l'aide d'un parasol. Avant d'aller plus loin, je vais m'arrêter quelques instants, dans ma région natale de Bourgogne. Attendez, ne commencez pas à saliver trop vite… Je reviens trois ans en arrière, en décembre 1992, lors de mon arrivée à Lens et de mes débuts difficiles. C'est donc la trêve hivernale, nous rentrons avec mon épouse dans nos familles pour fêter Noël avec un moral plutôt morose. Voyant cela, un oncle du côté de ma belle-famille, Didier dit « Bobotte » (avant d'être rebaptisé « Ruskoff » par mes soins) me glisse à l'oreille : « Et si nous allions visiter une cave ? » Je n'en avais jamais visité à proprement parler, comme lors d'un après-midi de découverte par exemple. Ni une ni deux, je lui dis : « Allez ! » Nous voilà partis tous les deux à

Pommard (il y a pire pour débuter !), trouvant une cave ouverte, faisant connaissance avec les responsables. Voilà que le temps s'est arrêté dans cette cave voûtée ! Nous avons écouté, discuté, philosophé, parlé en mâchant les mots, surtout à la fin, puis nous sommes partis, droits, je ne sais pas comment. Bref, cet instant a permis deux choses. Premièrement, cela a été une introduction à la réelle connaissance de ce qu'est le vin de Bourgogne. Son origine, son histoire, ses cépages, sa culture, son culte, sa vinification, son style. Deuxièmement, et c'est important, cela m'a permis de m'oublier, de me perdre, de voyager, de laisser mes difficultés à elles-mêmes, de me ressourcer. Pendant ce moment unique, j'ai échangé avec des passionnés, des professionnels qui ont réussi, momentanément, sans le savoir, à me sortir de l'esprit l'unique pensée football. Il y a bien un autre monde qui existe. J'ai longtemps hésité avant de dévoiler ce secret primordial parce que l'on comprend mieux pourquoi la deuxième partie de cette première saison s'est terminée en boulet de canon, grâce aux bouchons de bouteilles. Santé !

De ce fait, comme les footballeurs ne sont pas du tout superstitieux, mais alors pas du tout… À chaque trêve donc, étés comme hivers, ce pèlerinage devenait essentiel. Il a même pris beaucoup d'ampleur au fil du temps, les participants se reconnaîtront. D'ailleurs, ne revenant jamais dans le Nord ni les mains ni le coffre vides de ces précieux nectars, il m'arrivait d'organiser quelques dégustations, au grand plaisir de certains de mes coéquipiers. C'est ainsi qu'a débuté ma culture pour les vins de ma région Bourgogne.

C'est lors de l'été 1995 que Tony Vairelles est arrivé de Nancy pour cette nouvelle saison. Il avait déjà son idée de participation à la vie offensive, à la vie du club, à la vie des jeunes. Dès les premiers instants, nous avons vu qu'il avait de la niaque, du mordant. C'est quelqu'un qui voulait faire les choses bien et se surtout se donner à fond. Je me suis dit que la mentalité de ce jeune joueur collerait parfaitement avec l'état d'esprit du club. De fait, rapidement, les supporters ont eu un applaudimètre exacerbé par sa générosité, sa simplicité, sa bienveillance et surtout son talent. À Lens, c'est si spécifique, il faut bien comprendre quel public vient au stade et le comportement qu'il attend. Tony résume la mentalité du club, même si nous n'étions pas tous forcément du coin, c'est avec nos talents conjugués mais surtout cet état d'esprit que la progression continuait.

Durant ce mois d'août 1995 a eu lieu l'un des matchs les plus animés de la saison, contre Lyon. Débutait à cette période un duel à distance entre nos clubs, à l'image de leurs deux présidents dynamiques, M. Aulas et M. Martel.

Je me souviens de cet incident pendant ce match, de cette agression sur Pascal Olmeta, gardien de but de l'OL. Cela ne l'a finalement guère dérangé, parce qu'il n'est pas vraiment du genre à se dégonfler, il a plutôt bien géré et tout s'est bien terminé !

Si l'on s'arrête et que l'on garde cette image, l'on peut dire que la bagarre entre les deux clubs s'est vraiment lancée là. Puis ce fut le tour de goûter les saveurs du Nord avec l'un de mes meilleurs souvenirs contre les voisins de Lille. J'ai gagné quelques fois, à Bollaert et Lille également, même si les matchs nuls étaient plutôt la norme. Mais celle-ci, 3 buts à 1, fut la plus large victoire chez eux, au stade Grimonprez-Jooris, l'antre du LOSC à cette époque, disparu depuis. Cette performance restera comme la plus aboutie de cette décennie de derbys.

Il y a une réalité dans les antagonismes entre Lens et Lille. Cette représentation, tant géographiquement que sociologiquement, fait de ce match un moment très particulier. Les joueurs en sont conscients, ils le ressentent. Si par exemple, vous avez une méconnaissance ou un oubli, il y a de purs produits locaux, comme Éric Sikora, qui depuis tout petit avait été habitué, biberonné, au derby. Il savait exactement situer l'événement avec sa représentation au niveau identitaire. Le derby, c'est le derby. Chacun chez soi. Le discours et la préparation se font avec une tension supplémentaire venant de l'extérieur, mettant en jeu cette question de la suprématie régionale. Que je sois natif de la région ou pas ne changeait rien, la question ne se posait même pas. Ce sont les couleurs que l'on porte qui sont essentielles. Je représentais ma rue, mon quartier, mon coiffeur, à Avion, tout comme ma boulangerie et le café des turfistes à Éleu-dit-Leauwette. C'est en immersion, imprégné, qu'il faut être pour comprendre qui l'on représente.

Quelques semaines plus tard, contre le Paris Saint-Germain, nous ferons vibrer le stade une nouvelle fois avec une victoire 3-1. Cette performance est de tout premier ordre puisque les Parisiens termineront deuxièmes du championnat ! La pelouse du stade Bollaert devient maintenant mon jardin, j'ai mes habitudes, mes routines, le lieu m'est familier. Mieux, il est à moi. Dans cette idée vécue et partagée, nous souhaitons tous que ce lieu, notre maison, devienne une citadelle imprenable. C'est tout le groupe qui s'empresse à déployer cette énergie. Avec une visée claire, à nouveau, l'Europe !

Je crois que c'est au fil du temps, avec la découverte d'objectifs simples, que l'on a commencé à prendre l'habitude de gagner. C'est la meilleure des habitudes. Elle permet de voir et d'agir de façon différente, comme en ne parlant simplement plus de maintien ou de milieu de tableau, mais en regardant naturellement vers le haut, toujours. Ceci ne nous a toutefois pas empêchés de perdre 1-0 à domicile contre Guingamp. Une défaite que j'évoque non pas parce qu'elle cache une histoire savoureuse, mais parce que nous avions l'occasion, en cas de victoire, de prendre la tête du classement. Selon la formule, il y a un temps pour tout. Un temps pour se former, puis un temps pour s'habituer au très haut niveau et être premier. Presque…

La phase aller de cette saison est synonyme de Coupe d'Europe. J'ai adoré, impatient comme un enfant, de savoir ce que le tirage nous offrirait, voir quel club, quelle ville, quel pays nous allions rencontrer. Je me souviens de tous ces matchs européens, de cette compétition, comme si c'était hier. Je ne saurais décrire réellement mon ressenti, entre l'émotion, l'intensité, l'euphorie, la volonté d'en découdre sur le terrain pour voir ce que je suis, ce que nous sommes comme équipe, sur le continent…

Nous avons débuté la compétition face aux Luxembourgeois de l'Avenir Beggen avec une victoire 6-0 au match aller chez eux, puis une autre 7-0 à Bollaert lors du match retour. Au tour suivant, c'est le Tchornomorets Odessa qui s'est présenté à nous. Nous faisons 0-0 à l'aller en Ukraine, dans un stade aux vestiaires atypiques. Petit arrêt sur image avec Jimmy Adjovi-Boco, défenseur de son état (qui a marqué son premier but il y a très peu de temps… enfin !), assis à mes côtés, dans ces fauteuils individuels d'un autre âge. Nous nous sommes regardés, bien fatigués puisque le match avait été intense : « Jim, qu'est-ce que c'est bon ne pas encaisser de but, ici, dans ce match de coupe d'Europe ! » Le Mur de Berlin étant tombé six ans plus tôt, c'est tout un sillon politique omniprésent qui entourait cette partie. Un exemple parmi d'autres : nous ne pouvions pas être plus de deux ou trois personnes maximum lors de la promenade. Au-delà, c'était considéré comme un attroupement, une réunion, une démonstration de quelque chose… J'ai également en mémoire l'extrême lenteur à l'aéroport pour l'arrivée mais encore plus pour le départ. Le tout entouré d'une foule de militaires armés. Oui, j'ai bien compris ce qu'était la vie là-bas et je me suis bien imaginé ce qu'elle avait pu être durant ce siècle passé. À vrai dire, personne ne faisait vraiment le malin, chacun était plutôt concentré pour ne pas oublier de montrer les bons papiers et pour bien se tenir. Il est bon de se rappeler peut-être qu'en termes de communication, le téléphone portable était dans un état embryonnaire et la pensée d'Internet flottait toujours dans les limbes. Lorsqu'enfin le nez de l'avion se leva en bout piste pour décoller en direction de la France, je me faisais cette réflexion sur comment bien se plaindre. Je pensais à ma famille, et je me disais oui, la vie est belle, notre vie est très belle. 4-0 fut le score du match retour chez nous.

Nous voilà donc en huitièmes de finale, pas mal tout de même pour une première campagne ! Ce sera la magnifique ville de Prague et le Slavia pour le match aller. Nous obtenons, sous un temps typiquement slave, un très bon match nul 0-0. Le match retour confirme cette bonne tenue, les deux équipes sont très proches, le match est très serré, incertain jusqu'au bout. Finalement, après prolongations, j'encaisse le premier but de la compétition et il est fatal, nous perdons 1-0. Nous sommes éliminés. Le dénouement est cruel mais pas injuste. Cette défaite m'a beaucoup affecté, j'aimais tellement ces matchs européens. Comme je le disais précédemment, la visibilité et les informations venant des pays de l'Est étaient quasi nulles à cette période. Quand nous avons vu, croisé, goûté le profil des attaquants tchèque, il nous semblait important de donner notre avis, qui confirmait celui des dirigeants lensois, sur la qualité de ces joueurs. Un profil idéal se dégageait pour le Racing Club de Lens : celui de Vladimir Šmicer, qui deviendra un joueur de classe mondiale, vainqueur de la Champions League avec Liverpool et surtout, mon ami. C'est bien après coup que nous avons compris que c'était finalement une grande équipe qui nous avait éliminés. La majorité des joueurs composant cette formation sont allés en finale de l'Euro 1996 contre l'Allemagne quelques mois plus tard. Ils n'ont perdu qu'avec ce fameux but en or en prolongation, ce qui atténue un peu la déception. Cette défaite n'était finalement pas si illogique. Consolons-nous comme nous le pouvons…

Je ne remercierai jamais assez M. Henry Delaunay et M. Gabriel Hanot qui, au milieu du XXe siècle, ont suivi sans relâche leurs inspirations, leurs idées, leurs certitudes pour la création de cette compétition européenne. Quel plaisir ! Quel partage entre les hommes, quelle bonne direction pour les êtres humains ! Quelle universalité ! C'est une parenthèse exquise de notre métier. Jouer ces matchs nous fait basculer vers un nouveau statut. D'ailleurs, pour honorer ce privilège que nous nous sommes octroyé, je mettais un point d'honneur à ce que nous soyons beaux avec nos costumes ! Et nous l'étions ! Plus tard j'ai joué la Ligue des Champions. C'est le Graal, ce qu'il y a de plus élevé, mais j'ai toujours eu un faible pour les matchs de Coupe UEFA, récemment renommé Europa League. En tant que professionnels, quelle richesse de nous confronter à d'autres styles de football. La coupe d'Europe nous fait sortir de l'habitude de notre propre championnat. De fait, cela génère beaucoup plus d'incertitudes en plus de nous faire rencontrer des personnes que l'on ne connaît pas, qui ne parlent pas la même langue. L'arbitrage est également d'une autre nation et donc un peu différent. Quel accélérateur d'expérience de jouer ces matchs différents, avec ces repères moindres. Il faut être fort parce que selon la formule, qui est exacte, il n'y a pas de petites équipes. Si l'on dépasse le cadre du jeu, du sport, quels souvenirs lorsque, me réveillant tôt le matin de ces matchs, j'allais dans toutes ces villes si différentes pour me promener, découvrir, respirer leur histoire. Tenter de comprendre l'origine des choses. M'arrêter prier dans les églises, dans les endroits que je ne connaissais pas et que je ne verrais sûrement qu'une seule fois dans ma vie. Comme le bord de mer à Odessa, prendre le temps au Luxembourg ou encore regarder Prague de sa hauteur. J'adorais ces voyages, ces découvertes. Autant j'ai pu oublier pas mal de détails des matchs du Championnat de France que j'ai pu jouer, autant je me rappelle chacun de ces matchs de coupe d'Europe en propre. De ce qui précède dans la préparation de chaque rencontre, de ses déplacements, de la spécificité de chaque scénario. Avec toute l'équipe, nous nous disions que c'était tellement bon d'aller jouer ces matchs, cette compétition européenne en semaine, le mardi, le mercredi ou le jeudi soir, qu'il fallait impérativement rester *addict* ! Surtout ne plus jamais s'en passer, et qu'il fallait pour cela impérativement se qualifier de nouveau. Impossible de laisser la place aux autres !

En février 1996, je me souviens de cette victoire contre le FC Nantes du grand technicien qu'était Coco Suaudeau. Rien de particulier dans ce match, simplement le souvenir et la satisfaction d'être victorieux après avoir été menés. Cela nous a donné un énorme coup de fouet et nous a boostés pour la fin de saison. Quelquefois, il ne faut pas grand-chose pour qu'un équilibre se fasse, d'un côté ou d'un autre. Lors de cette saison, Marc-Vivien Foé est arrivé à Lens de son Cameroun natal. Une anecdote sur son premier entraînement résume le personnage. Le centre d'entraînement de la Gaillette n'était pas encore sorti de terre, nous étions donc encore au terrain Tassette, juste derrière le stade Bollaert. La situation sur laquelle nous travaillions était une séance tactique concernant les coups de pied arrêtés. Et voilà qu'un ballon retombe, traîne dans la surface de réparation, à côté de Marc qui défendait mon but. Je crie alors d'une voix forte, « Sors-la ! » pour signifier l'importance de faire le geste nécessaire pour empêcher le ballon d'aller au fond des filets. C'est alors qu'il pose un tacle à Roger Boli qui allait frapper dans le ballon. Ce dernier se retrouve quasiment collé dans le grillage, et pas simplement selon l'expression. L'entraînement s'arrête : « Marc, c'est la veille du match ! Tranquille ! » Mais lui, il avait pris ma demande au premier degré, pour son premier entraînement, comme si de ce ballon dépendait le sort de la finale de la Coupe du Monde. Voilà qui résume la puissance de Marc ! Il est arrivé à sa place, au milieu du terrain et il n'en est plus jamais sorti. C'était un géant de puissance, de force, tout en paradoxe, avec une très grande douceur comme celle d'un petit garçon. D'un très grand calme, d'une gentillesse, toujours avec le sourire. C'était la joie de vivre. Il y avait deux Marc : celui qui vient d'être décrit, qu'on côtoyait au quotidien. Puis l'autre, qui enfilait le maillot pour le match. Ce n'était plus la même personne. C'est peu dire que son style si caractéristique a parfaitement collé avec la mentalité de l'équipe. Il a littéralement rayonné en sillonnant les terrains de France. Marc est décédé le 26 juin 2003. Je dirais simplement deux choses pour faire mémoire. Je me souviens d'un jour où il avait accompagné son fils, Scott, qui était venu jouer à la maison. Nous avions discuté simplement, tous les deux, assis dans le canapé, regardant nos deux fils jouer ensemble. Le jour de son enterrement, dans la basilique trop petite de Notre-Dame de Fourvière à Lyon, les circonstances ont voulu que je sois le premier, lors de la messe célébrée, à recevoir l'eucharistie juste au-dessus de son cercueil.

8.
MA BLESSURE, LA DÉCOUVERTE D'UNE NOUVELLE VIE

Printemps 1996. Immobilisé, avec une attelle autour de ma jambe gauche.

Terminons donc cette nuit blanche d'introduction et de sept chapitres qui me laissent songeur, comme l'ambulance qui arriva tôt ce matin devant la maison. Me voilà à présent en train de discuter avec l'ambulancier qui me conduit à la clinique orthopédique de Dracy-le-Fort. Elle est située juste à côté de la maison, en Bourgogne. C'est un lieu spécialisé pour toutes opérations articulaires, et bien sûr celles du genou. Mon père avait d'ailleurs fait l'ouverture de l'établissement dans les années 1970. Il avait été opéré à plusieurs reprises, toujours avec succès. C'est à deux heures au sud d'Auxerre, à côté de Chalon-sur-Saône. Guy Roux, entraîneur, envoyait très régulièrement ses joueurs consulter là-bas lorsqu'ils se blessaient.

C'est pourquoi, à mon tour, j'ai naturellement pensé à cette clinique. C'est avec le Dr Gérard Deschamps, un des piliers fondateurs, que je salue le plus chaleureusement possible, que nous nous retrouvons à présent. Ma mère Bernadette est présente. Il m'ausculte et me dit que c'est une entorse… assez sévère. C'était, selon la dénomination, une « triade » puisque trois éléments ont été touchés : le ligament croisé antérieur, le ligament latéral interne et le ménisque interne. Cela a été si douloureux… Je repense à l'image de l'aiguille. Heureusement que la mémoire du corps ne retient pas cette douleur de façon permanente. Je m'associe en disant cela à toutes les personnes qui, dans leur quotidien, connaissent la souffrance dans leur corps, dans leur chair, sans interruption. La rupture du ligament croisé antérieur est la blessure la plus redoutée par les footballeurs. Essayant toujours de faire du mieux possible, d'atteindre l'excellence, je ne me suis donc pas raté, j'ai eu le privilège de réussir le trois en un !

Ces trois blessures ont des protocoles de rééducation différents. En fait, il aurait presque fallu faire trois opérations distinctes mais le délai imparti aurait largement dépassé une année, voire plus.

Le chirurgien a donc décidé, avec mon aval, de faire ce qui lui semblait être le mieux pour me donner une chance de revenir dans un délai convenable. L'opération se déroule très bien. Après tous les protocoles post opératoires, le Dr Deschamps souhaite que je parte en Vendée, à Saint-Jean-de-Monts, pour effectuer ma rééducation. Il me laisse entre les mains de son confrère, le Dr Yves Le Floch, ancien footballeur professionnel du côté de la Bretagne. À partir de ce moment, une difficulté différente a vu le jour. C'est une autre forme de souffrance, de doute qui s'installe. C'est une dimension du temps qui passe, sans que rien ne change. Les problèmes sont entiers. C'est comme si, tout à coup, tout restait figé, qu'il n'y avait plus d'évolution possible. Jamais. J'ai été mis dans les meilleures conditions, j'ai bien pris mes marques avec ma famille, j'ai donné « le meilleur de mes gouttes de sueur ». Elles sont arrivées très rapidement puisque le premier objectif était de se réapproprier ma jambe, mon genou. Curieux, pour un grand gaillard de vingt-six ans !

Tant d'efforts pendant près de deux mois pour ne pas pouvoir plier ma jambe à plus de 40 degrés… Et avec cette étrangeté de voir fondre ma masse musculaire. C'est une nouvelle vie qui s'est ouverte à moi, une vie de blessé qui ne pouvait plus s'assumer comme il le souhaitait, qui ne pouvait plus marcher, une vie de sportif qui commençait à se poser beaucoup de questions sur son sport. Il y a eu ce premier bouleversement, lorsque je me suis retrouvé sur cette civière, en devenant tout à coup dépendant. Pour un athlète de haut niveau, qui a l'habitude de maîtriser son corps parfaitement, le contraste est saisissant et extrême. Le doute est là. Le docteur a bien œuvré psychologiquement parce qu'en réalité, il ne m'a volontairement pas donné toutes les explications compréhensibles.

Je m'explique : ne comprenant pas tout à fait la gravité de la situation, il a orienté ma pensée et m'a permis d'espérer un retour à travers la somme d'efforts que j'aurais à fournir. En fait, il avait très bien compris, dès le départ, qu'une grande inconnue entourait ce que je vivais et que le risque encouru était très important.

Et j'étais donc de retour à la case départ, avec cette nouvelle jambe qui ne plie plus. La décision a été prise de retourner voir le chirurgien. Toutes les émotions passées, nous voilà de nouveau avec le Dr Deschamps, tous les deux dans cette chambre de la clinique, en cette fin de journée. L'ambiance est vraiment pesante. Il me détaille la vraie situation de mon état de santé. Une deuxième anesthésie est donc maintenant nécessaire parce qu'indispensable. Ensuite il faudra impérativement que tout se passe bien… Sinon, de ces éventuelles séquelles pourrait surgir un handicap permanent qui pourrait amener à une fin de carrière…

Dès que cette phrase est sortie de sa bouche, plus rien n'a existé. Quand il est sorti de la chambre, j'étais hébété, sidéré. J'imaginais encore tous les scénarios possibles, mais aucune pensée n'avait même ne serait-ce qu'effleuré cette idée de ne plus pouvoir jouer au football, jamais. Mon monde s'est écroulé, ma vie s'est arrêtée. Je me suis alors posé des questions existentielles : « Pourquoi cela m'arrive à moi ? » « Que vais-je faire ? Que vais-je devenir ? »

J'ai vingt-six ans, je suis seul.

Tout à coup des larmes surgissent. Je n'avais plus pleuré depuis bien longtemps, depuis mon adolescence. Ne plus jamais jouer au football, c'est mon rêve d'enfant qui s'éteint. C'est ce dessin de gardien de but que j'avais réalisé vers mes dix ans qui s'efface. Ce sont les mots présents sur la couverture de ce livre, *Ma vie sera ici*, qui connaissent le même sort et disparaissent. Après avoir laissé sortir toute l'expression de mon âme sur mes joues, dans ce ruissellement presque permanent, arrive le silence de la nuit. C'est alors qu'une pensée m'est venue. Je me suis revu enfant, faisant mon catéchisme à la cure de Blanzy, avec une religieuse. Puis je nous vois, tous les deux à genoux l'un à côté de l'autre en train de prier. C'est alors que je me suis tourné vers le Ciel, et que j'ai fait cette prière à Dieu. Je Lui ai demandé son secours. Je Lui ai dit : « Écoute, cela fait bien longtemps que je ne T'ai pas parlé, mais là j'ai tellement besoin de Toi, qu'il va falloir que Tu m'aides, si Tu veux bien. » J'ai été baptisé dans l'Église catholique, j'ai fait mon catéchisme, ma communion, plus tard ma confirmation. J'allais à la messe avec ma mère étant jeune. Mais après mes seize ans et mon départ à l'INF, je n'ai plus pratiqué. Je n'en trouvais pas la nécessité immédiate en tant qu'adolescent devenant adulte. Je voulais simplement être un footballeur professionnel. J'avais une idée un peu vague, personnelle, du divin. Pas nécessairement celle dont j'avais reçu l'enseignement, mais j'ai toujours eu en moi cette conviction existentielle de la réalité de Dieu.

À ce moment précis, la première chose qui m'est venue à l'esprit fut pourtant de prier. Je pleurais profondément, j'avais besoin d'aide, j'étais au fond d'un gouffre inconnu. C'est comme si cette compression de ma nature humaine, touchant sa finitude, m'obligea en quelque sorte à me tourner vers l'autre aspect de l'homme, celui de son esprit. Avec le recul, je peux dire que c'est un retour à la prière, ce qui peut se traduire à un début de dialogue avec le Ciel. C'est ainsi que j'ai commencé à prier chaque jour, à demander de l'aide, dès ce premier soir, pour que mon opération se passe bien. Et ce fut le cas le lendemain. Ensuite, quand je suis retourné à Saint-Jean-de-Monts pour plus d'un mois d'une nouvelle rééducation, j'ai commencé à aller dans l'église.

Je me suis assis, seul. J'ai d'abord cherché une paix intérieure, une certitude de l'intime. Puis, j'ai réfléchi au pourquoi de cet édifice. Lors des jours, des mois et des années suivantes, j'ai continué à prendre ce chemin, même et surtout avant les matchs. Par exemple, avant chaque déplacement, je me renseignais sur l'histoire de la ville, ainsi que sa géographie. Je me réveillais tôt, je sortais de l'hôtel de très bonne heure, pour respirer les lieux, rencontrer les endroits, apercevoir les événements puis aller prier dans la chapelle, l'église, la cathédrale, la basilique locale... Autant de joyaux que les hommes ont laissés dans chaque ville. Ce qui, naturellement, m'a poussé à chercher, à me cultiver pour comprendre l'existence de ces architectures, leurs sens, l'idée derrière tout cela.

Cette vie de prière s'est instaurée durant ma convalescence ; s'est ensuivi un parcours spirituel qui s'est fait étape par étape. Comme une lente progression, un long processus qui m'amènera par la suite et jusqu'à ce jour, à avoir une pratique complète. Mais, dans un premier temps ce fut très personnel. J'aimais beaucoup aller seul à l'église Saint-Jean-Baptiste d'Arras avant chaque match. Je me mettais dans l'oratoire de la Vierge. Cependant il y avait une statue du Cœur sacré de Jésus qui m'inspirait et avec qui j'ai beaucoup échangé, c'était un lien *d'homme à homme*, très viril, comme avec un ami. Ma prière était simple : que tout se passe bien d'un point de vue physique, que tout se déroule parfaitement dans le stade, pour la santé des joueurs et des spectateurs. Je demandais aussi et surtout d'être à la hauteur de l'événement, d'avoir le don de force. Je finissais par dire au Bon Dieu : « Si à tout hasard le ballon venait à taper mon poteau et ressortir, je ne Vous en voudrais surtout pas… » Dans les hôtels on trouvait souvent le *Nouveau Testament* dans les tables de chevet. J'aimais lire les Évangiles, plus particulièrement avant les siestes qui précédaient les matchs. Ces textes me parlaient beaucoup. C'est pourquoi, par exemple les versets 23 à 24 du chapitre 11 de l'Évangile selon Marc, ont été comme une évidence :

« *En vérité je vous le dis, si quelqu'un dit à cette montagne : "Soulève-toi et jette-toi dans la mer", et s'il n'hésite pas dans son cœur, mais croit que ce qu'il dit va arriver, cela lui sera accordé.*

C'est pourquoi je vous dis : tout ce que vous demandez en priant, croyez que vous l'avez déjà reçu, et cela vous sera accordé. »

J'ai apposé ces versets sur le casier de chaque joueur, au Stade de France avant la finale de la Coupe de la Ligue en 1999.

Les moyens de communication en cette fin de xxe siècle n'étaient pas ceux d'aujourd'hui, mais pendant ma convalescence, j'avais très régulièrement des contacts avec les dirigeants et les joueurs. Ils prenaient de mes nouvelles, j'étais soutenu. Cela me faisait du bien et chaud au cœur.

L'été 1996 s'achève et la bonne nouvelle de la fin août est d'avoir enfin – non sans mal bien sûr – franchi le cap des 90 degrés de flexion. Mais mon genou est encore gros, il gonfle et ma jambe gauche est décharnée. C'est ainsi, sur ce constat, que le périple vendéen de quatre mois se termine. C'est le retour dans les corons pour achever ma rééducation avec le staff médical lensois, dans le nouveau stade Bollaert, en travaux partout, se préparant à la Coupe du Monde 1998. Ce chantier symbolise exactement le début de cette saison en ce mois d'août 1996. Un nouvel entraîneur, Slavo Muslin, a succédé à Patrice Bergues. Les résultats pour ses débuts ne sont pas bons. C'était doublement dur à vivre. Voir le nouvel entraîneur qui n'arrive pas à ce qu'il souhaite… Et moi qui ne servais à rien. Inutile. J'aurais tant voulu aider, m'exprimer, plonger, mais je ne pouvais pas encore être opérationnel. Mon genou était encore trop instable et j'avais beaucoup d'incertitudes à son sujet. Les gardiens de but étaient Jean-Claude Nadon, venu de Lille, et Pegguy Arphexad, qui a été appelé cette saison-là en équipe de France Espoirs. J'en profite d'ailleurs pour saluer chaleureusement tous ces gardiens qui ont été à mes côtés lors de ces dix saisons au RC Lens : de Franck Raviot à Charles Itandje, en passant par Christophe Marichez,

Pegguy Arphexad, Jean-Claude Nadon, Cédric Berthelin, Sébastien Chabbert et tous ceux qui sont venus s'entraîner. Ils se sont toujours parfaitement comportés envers moi, tous autant qu'ils sont, me mettant dans les meilleures conditions. Évidemment, il n'y a qu'un gardien qui joue, ma situation a été d'être le numéro 1 et j'ai toujours tout mis en œuvre pour le devenir et surtout pour le rester. Chacun a espéré et plus encore, jouer, me dépasser, prendre ma place et c'est bien juste. Cela a occasionné parfois de sérieuses remises en question, mais j'ai toujours adoré l'ambiance entre nous ; elle est pour ma part fondamentale pour la caste des gardiens de but. C'est ainsi que je l'ai vécu avec tous ces hommes. C'est certainement parce que je n'ai aucune mauvaise anecdote à raconter, confirmant par là le fait que ce ne soit pas simplement qu'une idée.

Slavo Muslin et le staff me mettaient la pression en cette fin d'année 1996 pour que je revienne, mais j'avais besoin de certitudes et mon genou n'était pas encore parfaitement bien remis. Quand le chirurgien, le Dr Deschamps, m'a dit que d'un point de vue médical les voyants étaient au vert, que je pouvais donc reprendre, mais qu'il fallait accepter, dans un premier temps, cette forme d'incertitude, j'ai décidé de me donner encore une semaine, quinze jours maximum. Je souhaitais faire un match ou deux avec l'équipe réserve afin de voir mes aptitudes, ma tenue de jeu, et surtout savoir où j'en étais exactement de moi-même. Une compétition, si petite soit-elle, vous poussera toujours à vous révéler tel que vous êtes. J'ai donc joué ce match avec l'équipe 2 et ses jeunes du centre de formation, début décembre 1996 contre Le Touquet.

Quelle joie ! Quel bonheur ! Faire mon sac, me changer, me préparer de nouveau. Enfiler précieusement ma tenue de gardien de but. Refouler le terrain, avoir les bouts de mes pieds froids, gagner un duel, un face-à-face contre un joueur adverse en fin de partie. Avoir le maillot boueux, humide sur mon côté droit, qui vous laisse vivant, le droit de sentir l'odeur de l'herbe, de respirer le climat. Entendre la voix des gens vous encourager. C'est le moment du petit pont fragile, permettant de franchir l'eau de l'incertitude définitive. C'est le retour à l'être footballeur, en direction de son achèvement.

M. Delelis, député-maire qui ne manquait jamais aucun match, était présent ce jour, comme l'ensemble du club. Je le souligne parce qu'il n'a pas pu s'asseoir à sa place habituelle ; pire, il a eu du mal à en trouver une en tribune. L'affluence a touché ma sensibilité, les supporters venaient me voir rejouer. Il n'a pas manqué de me le souligner, d'ailleurs, en me disant qu'il serait souhaitable que je rejoue le prochain match en professionnel pour qu'il puisse de nouveau accéder tranquillement au stade de l'équipe réserve… Mais surtout récupérer sa place habituelle !

Ce jour-là, j'ai réellement découvert Daniel Leclercq en tant qu'entraîneur. Il s'occupait de la formation et disait que c'était un honneur de me recevoir pour ce match. Il a d'ailleurs, dans sa causerie, demandé aux joueurs de donner le maximum pour moi. Le match se déroule et finalement le score reste à 0-0. L'équipe a dans l'ensemble réalisé une bonne performance mais sans réussite.

À la fin de la partie, dans les vestiaires, alors que mon fils Matthieu me rejoignait, Daniel Leclercq n'était vraiment pas du tout satisfait du résultat ni de la manière. Il s'en est presque excusé vis-à-vis de moi ! Ce jour-là, j'ai eu un aperçu son exigence et de son caractère. C'était un formateur qui avait du respect pour les professionnels. Il était simplement frustré de ne pas m'offrir la victoire alors que j'étais venu disputer un match avec les jeunes joueurs. Il leur a vraiment fait sentir cela !

Je savais maintenant que j'allais rejouer. Le plus vite possible serait le mieux pour retrouver mon niveau. Le premier match officiel avec l'équipe première fut le 11 décembre 1996 à l'occasion d'un seizième de finale de Coupe de la Ligue à Niort. J'étais si heureux même si je n'ai pas été très sollicité. Nous avons tranquillement gagné

2-0. Mon genou était encore un peu instable après l'effort car un peu de synovie le faisait fluctuer. Pour améliorer davantage ma condition, Mikael Debève m'a alors conseillé alors d'aller voir un ostéopathe à Arras, un certain M. Philippe Bolet. Quel bien lui en a pris ! Je souhaite particulièrement le mettre en lumière parce que grâce à son don et surtout à son talent, il est parvenu à réintégrer mon genou de façon globale dans mon corps en quelques séances. J'ai retrouvé une unité par la connaissance de ce nouveau fonctionnement de moi-même. Cela a été une rencontre tellement fructueuse d'abord entre nous, puis comme une diffusion agréable avec l'équipe, qu'il a été l'ostéopathe du club durant les années victorieuses, jusque dans les années 2000. Nous avons été également de toutes les campagnes européennes. Un an post opératoire fut le temps nécessaire pour retrouver mon niveau et toutes mes sensations, mais il a fallu qu'il *mette* les mains dans ce genou… Il est maintenant mon ami.

Nous sommes en mars 1997, il ne reste que dix matchs et nous sommes dans le peloton de queue, luttant à présent pour ne pas descendre à l'étage inférieur. C'est alors que le club décide de changer d'entraîneur avec l'arrivée de Roger Lemerre et de Daniel Leclercq comme adjoint. Roger Lemerre est un passionné de football. Il est très attachant, très sensible. J'ai beaucoup aimé l'avoir côtoyé au bataillon de Joinville quand j'étais à l'armée. Le fait qu'il accepte de venir nous aider, j'ai trouvé ce geste vraiment représentatif de son amour pour le club. Un geste génial. Il avait déjà une histoire personnelle avec Lens et cela a permis de lancer Daniel également. J'ai eu une très bonne relation avec lui et je l'ai toujours apprécié. Ce fut un très bon choix qui nous a fait le plus grand bien.

Nous avons inversé cette spirale négative, nous permettant de nous maintenir lors du derby contre Lille et cette victoire 1-0 avec un but de Philippe Brunel. Quelle joie immense de se sauver, de maintenir le club dans l'élite ! La joie était pratiquement celle d'une fête d'un titre gagné. Mais c'est toutefois bien différent, parce qu'être dans la galère sans sombrer, s'en sortir, c'est sûrement plus fort, dans le sens plus libérateur ! Oui, il est temps de poser de façon définitive la chape qui s'était installée sur notre dos depuis presque dix mois, nous rapetissant, nous alourdissant. Un poids légitime, correspondant à la responsabilité que nous avons, c'est dire assurer la continuité de la vie du club. Quel soulagement ! De mon point de vue, il est double. Nous nous donnons le droit de jouer le plus haut possible la saison suivante et ce avec un gardien retrouvé… Et pourquoi pas un gardien plus fort encore ?

9.
« LE VENT DU NORD SOUFFLE SUR LA FRANCE »

Avant de remettre les gants, prenons quelques instants de décompression, en vacances, avec Mickaël Debève et nos familles respectives, dans un cadre magnifique, la Sicile.

Dès nos premières sélections ensemble en équipe de France Espoirs, nous nous sommes tout de suite très bien entendus. Avec en commun, notamment, un match joué en Albanie qui s'est transformé en voyage découverte, devenu mythique, partagé ensemble pendant trois jours. Nous avions également nos places l'un à côté de l'autre lors des voyages en avion, exactement à la hauteur de l'aile gauche ! S'il vous plaît, merci !

Je salue celui qui a inscrit son nom à jamais, à Wembley, dans le cœur du football.

Nous évacuons donc cette saison passée bien difficile en savourant – comme si nous avions un bon pressentiment – le nouveau cycle qui allait arriver.

Je garde un très bon souvenir de cette avant-saison lors de l'été 1997.

Nous voilà de retour à notre passion et je me souviens d'une excellente préparation dans une superbe ambiance. Le temps était de la partie, il faisait beau. Ce sont des éléments tout à fait normaux et naturels mais, je ne sais pas pourquoi, cette avant-saison m'a particulièrement marqué.

Daniel Leclercq avait donc pris logiquement la succession de Roger Lemerre qui retournait lui à son poste d'entraîneur national militaire. C'est François Brisson qu'il avait choisi pour être son adjoint. Comme tout entraîneur arrivant, il faut un temps de découverte de l'homme, de sa méthode.

Dès les premiers instants, ce qui m'a sauté au visage, l'évidence, était l'exigence axée sur la réalisation technique.

Pour comprendre ce qu'il nous demandait, il faut comprendre la personnalité qui était la sienne en tant que joueur, la façon dont il abordait le football. Il prônait un jeu offensif permanent, c'était un puriste du beau jeu mais aussi de la gagne.

L'objectif de la saison était de prendre un bon départ pour pouvoir retrouver le volume de nos dernières saisons, pour nous approcher de l'Europe. Être simplement nous-mêmes dans nos standings, ceux qui étaient les nôtres, avant cette difficile saison.

Dès la 4e journée, nous jouons à Marseille.

Nous étions partis nous mettre au vert dans l'arrière-pays provençal. Le matin même du match, il faisait très beau et, première surprise, de taille, M. Michel Hidalgo venait personnellement me rendre visite à l'hôtel. Il venait simplement prendre de mes nouvelles. Nous avons discuté un long moment ensemble.

J'ai toujours gardé des liens très forts avec lui jusqu'à ce qu'il s'éteigne en mars 2020.

L'entraîneur de Marseille était Rolland Courbis. Dans son équipe il y avait entre autres un attaquant monténégrin, Miladin Bečanović. Nous avions de notre côté son compatriote Anto Drobnjak.

Dans la presse et travers les deux entraîneurs se déroulait donc un duel entre les deux joueurs. Rolland disant ouvertement qu'il avait recruté le meilleur des deux et qu'il était sûr de son coup.

De notre côté, à la causerie, d'avant-match, Daniel nous a dit que Rolland avait tout faux. De bonne guerre, il a axé son discours sur Anto en disant qu'il était convaincu que le meilleur joueur de l'Est, c'était lui, et qu'il allait le prouver sur le terrain.

Lors du match, Anto réussit un formidable hat-trick ! Trois buts à la suite ! Répondant ainsi à Laurent Blanc qui avait marqué à bout portant, tandis que Xavier Gravelaine avait inscrit un superbe coup franc. Leurs deux buts sont imparables, dans le sens où le ballon est à chaque fois hors de portée, à la suite d'une belle action de jeu ou à une frappe magistrale. Ma dimension humaine est trop petite pour pouvoir arrêter ces actions précises.

Cependant, je me suis toujours dit dans mes analyses personnelles, après chaque match, que malgré ce genre de but, dit imparable, j'aurais dû, je dois, il faudra toujours tenter quelque chose. C'est comme si un geste en plus aurait dû être réalisé.

Cela a toujours été ma philosophie.

Cela voulait dire, dans ce sens également, que l'équipe a été mise en difficulté et donc cette idée a donné droit à de belles discussions pour une remise en question sur ces actions précises, toutes uniques et différentes.

N'oublions pas également qu'il faut accepter tout simplement, parfois, que le joueur en face soit fort, très fort et que malgré toutes nos meilleures intentions, son talent prenne le dessus.

C'est ainsi que je valide le travail de tous, à la fin de la partie, en arrêtant un penalty de Laurent Blanc. Je me souviens qu'il avait tiré son dernier sur ma droite, j'ai pressenti au dernier moment qu'il allait changer et je suis parti du bon côté.

Nous gagnons finalement 2-3 au stade vélodrome.

C'est la première fois que je gagne à Marseille, contre l'OM, c'est un souvenir exceptionnel !

Un tel arrêt est l'équivalent d'un but victorieux, même si le but est une sorte de joie spontanée, il génère un tel enthousiasme, il exalte. Le buteur est félicité pour sa créativité, son opportunisme. Alors que le penalty arrêté est un sauvetage, comme un acte héroïque, comme celui que l'on n'attendait plus, celui de la dernière chance. Émotionnellement, nos partenaires ne sont jamais ingrats, avec le public, les gens, nous sommes largement remerciés, à la hauteur de ce que nous venons d'accomplir.

Nous ne le savions pas encore mais ce fut un premier tournant de la saison.

Il y a quelque temps, mon deuxième fils, Lucas, m'a montré une statistique sortie par *France Football* en 2020 indiquant que j'avais le meilleur ratio de penaltys arrêtés en championnat de France depuis la saison 1994/1995 avec

11 arrêts sur 31 tentatives adverses, soit 35,48 % d'efficacité dans cet exercice.

Sur le podium il y a également Christophe Revault, qui nous a quittés soudainement en 2021. Je l'appréciais et nous nous connaissions très bien. J'ai beaucoup de souvenirs de nos affrontements et également lors de nos retrouvailles en équipe de France A' en 1995.

C'est marquant de perdre quelqu'un de sa génération, si jeune. Il avait beaucoup de qualités, il a joué au très haut niveau avec le PSG et a ensuite eu l'occasion de retourner dans son club du Havre. Nous nous sommes revus après notre carrière, nous avions échangé des souvenirs.

Il était très apprécié dans le monde du football.

Je ne sais pas comment Christophe fonctionnait pour les penaltys, pour ma part, je me cultivais sur les adversaires que j'allais affronter. J'observais, je regardais comment mes futurs adversaires avaient tiré leurs derniers penaltys. Mais paradoxalement, au moment précis du tir, je ne tenais plus compte du tout de ce qu'ils avaient fait précédemment.

Chaque moment est nouveau. J'essayais de deviner, de pressentir, de faire une analyse complète, rapide, pas rationnelle. Si le tireur avait un côté préféré, je remettais cela en question, jusqu'à la dernière seconde, en me demandant quel pourrait être son choix aujourd'hui, selon les indicateurs connus et repérés.

Je partage ce mode qui est le mien tout en sachant bien sûr que c'est quelque chose de subjectif, dans le sens plus difficilement quantifiable, qu'exprimable. C'était mon mode de fonctionnement.

Le style de jeu offensif qui apparaît clairement lors de cette victoire prestigieuse n'était pas sans danger sur le plan défensif. C'est donc tout un mode philosophique que Daniel Leclercq a dû nous faire rentrer dans le crâne, surtout dans le mien, bien dur, parce que je n'ai et nous n'avons pas tout de suite adhéré.

Nous sortions des années Patrice Bergues, avec une réussite certaine, dans un système de jeu qui était vraiment excellent, puis d'un maintien acquis très difficilement.

Je trouvais qu'il y avait un peu trop de gourmandise dans ce discours, dans cette tactique, que nous risquions peut-être, tôt ou tard, d'avoir un peu mal au ventre !

Mais Daniel a modifié petit à petit la pensée qui était la nôtre.

En voici trois exemples.

Le 12 novembre 1997, il pleut sans discontinuer, des trombes, des cordes. C'est le genre de match de championnat qui restera longtemps dans les mémoires. Nous jouons à domicile contre Cannes.

Nous menons 4-0 alors que nous sommes en première mi-temps et avons même l'occasion d'aggraver encore le score.

Pendant son discours, à la pause, Daniel se met dans une colère dont il avait le secret, nous reprochant les buts non marqués…

Résultat contre-productif, les Cannois reviennent à 4-4 en fin de partie dans un match complètement dingue. Finalement c'est Stéphane Ziani, sur penalty, qui nous assure la victoire 5-4.

Mener 4-0 et ne pas gérer mais mettre le 5e but… Daniel en voulait 8 ! Il fallait non seulement bien jouer mais aussi conclure toutes les occasions.

Au mois de décembre, le 6, nous sommes au Havre. Nous voilà à quelques minutes de sortir nous échauffer, juste avant le match. Chacun est extrêmement concentré. Je dis : « Allez, les gars, d'abord nous sommes bien organisés, bien en place. » Réplique de Daniel, tout rouge : « Gus, non ! Ce n'est pas ce que j'ai demandé ! Nous attaquons d'abord ! »

Finalement, c'est Tony Vairelles qui marque à la 67e minute, nous assurant la victoire 0-1.

Il a bien fallu ces premiers six mois pour que l'on réponde vraiment à ce qu'il nous demandait. Parfois, la tentation de vouloir défendre le 0-0 ou le match nul était grande, ce n'était pas un mauvais résultat en soi, plutôt que de trop attaquer et de se découvrir.

Mais je dois reconnaître que c'était également manquer d'ambition.

Enfin, le 3e exemple se produisit à Nancy un peu plus tard dans le temps, la saison d'après, le 19 décembre 1998. En qui me concerne, c'est la seule et unique fois que j'ai eu, je ne sais pas si c'est une chance, mais en tout cas l'occasion de vivre un tel événement.

Nous menons 0-1 sur un but de Marc-Vivien Foé, c'est la fin de match, nous avons eu beaucoup d'occasions et il reste dix minutes dans le temps réglementaire. Nous maîtrisons complètement notre sujet, avec une très grande possession de balle.

N'étant donc guère sollicité, j'ai le loisir de regarder en direction de notre banc de touche et je vois tout à coup Daniel qui part en direction des vestiaires, en faisant un geste de la main en arrière du genre « j'en ai assez ! ».

Il est donc bien rentré aux vestiaires, mieux, il a pris son sac puis est allé boire une bière pendant cette fin de match, sans s'en préoccuper.

Nous voir maîtriser, conserver le ballon en cette fin de match, ne faisait pas partie de son essence footballistique interne. Lui souhaitait mettre le deuxième but, impérativement.

C'était Daniel Leclercq.

En faisant le bilan en ce mois de décembre 1997, nous étions sixièmes à 6 points du FC Metz.

Nous avions déjà 7 défaites après 22 matchs. Ce n'était pas catastrophique parce que nous engrangions beaucoup de victoires par ailleurs mais ce n'était *a priori* pas un parcours de champion.

Revenait sans cesse cette idée d'être plus équilibrés, simplement que nous pouvions faire encore mieux, sur certaines situations, comme à Strasbourg par exemple où nous perdons alors que nous étions à 1-1.

C'est au lendemain de la défaite 1-0 à Nantes au début du mois de janvier 1998, lors de la causerie, qu'un événement qui peut paraître anodin mais qui fut spécial s'est produit.

Tout le groupe est dans le vestiaire. Silence.

Puis, Daniel demande à Jean-Guy : « Veux-tu être champion de France ? »

Réponse : « Oui. »

Puis ce fut au tour d'Éric Sikora, moi-même et ainsi de suite dans tout le vestiaire.

C'est alors qu'avec conviction il dit : « À partir de maintenant, puisque vous voulez tous êtres champions de France, alors nous allons être champions de France. »

Je m'attendais à tout sauf à ce que l'on me pose cette question, à ce qu'il me demande cela.

Je suis resté comme groggy de ce moment. C'est simple, mais comme fou, surprenant, dans l'inattendue, de vivre cette scène et d'entendre ce qu'il a dit.

La force de la parole. Mais surtout, la force de ce qui va suivre. C'est Stéphane Bigeard, psychologue qui accompagnait chaque jour Daniel, qui l'a aidé à trouver cette rhétorique magistrale.

Entre le 17 janvier et le 25 avril, nous enregistrerons 15 victoires en 16 matchs toutes compétitions confondues, dont 10 succès pour une défaite en championnat.

Depuis ce jour, c'est comme si nous avions signé un pacte, un indélébile de toujours, pour aller chercher le titre de champion de France !

C'est le déclencheur de toutes choses, il nous a tous libérés, de façon individuelle, mais justement parce que nous l'avons affirmé avec certitude, dans un collectif qui ne demandait que d'être enchaîné à jamais.

C'est aussi simple que cela !

Nous arrivions à un sommet de vie de notre groupe, une apothéose.

C'était un cumul parfait entre nos relations humaines, en amitié, au service de l'exigence de notre comportement footballistique, pour exprimer notre talent au maximum de notre potentiel.

Les victoires s'enchaînaient, la joie était contagieuse dans le bon sens du terme, même dans les fêtes familiales d'après-match.

Le stade Bollaert était plein, il attendait chaque semaine, avec grande impatience, l'entrée sur la pelouse de ses préférés. Il était rempli de nos respirations, du battement de nos cœurs, de notre soif d'unité, nous étions tous dans la même enceinte de vibration, entraînant toute une région à notre suite, derrière Daniel Leclercq.

Daniel, lui, était quelqu'un de très modeste dans ses émotions. Il savourait tous ces moments, je dirais de cette joie pure. Je crois que deux choses le rendaient vraiment heureux :

Voir son équipe bien jouer, « à la lensoise », comme il le concevait, puis partager toutes ces victoires avec les gens de sa terre, son peuple. C'était chez lui, ses ancêtres habitaient là. Les 40 000 personnes étaient ses frères, ses voisins, ses amis.

De sa vie d'homme je ne sais pas, mais ce dont je suis sûr, c'est que c'était le sommet de sa vie d'entraîneur.

À Lens, il faut comprendre le décorum, qui sont les spectateurs qui viennent au stade. Il y a une philosophie, un mode social qu'il est impossible d'occulter. Tout cela se rappelle sans cesse à vous, c'est une histoire très particulière. Passer à côté, c'est la non-réussite assurée, ce sera impossible de comprendre ce que les gens attendent, la valeur de ce qu'est le club avant même d'avoir des joueurs de football qui soient brillants et compétents.

L'euphorie, l'espoir gagnait toute une région. La beauté de nos matchs nous permettait de rêver, de façon réaliste. Nous étions au summum de notre vie de joueur, c'était le meilleur état, les meilleures sensations que l'on puisse connaître dans une carrière de footballeur professionnel.

Au printemps nous battons successivement trois clubs majeurs : Bordeaux, Monaco et Paris.

Puis arrive le match décisif contre le FC Metz en cette fin mars. C'est le tournant de la saison.

Ils sont en tête du classement depuis un long moment. C'est un déplacement qui soit mettra un terme à notre poursuite et nous écartera définitivement de la course au titre en cas de défaite, soit, inversement, en cas de victoire, nous permettra de devenir leaders.

Il fait très beau en ce matin du 29 mars 1998. Nous décollons de l'aéroport de Lille et j'ai encore en tête toute cette préparation avant ce rendez-vous capital.

« Le plaisir d'être nous-mêmes », tels auront été les mots de notre entraîneur tout au long de la semaine.

Notre match est d'un réalisme incroyable. Sur le premier but, il y a d'abord un corner contre nous. Je sors loin de mon but, capte le ballon dans les airs et je relance très vite. S'ensuivent trois passes, Vladimir Šmicer centre et Anto Drobnjak marque.

Nous ne voulions surtout pas subir et c'est vrai qu'en revoyant les images, l'action impose cette idée, elle est d'une fulgurance magnifique.

Nous enfonçons le clou, cinq minutes plus tard, de façon différente, plus construite et toujours par Anto Drobnjak.

Quand les victoires contre les ténors commencent à être régulières, cela veut forcément dire quelque chose, cela montre l'alliage d'un groupe très fort, avec ses individualités.

À Metz, c'est une victoire à la régulière, sans discussion. Nous devenons premiers du Championnat de France.

Nous assumons notre statut jusqu'à ces deux derniers samedis décisifs :

- Finale de Coupe de France contre le Paris Saint-Germain.

- Dernier match de championnat de France à Auxerre. Nous avons deux points d'avance, une meilleure différence de buts. Un match nul nous suffirait pour être sacrés.

Tout débute par l'un des souvenirs les plus douloureux de ma carrière avec la défaite contre le PSG en finale de la Coupe de France.

Je n'avais pas du tout aimé cette préparation avec un voyage le matin même du match. Nous en tirerons les leçons l'année suivante, nous ferons les choses différemment avant la finale de la Coupe de la Ligue.

C'était également une découverte de ce qu'est le très haut niveau ! Peu avaient participé à une finale avant ce match, avec une telle pression, celle du favori.

Pour ma part, je l'avais vécu avec l'Olympique de Marseille, mais pas comme acteur principal.

J'avais fait venir toute ma famille.

Peut-être plus que le camp adverse, j'étais persuadé que cette finale était pour nous. Que j'allais de nouveau boire le champagne dans cette splendide, historique, vieille dame qu'est la Coupe de France.

Je m'étais préparé à tout, j'avais pensé à toutes les composantes d'une finale, sauf à vivre cette soirée comme un spectateur inutile. La pire chose qui m'est arrivée ce jour-là, c'est de ne pas avoir touché un ballon durant cette rencontre. Pas un arrêt, pas une intervention ne serait-ce qu'un tout petit plongeon de gardien de but débutant, même peu efficace, aussi laid soit-il.

Rien, *niente*, *nada*…

Pire, les supporters ont été acteurs, ils ont joué leur rôle, eux.

J'ai pris deux buts, hors de portée. Vraiment les deux actions des buteurs que sont Raï et Simone m'ont transpercé, je n'avais rien pu faire.

Nous sommes bien revenus à 2-1 mais le réalisme et l'expérience ont basculé là où ils devaient aller. Alors oui, c'était un surplus, un trop-plein et j'ai pleuré comme un enfant !

Ma famille était complètement bouleversée et tous m'ont suivi à l'unisson !

Oui, il ne faut jamais oublier de prendre deux choses lors d'une finale :

- Du champagne dans le coffre de la voiture, sait-on jamais…

- Des mouchoirs, au cas où…

Dès la sortie des vestiaires, Daniel nous demande de penser à la récupération pour le match décisif, samedi suivant. Mais c'était trop pour moi. Surtout trop tôt.

Je ne pouvais pas me coucher, impossible de dormir, de rester sur cette fin sportive brutale.

Du coup, avec mon père et une majorité d'hommes de la famille, avec certains joueurs, il y avait une réelle urgence à refaire le monde.

Les joueurs parisiens et leur club nous avaient gentiment invités en nous glissant le lieu où ils fêtaient leur victoire.

Boire quelques bières, mais surtout discuter, partager, avec les partenaires, la famille, les adversaires, m'était complètement nécessaire. Cela m'a fait le plus grand bien.

Il fallait que j'aille jusqu'au bout de cette nuit, de cette façon, afin de me permettre de tout évacuer, d'être vidé, lessivé, de tout déposer et laisser ce qui devait rester à Paris.

Puis, après quelques minutes de sommeil, en ce dimanche, c'est le réveil et la route pour le retour dans le Nord. L'euphorie n'est plus là.

C'est même un doute qui apparaît, une crainte jamais imaginée jusque-là.

Tout perdre est possible.

Il ne reste à présent plus qu'un match dans cette saison, la semaine suivante, et ce sera de nouveau une finale. Cette fois à Auxerre, pour le titre de champion de France.

Petit récapitulatif synthétique, peut-être pour les nouveaux arrivés où les oubliants, permettant de bien comprendre ce qui va suivre :

Si nous perdons à Auxerre et que dans le même temps Metz bat Lyon, nous perdons le titre.

Inversement, tout autre cas de figure et nous serons champions.

De leur côté, Lyon et Auxerre jouaient pour une place européenne.

Je me souviens de cette atmosphère, si particulière, si pesante. Les personnes étaient plus que jamais derrière nous mais elles ne savaient pas comment se positionner à notre égard. C'est comme si elles ne savaient plus ce qu'il fallait faire, ce qui serait bon pour nous. Peut-être fallait-il ne pas trop en dire, ne pas trop encourager.

Une très grande inquiétude, incertitude, planait.

C'est lors d'une interview avec un journaliste de *L'Équipe*, durant cette semaine précèdent ce rendez-vous, c'est à ce moment précis, assis dans les tribunes du stade Félix Bollaert, que j'ai eu cette intime conviction. Je me suis dit que nous allions aller chercher le titre à Auxerre.

Nous voici donc en ce matin du 9 mai 1998. Il fait très beau, je suis allé me promener et prier, selon mon mode de préparation habituel. Curieusement, ce déplacement me fait penser à celui de Metz. Bon présage ?

Me revoilà sur mes terres, celles de Bourgogne. Toute ma famille va être là, la Bourgogne le savait, la France le connaissait.

Puis c'est l'heure du déjeuner. Après la sieste arrive la collation. Assis à ma droite, Marc-Vivien Foé. Il est en contact avancé avec Manchester United, il me raconte tout cela, il vient juste de raccrocher avec Sir Alex Fergusson, mythique manager. Nous discutons encore un long moment ensemble et finalement nous sommes les derniers à quitter la salle.

Daniel fait sa causerie et puis c'est l'heure du départ au stade.

Le match débute et nous avons dès le départ de très grosses occasions d'ouvrir le score.

Mais finalement, ce sont nos adversaires par Sabri Lamouchi qui marquent sur une frappe sèche, assez lointaine. Je suis masqué, je ne vois pas le départ du ballon. Je ne bouge même pas, je suis surpris par la spontanéité de sa frappe.

Encaissant cette difficulté comme elle est, nous retournons à ce que nous sommes, une équipe conquérante, dans la continuité de cette déferlante en attaque. Nos adversaires subissent mais ne plient pas à l'image de Lionel Charbonnier, leur gardien de but, qui fait parades, arrêts, prouesses. Il donne tout et se blesse.

Nous arrivons à la mi-temps, menés 1-0. Nous ne voulions pas le savoir, mais nous savons que Metz mène 1-0 contre Lyon.

C'est l'heure du grand silence dans les vestiaires. Daniel nous dit d'insister. Puis, quelques-uns disent un petit mot. Je me souviens avoir dit cette phrase, que finalement tout débutait, tout commençait maintenant, avec ces 45 dernières minutes qui allaient nous permettre de réaliser ce que nous espérions, ce que voulions.

Après, l'histoire s'écrit sans fatalité.

À la 53e minute, Frédéric Déhu, tel un orfèvre, met un ballon en profondeur, légèrement, délicatement travaillé de son extérieur pied droit, dans la profondeur, pour Yoann Lachor qui le reprend directement, le glisse entre les jambes du portier auxerrois et marque.

C'est une libération ! Enfin, nous reprenons le fil perdu depuis ces sept derniers jours.

Mais il faut maintenant aller plus loin, jusqu'à la 90e minute. C'est long, très long ; plus tard et même encore maintenant, chacun se souvient de ce temps suspendu, irrespirable, de ce qu'il faisait, dans quel lieu il était.

Nous défendons devant notre kop de supporters remplis jusqu'à son maximum, qui pousse derrière mon but, nous transmettant à travers ses chants ce supplément d'âme dont nous avons tant besoin.

Une minute dure une heure ! Pourtant le temps passe mais mes pupilles ne peuvent s'empêcher de s'agglutiner sur le tableau d'affichage et d'égrener chaque minute. Je dois rester concentré sur le jeu parce que justement, je connais Auxerre, son style et je sais qu'ils peuvent marquer un but à n'importe quel moment.

Le temps approche, il est là, nous récupérons le ballon, ce ballon est dans nos pieds, celui-là est si précieux, il roule au milieu du terrain. Tout notre banc de touche est debout. Les yeux du football fixent monsieur l'arbitre.

Il porte son sifflet à la bouche et finit par siffler trois fois, la fin de la rencontre.

C'est fait, nous l'avons accompli, ce rêve est devenu réalité, pour toujours.

Plus rien ne sera jamais désormais comme avant.

Dès ces sons stridents, je pense à me retourner vers le kop.

Mais finalement, comme un symbole, je me mets à genoux et c'est Siko, l'homme de ce seul maillot, qui vient en face de moi, faisant également une génuflexion sur cette terre bourguignonne qui nous sacre, tombant dans les bras l'un de l'autre.

Puis c'est la déferlante des joueurs, du staff, des personnes du club.

C'est une pyramide humaine qui touche le ciel.

À partir de là, de cet instant, pendant les 72 heures et la semaine qui va suivre, c'est une joie rarement vécue, quelque chose d'absolu dont le fond du cœur de l'homme est à la recherche, le bonheur partagé, pour tous.

Il y aurait beaucoup à écrire sur ce qu'est être champion de France.

C'est d'abord l'aboutissement de ce qu'il y a de meilleur, de ceux qui sont les plus forts.

Au terme d'un an de labeur, il n'y aura jamais de hasard, dans ce jeu dont la science n'est pas exacte.

C'est un ensemble de compétences accumulées, déposées humblement dans le rôle précis dont chacun est son propre dépositaire. C'est une histoire humaine commune, vécue dans toutes ses émotions, passant nécessairement par les souffrances, avec comme unique but l'objet d'être heureux par la victoire.

C'est un club, une ville, dont les hommes passés nous ont permis d'extraire le meilleur de son histoire. C'est la première fois à Lens qu'une gaillette de charbon tout droit sortie des bras de ces mineurs de fond trônait plus haut que tous les édifices de France.

Quel honneur de représenter et d'être cela !

Lorsque l'avion est descendu pour atterrir à Lille-Lesquin, j'ai eu peur ! La masse de gens, le nombre de personnes n'était pas raisonnable. Comme l'ensemble du club, je n'arrivais pas à monter dans le bus ! L'aéroport avait été pris d'assaut, tout le monde était débordé bien sûr, la police, mais ce n'était que de la joie, pure, à partager.

Ensuite les gens nous ont accompagnés jusqu'au stade, il y avait tellement de monde, personne ne souhaitait, ne voulait vraiment rentrer chez soi.

Le peuple a donc forcé les grilles du stade, nous demandant de venir communier, vivre cet instant ensemble. Il y avait 35 000 personnes entre 3 et 4 heures du matin !

Ce n'était jamais arrivé en France auparavant. Quelle émotion !

Est-ce si étonnant d'être précurseur de ce moment, lorsque l'on est le meilleur public ?

Finalement, nous trouvons un peu de calme dans les premières lueurs du jour, nous réussissons avec l'ensemble du club, des familles, de tout le groupe, à boire sereinement ce champagne tant attendu.

Le lendemain nous sommes revenus au stade Bollaert pour l'émission *Téléfoot* sur TF1.

Puis après le déjeuner, une originalité dont le monde se souviendra, c'est notre défilé dans les rues de Lens, atypique, unique.

Le président Gervais Martel et l'entraîneur Daniel Leclercq pilotant un tracteur tirant une benne, La Benne ! Spécialement affrétée, où nous sommes tous montés. Saluant ainsi notre public lors de cette remontée « des Champs-Élysées lensois » en direction de la mairie.

C'est un objet devenu reliquaire, qui j'ai vu trône devant le stade à présent. Cette fameuse benne a d'ailleurs été restaurée, repeinte, il y a peu de temps, comme si elle se préparait de nouveau à servir.

C'était si proche, en 2023, à une place près. Bientôt sûrement.

C'est ce que je souhaite du fond du cœur aux futurs joueurs, entraîneurs, présidents, à toutes les personnes qui travaillent pour et qui aiment ce club.

Il y avait du monde partout, tout le monde était joyeux. C'est un moment tellement unique, quelque chose qui transcende. Tous, nous aurions aimé arrêter le temps à cet instant.

Je me répète mais ce qui m'a le plus touché, dans le sens rendu heureux, c'est d'avoir pu offrir à tous les gens de cette région, de cette ville de Lens, ce bonheur.

Leurs vies difficiles, pour beaucoup, ont tout à coup été inversées, le temps d'un moment, faisant la lumière sur eux-mêmes, les plaçant sur le devant de la scène.

C'est quelque chose dont je suis très fier, l'apogée du titre, en ce qui me concerne, est là.

Pour valider et argumenter ce que je viens de dire, voici qu'un monsieur d'un certain âge m'agrippe tout à coup le bras et me dit que c'est le plus beau jour de sa vie.

Il me dit également : « Vous savez, je sais ce que je dis, de quoi je parle. »

Puis il se met à pleurer.

Il me dit enfin qu'il avait fait le débarquement en Normandie, lors de la Seconde Guerre mondiale en 1944, qu'il faisait partie de la 2e DB du général Leclerc.

Je suis tout à coup ébouriffé de l'intérieur, je tente de repositionner le football à sa juste place et lui dit que ce n'est quand même pas tout à fait la même chose, entre nous deux, lui a mis sa vie en danger sur les plages de la Manche, il a dû perdre des amis pour nous sauver du nazisme.

Il y peut-être un parallèle dans la joie à la Libération, mais je ne vois rien d'autre.

Mais lui me tenait le bras, me serrait et pleurait. N'était valable que ce moment, pas autre chose, c'était le plus beau jour de sa vie, il me le disait et le vivait, là devant mes yeux mouillés comme les siens.

Alors j'en suis certain, j'ai rendu cet homme heureux. J'ai tellement été bouleversé que je lui ai demandé son adresse. Il habitait Lens et plus tard je suis allé le voir chez lui. Il m'a raconté toute l'histoire de sa vie, de sa famille, il m'a montré ses photos, celle avec le Général de Gaulle, ses engagements, ses médailles, son uniforme.

En débarquant sur la plage, le tank dans lequel il était et dont il était le pilote a pris un obus, clouant tout l'équipage sur place, il avait été blessé très gravement au visage. Son plus grand regret a été de ne pas avoir pu poursuivre avec ses camarades la libération complète de la France.

D'ailleurs il me dit cette phrase qui restera : « Je n'ai pu jouer que quelques minutes seulement… »

Mais aujourd'hui, son plus grand bonheur était pourtant que l'on gagne ce titre, plus que jamais nous l'avons gagné ensemble !

Que je vienne le partager avec lui, chez lui, tout était inversé.

Je ne l'oublierai jamais !

Puis ce fut un vol en direction de la Martinique avec toute l'équipe une semaine après ces événements. Daniel avait un ami là-bas. Nous avons passé un bon moment tous ensemble, en savourant la victoire au soleil avec nos familles.

Il y eut tout de même un match juste à côté, à Saint-Martin. Il fut digne d'un accord parfait avec ce lieu. Le simple fait d'invoquer le nom de cet endroit nous évoque immédiatement le style de cette partie, de ce moment, ce qui m'amène pratiquement d'emblée à un très long fou rire. Des vapeurs de rhum s'échappaient de nos maillots, à un point tel que j'avais pris la décision de rester sur le banc de touche. En arrivant au match, nous nous étions garés sur un ponton et nous avions tous failli finir à l'eau. C'était un grand moment de cohésion, en revanche je ne me souviens évidemment pas du résultat du match.

Le fait d'être champion change un homme dans la prise de confiance, avec des certitudes acquises.

Certes, il faut se remettre en question et je n'avais qu'une envie, c'était de remettre le couvert.

De ce nouveau statut, nous sommes tout de même un peu encensés, grisés et à juste titre.

Ce n'est surtout pas une plainte, mais la seule chose que je voulais, pour valoriser tout cela, c'était déjà de tout remettre en jeu, de gagner un nouveau titre, tout de suite !

Ce qui a changé, c'est que, partant de nos valeurs inchangées, nous avons montré que nous pouvions aussi être des compétiteurs de très haut niveau et surtout des gagnants. Montrant ainsi que les deux ne sont pas incompatibles, au contraire, ils vivent très bien ensemble et sont pour moi l'essence de notre réussite. La preuve.

Derrière arrivait la Coupe du Monde de football en France. Nous étions 5 gardiens de but à avoir une possibilité d'être sélectionnés pour 3 places disponibles. Les deux premiers choisis étaient de façon certaine Fabien Barthez et Bernard Lama. La troisième place était plus ouverte entre Lionel Charbonnier, Lionel Letizi et moi-même.

Je visais, j'espérais cette 3e place. D'autant que j'avais été sélectionné en équipe de France A' pour la première d'Aimé Jacquet contre la Tunisie. Le fait d'être champion de France me donnait un goût d'espérance et une légitimité réelle.

Je suis toujours autant déçu de ne pas voir figurer mon nom sur le télétexte de la télévision de l'époque. Même si depuis, la France a été championne du monde !

La chose primordiale, la plus importante à mon goût, c'est que je n'ai pas de regret, aucun, parce que simplement je ne vois pas comment j'aurais pu faire mieux !

J'ai regardé l'ouverture, les premiers matchs à la télévision et forcément, dans ces circonstances il est carrément impossible de s'empêcher de penser que j'aurais pu être avec eux, de l'autre côté de l'écran. J'étais à fond derrière eux pendant toute la compétition. J'ai vibré comme tout le monde, particulièrement quand je suis allé voir le match contre le Paraguay à Bollaert !

Curiosité, une sensation bizarre de se retrouver en tribunes. Mais quelle émotion, assis juste derrière le but lorsque Laurent Blanc propulsa le ballon au fond des filets…

10.
« QUELLE BELLE FIN DE SIÈCLE »

Jean-Guy Wallemme, Anto Drobnjak et Stéphane Ziani partant sous d'autres cieux, l'intersaison de cet été 1998 fut agité en coulisse au sein du club. De mon côté, après pas mal de sollicitations, j'ai finalement décidé de continuer mon aventure lensoise.

La Ligue des Champions, âprement acquise, mérite d'être vécue avec les couleurs de son obtention.

L'exerce 1998/1999 débute par un stage de présaison à Soulac-sur-Mer, vers Bordeaux.

Le stage se déroule très bien et, pour le clôturer, nous décidons d'aller tous dîner dans un restaurant. Ce jour-là nous n'avons pas beaucoup réfléchi, de vraies caricatures de footballeurs, le minibus et les autres voitures sont partis en nous laissant à 12 joueurs, sans moyen de transport ! Heureusement, nous avions invité Philippe Leclercq, journaliste de *La Voix du Nord*, qui était venu spécialement couvrir cette préparation. Il est le seul à avoir une voiture, elle est de location, c'est une Fiat Punto. Je ne cherche pas à faire de publicité commerciale pour une marque en particulier, mais tout de même…

Je ne sais pas si dans le monde d'aujourd'hui, nous pourrions ne serait-ce que le penser…

Mais pour Pascal Nouma (l'auteur de cette idée) et nous tous (tels des enfants excités)… une logique toute simple s'imposait : Et si… nous le tentions…

« Quoi donc ? nous demande Philippe.

— Eh bien d'aller dîner tous…

— Tous ? Impensable… Et comment ?

— Mais si… regarde. »

Quatre étaient dans le coffre ouvert.

Cinq étaient à l'arrière, dont deux assis sur les portières, torse à l'extérieur.

Trois étaient devant, dont moi-même assis sur la portière, torse à l'extérieur.

Plus notre pilote lui-même qui n'a même pas hésité une seule seconde, bien au contraire.

Nous arrivons ainsi, roulant au pas, devant le restaurant.

Mesdames, messieurs, l'équipe championne de France en titre ! S'il vous plaît !

Le restaurateur doit toujours être sur place, à cette vue, il n'ose pas encore bouger.

Quant à nous, nous sortons tout naturellement, nous le saluons chaleureusement et passons une excellente soirée.

Puis à la nuit tombée, le plus simplement possible, puisque c'était si bien à l'aller, chacun reprend sa place et nous rentrons de la même façon. Mais cette fois, en plus, ce sont les chants qui sortaient de ce convoi unique, avec l'aide de notre as du volant, roulant toujours au pas, dont la carrosserie faisait quelques étincelles en touchant le sol de temps à autre.

Philippe nous sert maintenant d'alibi, d'avocat, de juge, mais surtout de témoin de ce moment plein de vie.

Forcément, il me reparle de cet instant unique de joie, les yeux pétillants, à chaque fois que l'on se voit.

Philippe, tu restes le seul à ce jour avec ton homonyme Daniel Leclercq à avoir guidé, piloté, l'équipe complète, championne de France. Chapeau !

Le message en ce début de saison était de nous rapprocher de cette première place, la regarder sans cesse et faire comme toujours du mieux possible, pour être dans les places européennes.

Donc l'idée n'était pas d'annoncer par fanfaronnade le titre mais suivre de façon réaliste ce que nous avons toujours fait.

Ce n'était pas un manque d'ambition mais, lors de la saison précédente, nous avions trouvé un équilibre parfait et nous perdions tout à coup le capitaine et les forces offensives déterminantes, trois pièces maîtresses. Il n'est donc pas illogique d'être un petit peu plus fragile, même si l'équipe restait très compétitive. Il fallait s'attendre à plus de soubresauts et il y en aura, mais la vie continue, c'est un autre défi avec d'autres personnes.

Le RC Lens est resté fidèle à son recrutement avec des joueurs correspondant à l'identité du club, plus que par la recherche impérative des plus grands talents possibles.

Mais, malgré une bonne intégration, finalement, le tout début de saison fut délicat.

Daniel Leclercq menaçait déjà de démissionner après la deuxième défaite ! C'était tout lui !

Cela ne nous a pas inquiétés plus que ça, il fallait seulement que tout le monde se remette en question. Il a toujours été tellement attaché viscéralement au club, c'était son ADN, sa raison d'être.

Il a toujours eu de l'exigence mais lui aussi devait se remettre en question, comme nous tous.

Tant dans le système de jeu que dans l'approche du match. Nous vivions tous quelque chose de nouveau. Notre statut avait changé, c'était simplement celui d'un champion qu'il fallait assumer.

Pas si simple, parce que les gens aimeraient que les choses ne changent pas, surtout quand elles sont bonnes, les meilleures.

Mais, particulièrement dans le monde du football, les choses sont toujours en mouvement et évoluent, parfois très vite même.

Nous savourions par ailleurs le fait d'avoir des matchs supplémentaires, les plus prestigieux, ceux de la Ligue des Champions. Je me souviens avoir attendu le tirage au sort de notre groupe avec une grande impatience !

Ce seront les Anglais d'Arsenal, les Grecs du Panathinaïkós d'Athènes et les Ukrainiens du Dynamo Kiev.

J'ai d'ailleurs encore un classeur avec les calendriers et les programmes de ces matchs que j'ai conservé, qui me rappelle le gamin que j'étais, lorsque je faisais la collection des images Panini, sur les bancs de l'école.

Même si j'avais vécu la Ligue des Champions assis sur le banc de l'OM une dizaine d'années plus tôt, j'allais découvrir, dans le sens « jouer », vraiment, cette compétition.

Cette attente était extraordinaire !

Nous n'étions pas novices en coupe d'Europe puisque cela faisait un petit moment que nous participions mais, incontestablement, l'adrénaline de ce moment respirait.

Hâte de jouer contre les grands ! De se frotter à eux et voir notre niveau, mon niveau.

De vivre l'entièreté de notre mérite. Nous étions si déterminés à nous confronter aux meilleurs.

Le costume était de rigueur, je dois reconnaître que j'ai insisté, je devais être pénible même, pour que l'on soit tous bien habillés lors de ces matchs, pour que rien ne soit laissé au hasard.

Ne surtout pas rater une miette dans notre préparation, pour vivre pleinement ce moment et être dans les meilleures conditions et pourquoi pas se donner la chance de battre les grandes équipes.

Avec ce tirage, faire bonne figure dans le groupe n'aurait pas suffi. La deuxième place semblait réaliste, difficile mais parfaitement dans nos ambitions.

Enfin arriva la fameuse musique de la Ligue des Champions. Cette création de Tony Britten porte vraiment sa source d'inspiration, celle des hymnes de couronnement.

Cette fois ce n'était plus un son sorti du petit écran mais le concert entrant directement dans nos entrailles sur le terrain ! Avec pour débuter la réception d'un très grand d'Angleterre, Arsenal. C'était encore le début de saison, je me souviens de cette journée spéciale début septembre, il faisait beau, il y avait les supporters anglais derrière le but. C'était une ambiance particulière.

C'est vraiment un aboutissement, je le prends simplement comme cela, avec de très grands joueurs en face.

Finalement nous obtenons un très bon résultat parce que sur l'ensemble du match, Arsenal nous a été supérieur, se procurant pas mal d'occasions. Mais après avoir encaissé le premier but, nous avons su courber l'échine, sans prendre le second. Mieux, nous avons su être réalistes et égaliser en fin de match par Tony Vairelles.

Cette première nous fait beaucoup de bien car elle nous empêche de nous poser mille questions pour la suite.

Le Dynamo Kiev pour ce second match alignait quasiment l'équipe nationale ukrainienne. Il y avait Shevchenko, Rebrov, Vashchuk. Nous découvrions tous ces joueurs ukrainiens un peu comme cela avait été le cas avec les Tchèques du Slavia Prague trois ans plus tôt.

Il y avait beaucoup de monde dans le stade de Kiev. À l'heure de jeu, je fais un très bel arrêt, repoussant une frappe en corner. Sur le corner qui suit, je sors un peu trop loin, je manque le ballon et Shevchenko en profite pour marquer de la tête. Heureusement, Tony, encore lui, égalise dans la foulée de ce match très rythmé, nous permettant de faire jeu égal avec un nouveau match nul. C'était un très bon match de coupe d'Europe avec un excellent résultat !

Puis ce seront les deux matchs contre les Grecs du Panathinaïkós, d'abord à Bollaert puis à Athènes.

Le match aller nous ouvre de belles perspectives avec notre première victoire 1-0 sur un but de Wagneau Eloi.

Quant au retour ce sera un non-match, dans une ambiance très chaude, sans arriver à jouer. C'est nous qui perdons 1-0, avec un but encaissé sur corner. Je garde malgré tout de ces 65 000 supporters un souvenir digne de leur réputation !

Cette double confrontation a une caractéristique commune, c'est l'aspect tactique qui a primé sur le rythme des parties.

J'en avais tout de même profité un petit peu pour visiter cette ville antique.

Arrive ensuite le déplacement en Angleterre, le match retour contre Arsenal se jouera à Wembley. C'est le moment que l'on attend, celui que l'on espère vivre, ce rêve de notre enfance.

Nous voulons faire honneur à ce match de prestige.

Je me souviens de notre arrivée dans cet hôtel typiquement britannique au cœur de Londres. Je ne saurais décrire exactement l'ambiance, il régnait une atmosphère cosy, sereine et joyeuse.

Je me retrouve comme d'habitude à partager ma chambre avec mon ami Vladi Šmicer.

Puis, en cette veille de match, c'est l'heure d'aller s'entraîner, de découvrir ce stade historique, fierté des Anglais.

Le jour du match est toujours un jour spécial, après une très bonne nuit de sommeil, nous voici au breakfast. Puis un peu plus tard en fin de matinée, ce sera une balade dans un parc londonien.

Chose assez inhabituelle, après le déjeuner, je fais une très grosse sieste d'une heure et demie.

Je ne sais pas pourquoi non plus, alors que je suis un buveur de café, à la collation, j'ai choisi « *a cup of tea* ». Sûrement parce que j'étais en Angleterre !

Le résultat tout à l'heure sera déterminant pour la suite. Certaines fois, il y a dans ce genre de rendez-vous une tension extrême, palpable. Nous sortons de la causerie d'avant match avec un calme, une paix étonnante. En montant dans le bus qui va nous mener au stade, je jette un œil sur l'ensemble de l'équipe, impeccable, tout le monde est tiré à quatre épingles.

C'est l'heure du vestiaire, de s'habiller, méthodiquement, délicatement, repassant toutes les composantes nécessaires, en partant de l'état du terrain, jusqu'à son ensemble.

L'échauffement terminé, nous voilà de retour. C'est maintenant.

Chacun est dans sa routine, son rituel, c'est le moment où nous sommes tous ensemble mais chacun est seul avec lui-même. Il y a des voix, des encouragements, des silences. Je prie. Je suis prêt. Monsieur l'arbitre nous appelle et nous sortons du vestiaire, je suis le dernier. Nous voilà dans le tunnel, je donne l'accolade à mes coéquipiers un par un. Je prends ma place derrière mon capitaine, Fred Déhu.

Voilà, tout est prêt, le stade est plein, nous marchons en direction de la pelouse, je me tourne vers Siko, comme toujours juste derrière moi et je lui dis : « Siko, c'est pour vivre cela que nous faisons ce métier. » Il me répond : « Exactement, Gus, c'est magnifique ! »

Le stade clame, il gronde, l'inexplicable de l'émotion, l'irrationnel de la sensation prend le dessus. C'est parti ! C'est l'heure de donner le meilleur sur le terrain. La première chose qui ressort, qui me revient, c'est l'intensité que nous avons mise dès le départ dans cette partie. Cela durera l'ensemble du match, tels deux boxeurs qui, à chaque occasion, ne pensent qu'à une seule chose, mettre l'adversaire KO.

Jusqu'à la 72e minute, ce sont les gardiens de but qui empêchent leurs couleurs de mettre un genou à terre. À cet instant précis, comme un symbole de nos amitiés, c'est Vladimir Šmicer qui centre pour Mickael Debève, qui reprend le ballon au second poteau et ouvre le score.

Il reste encore du temps avant de s'acheminer vers ce qui n'est encore qu'une idée.

C'est mon tour maintenant de valider et de sceller notre unité de façon définitive. Il faut simplement être héroïque et annihiler toutes les possibilités adverses, ne laisser aucune occasion, aucune chance aux « Gunners » de partager cette grandeur.

Nous approchons de la fin de la partie, nos adversaires tentent tout, ils réussissent même à faire expulser Tony Vairelles pour apporter une touche dramaturgique à cette œuvre.

Finalement l'arbitre siffle et nous gagnons 0-1 dans le stade de Wembley, sans prendre de but contre Arsenal !

Le match s'achève et c'est la joie des vainqueurs qui réalisent un exploit !

C'est la communion avec les 8 000 supporters lensois présents pour partager ce jour de gloire.

Pas une année ne passe sans que je rencontre quelqu'un qui était là ce jour béni, me racontant exactement ce que nous avons vécu ensemble ! D'ailleurs, nous avons savouré de longues minutes, en restant très longuement sur le terrain à les saluer après le coup de sifflet final.

Avant sa rénovation complète en 2003, le couloir qui menait de la pelouse aux vestiaires, et vice versa, était situé derrière le but, à l'opposé de la tribune lensoise.

Si l'on prend le temps d'un calcul rapide, entre la fin du match, notre joie de joueurs, la longue communion avec nos supporters puis les 100 mètres du terrain à traverser pour rentrer aux vestiaires, nous arrivons – en comptant gentiment, pour ne pas exagérer – au minimum à 20 minutes.

J'entre donc dans le tunnel, dans les derniers pour ne pas changer.

C'est alors je vois mon homologue et confrère du soir, M. David Seaman le gardien de but d'Arsenal et de l'équipe d'Angleterre, qui était là.

Il m'attendait, moi, pour me féliciter, pour me dire que la victoire était en partie grâce à moi.

Puis le plus naturellement du monde, il me demanda si je voulais bien échanger mon maillot avec lui.

Au moment où j'écris ces lignes, je reste encore et toujours bouche bée. C'est le geste le plus classieux que j'ai vu, reçu et vécu de toute ma carrière.

J'avais une dizaine d'années lorsque j'ai réalisé ce dessin. Plus que l'expression d'un rêve enfantin, c'était une promesse que je me faisais, un objectif que je me fixais.

En 1986, je remporte avec les cadets de Blanzy le titre de champion de Bourgogne. En finale, nous battons l'AJ Auxerre au grand dam d'un certain Guy Roux, présent ce jour-là.

Le football est un jeu, certes, mais je le prends déjà au sérieux. Cette détermination m'aidera à repousser mes limites !

À 16 ans, je fais le choix difficile d'intégrer l'INF Vichy, le meilleur centre de formation possible pour un gardien de but à l'époque.

À Marseille, je côtoie le gratin du football européen et découvre les plus hautes exigences du monde professionnel. L'international allemand Karl-Heinz Förster, ici à mes côtés, m'a pris sous son aile à mon arrivée en 1988.

Retour dans ma Bourgogne natale en 1990. Je passerai deux saisons sous les couleurs de Louhans-Cuiseaux. J'y retrouve Christian Larièpe, l'homme qui m'avait tant appris à son arrivée à Blanzy lorsque j'avais 12 ans.

En parallèle, j'ai l'honneur d'être appelé en Équipe de France Espoirs. Jouer pour mon pays est une grande responsabilité !

Après les Espoirs, place à l'Équipe de France militaire lors de mon année au bataillon de Joinville. De futurs grands joueurs sont dans nos rangs, notamment Zinédine Zidane. Roger Lemerre est notre entraîneur.

1998 est l'apogée d'une génération. Avec Siko, Jean-Guy, Cyrille Magnier, Fred Déhu et tous les autres, nous vivons la première finale de Coupe de France de l'histoire du Stade de France. Daniel Leclercq a su tirer le meilleur de nous-mêmes.

Nous l'avons fait ! Lens est champion de France pour la première fois de son histoire après notre match nul 1-1 sur la pelouse de l'AJ Auxerre le 9 mai 1998. Je suis fou de joie !

Les festivités dans les rues de Lens sont mémorables. Nous traversons la foule Sang et Or à bord d'une remorque tirée par un tracteur. Le chauffeur n'est autre que Gervais Martel !

Avec deux campagnes et 12 matchs disputés, j'ai l'honneur d'être le joueur lensois le plus capé en Ligue des Champions. Je totalise 32 matchs européens toutes compétitions confondues, un autre record.

Le 25 novembre 1998, face à Arsenal, je réalise l'une des meilleures performances de ma carrière. J'interviens ici devant mon compatriote Nicolas Anelka.

L'ère des succès se poursuit : le 8 mai 1999, nous remportons la Coupe de la Ligue grâce à notre succès 1-0 en finale face au FC Metz. Décidément, les Lorrains nous réussissent !

Un gardien de but se doit d'être souple... et vigilant ! Des qualités que j'ai développées à l'INF Vichy et tout au long de ma carrière.

Notre victoire en Coupe de la Ligue est synonyme de participation à la Coupe UEFA lors de la saison 1999/2000. Moment d'émotion et d'intimité avec mon coéquipier Pascal Nouma après notre succès contre le Celta Vigo.

Les six mois passés à Arsenal m'ont fait le plus grand bien. Même si je n'étais pas sur la pelouse, j'ai fêté comme il se doit le succès en FA Cup avec mes prestigieux coéquipiers.

Il me faudra travailler dur pour gagner ma place. Ce sera chose faite ! Ma capacité à arrêter les pénaltys sera particulièrement remarquée à cette période.

À Lens, je me suis lié d'amitié avec Vladimir Smicer. À Dortmund, j'ai rencontré deux autres joueurs majeurs du football tchèque, le géant attaquant Jan Koller...

...et le génial milieu de terrain Tomáš Rosický.

Signature à Monaco lors de l'été 2005. J'y retrouve Didier Deschamps, que j'avais connu à Marseille.

L'ASM me permet notamment de retrouver les joies de la Coupe d'Europe. Je jouerai 37 matchs toutes compétitions confondues lors de la saison 2005/2006.

Rencontre avec le prince Albert de Monaco dans les vestiaires du stade de Prague à l'occasion d'un match de Coupe de l'UEFA. Un grand passionné de football !

Sortie aérienne lors d'un choc PSG-Monaco au Parc des Princes le 6 novembre 2005 (score final : 0-0).

Transmettre mon savoir est un devoir à mes yeux. Avec les pros d'Auxerre comme avec les jeunes des clubs bourguignons que j'ai côtoyés ces dernières années. La passion est toujours là !

C'est un rôle nouveau que je découvre à Mâcon, dans le club de la famille Griezmann. Un club aux valeurs familiales mais qui ne manque pas d'ambition, voilà qui me convient parfaitement !

À l'occasion du 25e anniversaire du titre de Champion de France, Gervais Martel a rameuté les troupes et organisé un match de charité entre les Anciens du RC Lens et une sélection de l'UNICEF. Des portraits à l'image des champions ont été dévoilés. Je pose devant le mien !

Ma vie sera ici aussi, aux côtés de la Sainte Vierge. Durant ma carrière, je profitais des déplacements pour découvrir les églises et y prier. J'ai désormais une petite chapelle à la maison.

J'ai souvent eu cette réflexion : imaginons quelques instants que je sois à sa place. Si je jouais à Arsenal, que j'avais l'habitude de gagner contre des équipes majeures, que ce soit en championnat, en coupe d'Europe ou en équipe nationale, gagnant régulièrement des trophées, des titres et que ce soir j'avais perdu contre Lens, eh bien je ne suis pas certain du tout, mais vraiment pas tout, que j'aurais attendu vingt longues minutes pour saluer le gardien de but d'en face et lui demander son maillot.

J'ai toujours aimé prendre mon temps à la fin des matchs, je faisais partie des derniers à sortir de la douche, du vestiaire. Je suis donc l'ultime *Frenchie* à quitter les lieux, à vrai dire j'ai du mal à les laisser. Au moment de partir, je me dis quand même que je vais retourner voir ce stade une dernière fois.

Je reprends le même chemin que tout à l'heure mais cette fois il n'y a plus personne lorsque je ressors, je suis seul dans ce stade mythique de Wembley, à Londres.

L'ambiance ressemble un peu à celle d'un film, les projecteurs se sont éteints, il ne reste plus maintenant que les lumières secondaires, celles des issues de secours, à l'intérieur des tribunes, donnant une lumière pâle comme légèrement embrumée.

Je m'assieds sur le siège le plus proche de la pelouse, celui du tout premier rang, il est comme un strapontin.

Puis tout à coup, j'arrête le temps. Regardant le terrain vide en voyant mes exploits, écoutant dans le silence les hourras de la foule, les chants du peuple lensois.

Wembley m'appartient, maintenant, pour toujours.

Avec mes copains, mes amis, mes frères, nous continuons d'écrire l'histoire dans le pays même où le football a été inventé. Notre histoire, pas une petite mais plutôt celle avec un grand H.

Depuis 1923 et sa construction, aucune équipe française n'avait réussi à battre ces messieurs les Anglais, chez eux, dans ce stade. C'est maintenant terminé.

Mieux, dans cet exploit, il y en a un autre plus intime, que j'ose à peine exprimer par pudeur. C'est celui du gardien de but de cette équipe victorieuse, qui a réalisé l'exploit de ne pas prendre de but, dans le meilleur match de sa carrière, de sa vie entière de footballeur.

C'est mon moment, c'est notre instant.

Je me place en premier dans la phrase précédente, parce que dans la subjectivité, tout peut être toujours amélioré, nous pouvons toujours mieux faire.

Mais dans cet instant personnel, réaliser ce match-là, à ce moment-là, contre cette équipe-là, dans ce lieu-là, c'est l'atteinte d'un sommet.

C'est le rêve de tous, celui de faire ce genre de prestation, d'être imbattable, de réaliser le match parfait qui permet la victoire.

J'ai pris ce temps comme si je comprenais la portée de l'instant. Puis revenant à moi, me levant, en marchant très lentement, j'ai rendu grâce à Dieu.

Je me suis dit que plus tard dans ma vie, je pourrais dire que j'ai gagné ici !

À la suite de cette victoire en Angleterre, nous avons donc la possibilité en cas de victoire ou de match nul contre le Dynamo Kiev de nous qualifier en 8e de finale.

Petit retour réglementaire : se qualifiaient pour le tour suivant seulement les 6 premiers de groupe et les 2 meilleurs deuxièmes ! Personne n'était encore reversé dans une autre compétition.

Sur la gestion de ce match, l'ensemble du club – dirigeants, entraîneurs et joueurs – avons manqué de lucidité, d'expérience.

En effet, nous n'avons pas étudié suffisamment toutes les possibilités, le fait qu'un match nul nous emmenait en 8e de finale à défaut d'une victoire.

Cela se confirme d'autant plus après l'expulsion de Fred Déhu en début de match. Nous sommes restés fixés sur notre idée de jeu.

Comme un regret supplémentaire, personnellement, après avoir gagné plusieurs duels face au futur Ballon d'or Andrei Shevchenko, c'est seulement en fin de match que nous craquons.

Sur le contenu de ce match, son ensemble, il n'y a rien à dire.

Mais, si proches de nous qualifier, d'autant plus que le prochain adversaire proposé n'était autre que le grand Real Madrid que le Dynamo Kiev a d'ailleurs éliminé durant cette double confrontation, c'est un regret immense ! Éternel !

C'est la fin de cette compétition exceptionnelle, la sortie, mais tout de même par la grande porte. Nous terminons seconds.

Ce n'est pas simple, c'est même un peu difficile de revenir au championnat après avoir vécu de telles émotions. De passer d'une victoire à Arsenal à un match au Havre par exemple, de retrouver la motivation, de mettre la même intensité, mais il faut se remettre humblement à la tâche quotidienne.

L'équipe était un peu plus irrégulière, peut-être parce que nous avions plus de matchs sans avoir un effectif aussi profond que les grands d'Europe.

L'exigence du très haut niveau, un ou deux joueurs majeurs avec une forme moindre, un blessé, un suspendu, c'est un équilibre toujours fragile.

Malgré cela, tout allait bien au sein du groupe.

Le 26 février 1999 était un samedi et nous jouions à Auxerre en championnat de France.

Nous sommes en fin de match, nous menons 2-1 et Olivier Kapo attaquant adverse, que j'ai retrouvé plus tard à l'AS Monaco, entre très fortement en contact avec moi lors d'un duel.

Je termine la rencontre un peu comme je peux, en boitant.

Cette action crispe toute ma famille jusqu'à déclencher le lendemain la venue de Lucas à la clinique de Sainte-Catherine-lès-Arras.

Trois jours plus tard, lors du match suivant, c'étaient de nouveau *mes amis rennais*, comme pour la naissance de Matthieu. Mais cette fois en Coupe de la Ligue et une victoire en Bretagne 0-1.

Rennes me rappelle décidément de bons souvenirs !

En rouge et noir, j'exilerai ma peur...

L'une de nos meilleures prestations de la saison fut cette victoire 4-0 contre Marseille, le 24 avril 1999 lors de la 30e journée, qui était à la lutte pour le titre de champion de France avec les Bordelais.

Plus que du match, je me souviens de ce duel entre Frédéric Déhu et Christophe Dugarry !

Mais qu'est-ce qu'ils s'étaient mis pendant le match !

Finalement, un peu plus tard dans la saison c'est Bordeaux qui finira champion juste devant l'OM.

L'autre grande aventure de la saison fut la Coupe de la Ligue.

Cette aventure a commencé avec une polémique lors du premier match, le 10 janvier 1999 lors de notre entrée en lice en 16e de finale sur terrain neutre à Caen. L'adversaire, encore Marseille, a été, je dois le dire, bien lésé.

C'est un match nul à la fin du temps réglementaire. Nous sommes donc aux tirs aux buts, Éric Roy frappe son penalty, le ballon tape sur la barre transversale, un peu à l'intérieur, il retombe très légèrement derrière la ligne de but, mais ressort, il n'entre pas dans les filets.

Il n'y a pas la VAR et monsieur l'arbitre n'a réellement rien vu, parce que tout va vraiment très vite et que je gêne sa vision en étant parti du bon côté. Mon plongeon obstrue le moment où le ballon touche le sol. Il constate le simple fait que la balle n'est pas rentrée dans le but.

Quant à moi, guère plus brillant, je fais de grands signes, signifiant par là que le ballon n'était surtout pas rentré, n'ayant forcément pas plus vu que monsieur l'arbitre, puisque tout s'est déroulé dans mon dos. J'ai simplement le réflexe de défendre mes couleurs.

Je crois que la plus belle phrase de cet épisode revient à la verve de M. Rolland Courbis, Marseillais s'il en est, entraîneur de l'OM à ce moment.

Cela respire le bord de la Méditerranée : « Dans l'histoire de la coupe Ligue, Lens sera le seul vainqueur de cette compétition après avoir été éliminé aux tirs aux buts. »

Dans cette Coupe de la Ligue après cet épisode marseillais, nous sommes allés en Bretagne éliminer Rennes puis notre parcours s'est poursuivi au Havre, en franchissant également l'étape normande. À présent nous sommes en demi-finale au stade Bollaert contre le FC Sochaux.

Petit clin d'œil à Jean-Guy Wallemme, fraîchement arrivé dans le camp d'en face.

Avant ce match, le traumatisme de la demi-finale de Coupe de France perdue contre Montpellier en 1994 est revenu immédiatement à la surface de mes pensées. Cela a même été central dans les éléments de motivation lors de la préparation.

C'était le moment d'effacer ce raté pour ne pas laisser ce souvenir inefficace.

C'est ce que nous avons fait, difficilement, sans prendre de but cette fois et en marquant à deux reprises durant les prolongations.

Nous revoilà en route pour Paris et le Stade de France, nous donnant de nouveau la chance de jouer une finale.

Comme souligné un peu plus haut, l'année précédente, avant la finale de la Coupe de France contre Paris, je trouvais que ce déplacement le matin même n'avait pas été un idéal de préparation.

Cette fois c'est deux jours de sérénité, isolés avec toute l'équipe et le staff, en immersion complète, sans se mettre de pression inutile.

Nous avons eu le temps tranquillement, de monter petit à petit, pour nous préparer à jouer une finale, même si, la veille de ce match, notre entraîneur Daniel Leclercq avait fait du Daniel Leclercq avec l'incident Frédéric Déhu. Avec un large et beau sourire, je fais un clin d'œil à Fred et surtout je salue les dirigeants et tout le staff qui ont su gérer à la perfection cette situation, avec notre druide devenu international à présent.

Nous sommes le matin du match.

Il est tôt, il fait très beau, je salue le *capo autista* de notre bus, Adriano, Italien qui est bien présent, bien à l'heure. J'étais de connivence avec lui, nous avions convenu d'une escapade spirituelle… très discrète, comme nous allons le voir.

La veille, je lui avais posé cette question, en connaissant déjà la réponse à l'avance :

« Penses-tu que nous pourrions y aller ? »

Réponse immédiate : « *Ma, si.* Si tu veux y aller, demain, *andiamo*, nous y allons ! »

Nous voilà donc en route, en pleine discussion sur la foi de sa maman, la Mamma, la croix autour de son cou, l'Italie, des thèmes que je connais plutôt bien, en direction d'une magnifique église romane que j'avais repérée en arrivant.

Nous entrons dans ce splendide édifice en croix latine et c'est l'heure de la messe. Nous nous asseyons l'un à côté de l'autre. Nous participons à l'office. Il se termine et nous sortons avec les fidèles.

Puis le *capo autista* démarre, les personnes présentes sur le parvis sont un peu étonnées, moins par le bruit du moteur que par le véhicule en lui-même. En effet, nous ne pouvions pas faire plus discret que de venir à l'église… en bus !

Évidemment, sans nous faire remarquer, en toute discrétion, nous garant… juste devant la porte d'entrée et son magnifique portail marial !

Mais mieux encore, nous les saluons au moment du départ et ils en font de même, assez étonnés tout de même de voir un bus… pour deux !

Nous rentrons tout joyeux à l'hôtel.

Toujours avec le même compagnon d'armes, Vladimir Šmicer, luttant ensemble et jusqu'au bout contre le marchand de sable, je me souviens encore de cette sieste d'avant le match. Une heure et demie, très rare, comme la dernière fois.

J'aurais dû et je devrais d'ailleurs jouer ce genre de match beaucoup plus souvent.

Trêve de plaisanterie, revenons à cette finale.

Ces moments sont toujours très particuliers.

Tout est en ordre, tout le monde est à sa place. Nous sommes élégants dans nos costumes sombres et cravates sang avec des alvéoles or, tous dans la même direction, celle du stade de France.

Notre seul objectif est de poser autour des oreilles de cette coupe, la cravate restante, celle prévue à cet effet.

Finalement, la partie se lance et elle est assez équilibrée. Personne ne prend vraiment le dessus jusqu'à ce que Daniel Moreira décide de faire ce que lui seul peut faire. Ce geste restera toujours jeune, il n'a plus d'âge.

Je conseille vivement aux attaquants en devenir d'étudier cette finition, d'observer la gestuelle, de regarder la spontanéité, de bien viser l'équilibre. C'est dans un angle très fermé que la réalisation de cette frappe se produit, propulsant le ballon sous la barre, en pleine lucarne opposée.

Littéralement MAGISTRAL !

C'est la pause et nous menons 1-0.

De ce moment où nous confortons nos convictions jusqu'au coup de sifflet final, il y a deux choses qui restent essentiellement présentes.

La première, c'est que je suis devant le virage où tous nos supporters sont réunis. La chose qui ne cesse de me hanter, c'est le chronomètre qui est en face de moi. Tout au long de cette seconde période, j'ai beau me conditionner, me dire d'arrêter de regarder le temps qu'il reste à jouer, que je vais forcément avoir un ou deux ballons à négocier et qu'il faut que je reste concentré sur le jeu uniquement, il n'y a rien à faire, inexorablement, j'en veux au temps qui ne passe pas.

La seconde, c'est qu'effectivement, nos adversaires vont tout donner, ils ont tout donné pour revenir au score. Je me suis préparé pour cela, pour cette balle qui est déviée, qui veut rentrer dans le but.

Je dois aller la chercher, l'empêcher de franchir la ligne. Ce sera à une main, juste au ras de mon poteau droit. Je fais l'arrêt, celui qui est nécessaire et je reste un long moment au sol, conservant ce ballon que j'aime tant, serré sur ma poitrine. C'est comme si je lui parlais et lui disais : « Tu es à présent là dans mes mains, tu ne leur échapperas pas, tu restes là sur mon cœur, c'est maintenant terminé ! »

Quelques minutes plus tard, monsieur l'arbitre porte le sifflet à sa bouche. Cette fois les larmes amères sont sèches, comme j'aime cette aridité, il ne reste que celles de joie, la coupe est à nous !

Nous sommes sur la pelouse du Stade de France, nous venons faire face à notre exceptionnel public pour communier de joie avec lui.

L'euphorie est là, la joie ressemble à celle vécue à Auxerre un an auparavant, avec de nouveau des émotions partagées tous ensemble.

Puis, plus calmement, dans ce même moment, je me souviens avoir pris mon président par les épaules et lui avoir dit : « Gervais, écoute… regarde… le grand club que nous avons fait ! »

Quand j'étais enfant, je rêvais de monter les escaliers un par un dans la tribune, prenant le temps de toucher la main des gens, des supporters, de saluer les officiels et surtout à la fin, d'être celui qui soulève la coupe le plus haut possible, dépassant les nuages.

Voilà que c'est mon tour à présent et je le fais. Quel moment unique, vraiment merveilleux !

Comme l'année précédente lors de la finale perdue contre Paris, j'avais organisé un bus pour ma famille afin que toutes les personnes puissent venir voir le match ensemble. Ils ont refait le même chemin, sans être superstitieux, bien au contraire. Cette persévérance a été payante !

L'ensemble du club, les joueurs et les familles sont tous restés ensemble à Paris pour faire la fête qui s'imposait toute la nuit. Je nous revois nous baladant au lever du jour sur les Champs-Élysées.

Le lendemain nous sommes rentrés parce que, l'après-midi, le stade Bollaert était rempli, il attendait ses héros, il voulait partager cette coupe. Je me souviens avoir fait ces tours d'honneur avec Matthieu, mon fils aîné, qui courait sur la pelouse. Le bonheur était là !

Cette victoire est la confirmation de cette continuité inspirée par le club, avec cette génération mise en place depuis une petite dizaine d'années. Nous étions arrivés à un équilibre entre la culture propre du RC Lens et le niveau nécessaire pour remporter des titres.

Quand vous remportez de grandes victoires, que vous soulevez des trophées, le grand club n'est pas loin.

Lors de cette intersaison 1999, après la victoire en Coupe de la Ligue, de nouveau plusieurs cadres sont partis.

Tony Vairelles a rejoint Lyon, Vladimir Šmicer a signé à Liverpool, Frédéric Déhu à Barcelone, Cyril Magnier à Auxerre et Mickaël Debève au Havre.

En ce qui me concerne, cela a été extrêmement compliqué. Je me revois en ce jour, au déjeuner qui précède la dernière journée de championnat, discutant avec les joueurs des futures destinations des uns et des autres.

Je venais de donner mon accord pour rejoindre l'AS Monaco la saison suivante.

Mais, finalement, Fabien Barthez a repoussé d'une année son départ qui semblait acquis pour Manchester United.

Je dois dire que je me suis posé pas mal de questions, je me demandais si ça n'allait pas être la saison de trop. J'étais désormais presque trentenaire et je prenais ce goût, cette habitude de gagner des titres. Je m'interrogeais sur ma volonté d'être dans une équipe qui allait se reconstruire ou aller dans un club qui pouvait potentiellement gagner tout de suite.

Voir partir les cadres, mes amis, les joueurs majeurs, ceux avec qui l'on vient de gagner, c'était difficile et Monaco était pour moi une vraie opportunité.

Je n'avais pas le profond désir de quitter le club, de « partir pour partir ».

D'ailleurs j'avais également d'autres possibilités ne venant pas des clubs majeurs.

Donc, naturellement comme j'étais encore sous contrat et à la suite de cet événement, j'ai décidé de rester.

Il y a une amitié, un lien plus profond qui se développe quand nous gagnons les trophées avec toutes ces grandes émotions.

Mais nous sommes d'abord des joueurs professionnels et c'est simplement la vie, lorsque la décision est prise de s'éloigner les uns des autres, parce que notre métier le demande.

Un problème se posait toutefois, il ne restait plus que deux cadres, Siko et moi-même. Il fallait donc que les partants trouvent leurs successeurs.

À cette suite, pas d'objectif particulier pour cette saison 1999/2000, si ce n'est de confirmer nos aptitudes à être dans le haut du classement.

Le temps d'adaptation des nouveaux joueurs, ce manque de repères, a compliqué comme prévu le début du championnat. La stabilité n'était pas encore là, c'était comme un courant alternatif.

Puis, malgré une victoire contre Tel-Aviv en Coupe de l'UEFA, Daniel Leclercq est parti.

Il est resté fidèle à lui-même.

C'était un dossier très compliqué, son exigence et son caractère étaient sûrement plus simples à appréhender avec ceux qui avaient cette *culture lensoise*. Elle n'a pas toujours été reçue de la même façon selon les personnes qui arrivaient, disposant déjà d'un certain statut.

Il a sûrement aperçu que la construction d'un édifice comme le nôtre prenait beaucoup de temps et, en ce début de saison, il a vu la distance que nous aurions à parcourir.

J'ai vécu ce moment de manière mitigée.

Au bout de deux ans et demi, ce n'était toujours pas si simple.

Tous les entraîneurs depuis 1906 sont importants. Ceux de la création, ceux des montées, ceux des maintiens, ceux qui sont connus, ceux qui sont anonymes, ceux qui sont morts, ceux qui sont encore en vie.

En ce qui concerne Daniel Leclercq, jusqu'à présent, de mon humble avis, il est le numéro 1, dans l'histoire du RC Lens.

Non pas parce qu'il était mon entraîneur mais plutôt parce qu'il est le seul jusqu'à aujourd'hui à avoir su emmener avec lui son équipe, son groupe, son club, sur le toit de la France.

Certes, ce n'est pas sans nous, les joueurs, nous étions parfaitement matures et avions le niveau espéré, mais, sans cette personne atypique, sans son histoire, sans ses idées, sans sa connaissance du football, sans sa culture, sans son discours, nous ne serions pas tout cela.

Avec le temps qui passe, je me dis que cette idée n'est pas usurpée ;

Merci Daniel !

C'est François Brisson qui lui succédera et les résultats qui suivront seront plutôt bons et même très bons.

Son style atypique a bien fonctionné, son discours neuf a notamment réussi à apaiser les tensions et à redonner confiance au groupe. Il s'est rapproché de moi en tant que capitaine.

Tout au long de cette saison, nous avons essayé de trouver des solutions ensemble.

Il a fait du bon travail, aidé d'une belle clairvoyance, il savait exactement quels garçons il avait en face de lui. Le fait d'être adjoint de Daniel auparavant lui a fait gagner un temps précieux !

L'automne est aussi synonyme de matchs de coupe d'Europe, que j'aime tant.

Tel-Aviv sera le premier match, le 16 septembre 1999, avec un déplacement de deux jours en Israël et un match nul 2-2, pas si simple.

Dès le tirage, je n'avais qu'une seule idée en tête, après le match à jouer évidemment, c'était de pouvoir profiter de ce déplacement, pour aller sur les lieux saints.

J'avais demandé deux choses à M. Benguigui, qui s'occupait de nous pour le déplacent. « Où pourrais-je trouver une église catholique pour pouvoir aller prier avant le match comme d'habitude ? » « Une quoi ? » m'avait-il répondu… Mais il m'avait très bien conseillé, me trouvant une église avec la messe célébrée en anglais.

Ma seconde demande était un peu plus atypique, c'était d'avoir quelqu'un de connaisseur et d'assez courageux pour aller jusqu'à Jérusalem. Je m'étais dit que c'était peut-être une chance unique d'aller me promener sur les plus hauts lieux de la chrétienté, ces lieux saints.

J'avais une telle envie de le faire.

À la fin du match, M. Benguigui me dit qu'il avait trouvé un véhicule mais que ce serait peut-être juste, parce qu'il n'était pas certain que je puisse accéder aux différents lieux, entre les conflits et la nuit qui allait arriver.

Nous arrivons à l'hôtel après la rencontre et se présente à moi cette personne qui m'est proposée comme chauffeur et guide. Il est très serein, nous évaluons en anglais mon idée et, sans crainte, nous voilà donc partis, nuit tombante, lentement, avec cet homme, jusqu'à Jérusalem.

C'était un Juif-Israélien qui avait une très grande culture chrétienne et une très bonne connaissance des lieux.

Après avoir fait les soixante-trois kilomètres en une heure environ, ses explications très utiles et par une chance un peu rare, j'ai pu accéder au jardin des Oliviers.

Je me suis donc retrouvé là, priant Dieu exactement pour nous chrétiens, comme le Christ priant son Père seul en pleine nuit, sur le lieu où il a subi son arrestation, avant sa passion, le jeudi saint.

J'ai pris mon temps.

Puis je suis allé sur les hauteurs et j'ai vu Jérusalem de nuit, avec mon guide m'expliquant les différents lieux.

C'est le Golgotha qui sera et qui est ma dernière image, juste avant de partir et de rouler jusqu'à bon port, dans le silence.

C'est ainsi que commença cette épopée en coupe d'Europe.

Un peu plus tard j'ai appris que Gervais Martel, lui, avait été au pied du mur des Lamentations pendant l'après-midi.

Au match retour nous gagnons 2-1.

C'est Tel-Aviv qui marque en premier sur un coup franc où je suis mal placé. Il était pour moi celui-là et il nous éliminait. Mais l'équipe a su réagir avec panache et nous avons finalement pris l'avantage en fin de match.

Puis ce seront les Pays-Bas au tour suivant avec le club du Vitesse Arnhem, qui avait une très belle équipe. François Brisson, notre entraîneur, nous avait demandé de mettre un très gros pressing sur la défense adverse. Choix payant avec une victoire 4-1 !

Malgré ce confort d'avance, le match retour sera plus difficile.

Je me souviens m'être fait un nouvel ami, l'attaquant adverse Pierre Van Hooijdonk, international hollandais, grand gaillard s'il en est… mais comment ? Que de délicieux échanges intimidants et virils nous nous sommes partagés réciproquement !

Aussi bien physiquement que verbalement, nous nous étions très bien servis mutuellement, particulièrement sur les corners !

Nous nous sommes croisés plus tard à Monaco de façon impromptue, nous saluant avec un large et franc sourire, tels d'anciens combattants qui savent exactement de quoi ils parlent, sans rien dire.

S'ensuivra la double confrontation avec les Allemands de Kaiserlautern, qui comme nous en 1998 avaient été sacrés de l'autre côté du Rhin. Youri Djorkaeff portait leurs couleurs depuis ce début de saison. Le match aller nous laisse un goût amer terrible, ils gagnent 2-1 chez nous sans avoir maîtrisé de la tête et des épaules mais plutôt avec un réalisme très germanique.

La chose qui reste de ce goût de cendres, c'est que ce sera forcément difficile pour le match retour mais nous sommes malgré tout convaincus qu'il y aura la place de faire beaucoup mieux.

Nous y voilà, mais avant d'entrer sur la pelouse, arrêtons-nous quelques instants juste avant le dîner de la veille du match. Je suis avec mon ami ostéopathe Philippe Bolet, dans une brasserie typiquement allemande pour boire une bière. Vraiment quel délice ! S'ensuivra une séance d'ostéopathie intense dont nous nous souvenons et nous nous remémorons très souvent.

Avant la rencontre, nous avions comme objectif de refaire ce retard des deux buts marqués à l'extérieur. Nous commençons par faire ce que nous sommes, les prendre tout de suite à la gorge, et les deux hommes de cette première période sont Cyril Rool et Joseph-Désiré Job.

Le premier donnant deux passes décisives avec son pied gauche pour le second, notre attaquant, qui a fait un match incroyable.

La première période s'achève et le premier objectif est atteint, le score est remonté, 1-2.

Nous voilà maintenant à égalité parfaite.

Et si nous continuions à bousculer cette grande équipe allemande ?

Et voici que tout repart comme en première période. Mais nos adversaires, dans leur stade, chez eux, ne veulent pas l'entendre de cette oreille. Ils mettent une pression terrible.

Nous ne cédons pas, rien, pas même un tout petit but. Au contraire, après avoir résisté à toutes leurs attaques, nous parachevons notre formidable chef-d'œuvre en inscrivant encore deux buts supplémentaires.

Quel match de coupe d'Europe !

Je me revois encore prendre le temps de visualiser le score final sur l'écran du stade : 1-4 !

Avant de jouer le tour européen suivant, nous connaissons deux éliminations peu glorieuses dans les coupes nationales. Comme nous le voyons chaque année, les exploits sportifs auront toujours leur place. Et heureusement !

Nous sommes à Besançon en cette fin d'année 1999 et la neige a fait son apparition. Le match débute sur un tapis blanc. Nous arrivons à la pause sur le score de 0-0 et je fais le point en tant que capitaine avec monsieur l'arbitre ainsi qu'avec mon homologue.

Le brouillard arrivait, les flocons n'avaient cessé de tomber et j'apercevais à peine de ma surface de réparation le but adverse. En nous projetant sur les 45 minutes suivantes, l'arrêt du match paraissait probable mais je n'ai pas vraiment insisté dans ce sens. J'ai plus pensé aux conséquences de rejouer ce match, retrouver une date, revenir.

Ce match était là, jouons-le donc et ne revendiquons rien, pas nous.

Les conditions étaient les mêmes pour les deux équipes, même si j'avais bien conscience et qu'il était évident de la réduction des différences de niveau à travers ces événements.

La partie adverse a parfaitement défendu ses couleurs.

Il est donc décidé de poursuivre, sous les conditions d'un ballon rouge et de tracer les lignes du terrain de la même couleur.

À la fin du match, je devinais plus mon équipe sur le terrain que je ne la voyais et c'est à ce moment que nous encaissons un but.

Défaite 1-0. Le professionnel que je suis était en rage !

Mais c'est avant tout un magnifique exploit de nos adversaires, ils ont su profiter de toutes ces circonstances et ils ont eu bien raison !

Ce genre de défaite arrive chaque saison et souvent sans l'aide de la météo. Pourquoi ?

Vu de notre côté, nous pourrions débattre de la faute professionnelle par exemple.

Ce qui est vrai dans un certain aspect. Les équipes professionnelles sont prévenues, c'est la hantise des entraîneurs de faire la une de ce côté-là du journal le lendemain.

Mais malgré toutes ces préventions, il y a des rapports de force qui s'équilibrent et cela reste avant tout l'inexplicable de la beauté du sport.

À mon goût, il ne faut surtout pas minimiser la dimension humaine adverse, bien au contraire. Cette solidarité transcende l'ensemble. Simplement parce qu'elle existe autant que la nôtre.

La majorité du temps, l'équipe supérieure arrive à imposer son niveau, mais parfois ce n'est pas le cas.

C'est justement cette saison que Calais a atteint la finale. Quelle dynamique incroyable !

Ce sera le printemps espagnol en ce mois de mars 2000, avec pour débuter un 8e de finale contre l'Atlético Madrid.

Cette découverte du stade Vincente Calderon, la veille de ce match, me fait entrevoir un nouveau visage, celui d'une nation que nous n'avons pas encore rencontrée, l'Espagne.

Ce match fut d'une très grande intensité. Deux hommes ressortent comme d'un duel à distance.

Tout d'abord c'est Olivier Dacourt qui nous a ouvert la route par deux fois, dans une très grande performance internationale de sa part.

Mais en face, il y avait Jimmy Floyd Hasselbaink, lui aussi international hollandais, qui a répondu à Olivier du tac au tac.

Je n'ai d'ailleurs pas très bien réussi à contrer son talent puisque pendant cette double confrontation, il a trouvé la faille à trois reprises sur les quatre buts que nous avons encaissés.

D'un point de vue purement comptable, nous ramenons un superbe résultat 2-2 de Madrid qui nous ouvre toutes les chances de poursuivre notre chemin, mais en regardant de plus près, c'est finalement à regret parce que les buts que nous avons encaissés n'étaient pas assez beaux, ils avaient dans ma bouche ce goût de l'évitable. J'aurais préféré qu'ils soient l'égal de ceux qu'Olivier nous a offerts ce jour-là.

Puis c'est déjà l'heure du match retour. C'est le moment d'entrer sur la pelouse avec un seul objectif, continuer ce que nous avions si bien débuté une semaine auparavant.

C'est le cas, nous ouvrons rapidement le score sur corner par Pascal Nouma qui sera le grand bonhomme de ce match et avec qui nous vivrons tous les deux de façon particulière cette épopée européenne. Ce fut quelque chose de personnel et de très fort.

Lamine Sakho aggrave le score avant qu'Hasselbaink ne marque de nouveau sur coup franc. 2-1 à la pause.

La seconde période ressemblera à la première. Nous marquons le troisième but par Pascal Nouma d'une superbe tête. L'Espagnol Kiko remettra son équipe à 3-2, mais c'est Philippe Brunel, d'une magnifique frappe placée, qui nous donnera l'avantage définitif. 4-2 score final.

Nous voilà, une nouvelle fois, entrant dans l'histoire du club, avec une première qualification pour les quarts de finale d'une coupe d'Europe.

Savourons.

Tout va très vite. Nous sommes le 16 mars 2000, et, pour ce nouveau tour, nous retournons en Espagne, à Vigo contre le Celta.

Ce match aller en Galice, où nous avons fait match nul 0-0, est le match de coupe d'Europe au cours duquel je suis sorti le plus fatigué de toute ma carrière.

Pourtant c'est assez paradoxal, parce que je n'ai finalement pas été excessivement sollicité. Je n'ai pas eu tant de choses à faire, pas de nécessité importante à m'employer.

Mais c'était d'une telle intensité, d'un tel niveau tactique et d'une vraie pression psychologique !

Ce genre de match est des plus délicats pour le gardien de but.

Il faut en effet rester concentré en permanence pour ne surtout pas faire le mauvais geste, celui qui peut être la cause directe ou indirecte d'un tournant de match. Il est bien plus difficile de jouer un match très serré comme celui-ci où très peu d'interventions seront nécessaires, mais déterminantes. Vouloir à tout prix être celui qui sauve tout est une erreur d'approche, la conséquence peut en être terrible.

A contrario, un match où le ballon est touchable souvent, même s'il revient sans cesse, est beaucoup plus libérateur et, sous certains aspects, plus simple à jouer.

Après Vigo, j'avais réellement du mal à marcher pour reprendre l'avion !

C'est l'heure du match retour. Allons-nous continuer cette aventure ?

L'ambiance à Bollaert était énorme, il fallait vraiment le vivre pour se rendre compte de ce qui se passait depuis trois ou quatre ans. C'était une espèce de souffle déstabilisant chaque maillot adverse, quelle que soit sa couleur, son origine.

Le stade n'avait jamais été autant rempli de sang et d'or.

Les résultats étaient là et les adversaires souffraient.

Nous avions des certitudes, certes, mais nous plongeons dans l'inconnu à l'occasion de ce match, match qui sera incontestablement celui d'une personne, Pascal Nouma.

Je lui dédie de façon spéciale ces lignes.

Prenons très simplement ce moment, dans sa globalité.

Commençons par la première histoire, dans cette histoire qui est la sienne.

Tout d'abord je ne trahirai aucun secret d'intimité et donc d'amitié.

Je dirai simplement qu'après de longs échanges, nous avions trouvé ensemble une source de motivation.

Le match est serré, âpre, tendu, comme lors de la première manche.

Puis le Celta ouvre le score à l'heure de jeu, plus précisément à la 56e minute, par Revivo, sur coup franc. Encore un ! Je ne me trouve pas idéal sur le placement, même si c'est un gaucher qui frappe de façon inversée. Largement dans mes cordes, largement responsable.

Les buts à l'extérieur comptant double, en cas d'égalité sur les deux matchs, voilà la pire chose qui pouvait nous arriver.

J'en profite d'ailleurs pour exprimer une idée, mais une idée incarnée. Et ce n'est pas parce que j'ai joué à cette période ni pour dire que « c'était mieux avant ».

Depuis peu, ces buts à l'extérieur ont été abolis et je trouve que cela enlève quelque chose de méritoire. Ce n'est pas la même chose d'être dans son jardin ou dans son canapé et au contraire d'arracher certaines herbes chez le voisin ou de s'asseoir dans son fauteuil.

Je trouve que cela enlève de l'authenticité, c'est comme une espèce de mondialisation de l'exploit. Marquer un but à l'extérieur sera toujours plus difficile.

C'est comme si on enlevait une partie du meilleur goût de ce grain de sel.

Nous voilà donc obligés de marquer deux fois.

Et c'est précisément la beauté de cet instant, de ce match. Il nous faut d'abord revenir au score.

Ce sera le cas à la 62e minute avec un penalty transformé par Valérien Ismaël, plein de détermination.

Voilà l'événement qui fait basculer la partie, nous voulons maintenant nous imposer. Les adversaires se crispent, les échauffourées se multiplient. Le temps avance, il nous presse, il faut impérativement que ce bruit si spécifique, lorsque le ballon caresse les filets, au moment de son entrée dans le but, se fasse juste une fois de plus entendre en notre faveur.

Le scénario est par lui-même idéal et propice à ce que le football nous permet de vivre de plus intense.

C'est à ce moment, la 72e minute exactement, que tout se révèle. Philippe Brunel centre au cordeau pour Pascal Nouma qui reprend en ouvrant son pied droit, à l'image de son cœur, nous permettant de vivre un grand bien, le meilleur ! 2-1.

L'immense tension de cette fin de match est anecdotique, telle l'occasion énorme des Espagnols de revenir à 2-2.

C'est terminé et l'œuvre de Pascal est magistrale, elle est complète, il ne reste plus rien à rajouter, surtout pas. C'est l'heure de profiter de sa production, elle déborde de larmes, d'abord fixées sur lui, premier vainqueur, premier servi, mais également aux quatre coins du terrain.

Ce match fut comme une apothéose, il nous a permis de nous qualifier pour la demi-finale de la Coupe de l'UEFA.

Un peu plus tard, en 2001, quand Bernard Tapie sera revenu à l'OM, malgré la défaite 2-0 à Bollaert, il avait été bien surpris par l'ambiance et avait dit qu'il y avait longtemps qu'il n'avait pas vu quelque chose de ce calibre-là.

Cette fois c'est le dernier carré, la demi-finale. Depuis deux ans, nous sommes dans ces coupes d'Europe (que j'aime tant !) dans une dynamique impétueuse.

C'est le fruit de toute cette construction acquise lors des années précédentes. Le succès à Wembley la saison d'avant nous avait libérés. Parfait, puisque le tirage nous donne de nouveau les Gunners d'Arsenal.

Match aller à Londres, mais cette fois dans l'antre du club : Highbury.

C'est l'occasion d'échanger à nouveau avec David Seaman, nous commencions à nous connaître un peu maintenant, comme des prémices puisqu'un peu plus tard je le rejoindrai à Arsenal.

J'ai beaucoup apprécié ces échanges.

Arsenal avait une très grande équipe.

Nous sommes surpris dans ce match aller le 6 avril 2000, nous prenons un but tout de suite, dès la 3e minute, par Denis Bergkamp. Le ballon est en profondeur, il me manque un léger temps de réaction qui se traduit par un léger retard de cette gestion. Je suis un peu court, l'artiste Bergkamp, lui est pile à l'heure. 1-0.

Ensuite, toute la partie sera très équilibrée. Nous avons de vraies, grosses occasions, la balle s'écrasera sur la barre transversale mais ne rentrera pas cette fois en notre faveur.

Nous défendons très bien et je complète cette réussite en m'employant généreusement et efficacement. Nous ne perdons que 1-0 et gardons toutes nos chances pour le match retour, même si ce but à l'extérieur nous aurait fait beaucoup de bien.

Lorsque le RC Lens joue, c'est l'effervescence, mais imaginez lorsque ce club reçoit une demi-finale de Coupe de l'UEFA. Comment cette passion nous prend aux tripes, tous autant que nous sommes. Le stade vibre à l'unisson, c'est vraiment unique.

Le match retour est serré lors de la première période mais Thierry Henry prend les choses en main et marque juste avant la mi-temps, à la 41e minute, d'une frappe magistrale.

Arsenal gère parfaitement cette deuxième mi-temps jusqu'à vingt minutes de la fin.

Nous ne pouvons pas en rester là, Lens redevient conquérant, le stade s'enflamme et à la 72e Pascal Nouma égalise, 1-1.

Puis dix minutes plus tard, c'est clairement le tournant match, mon ami Pascal a la possibilité franche d'égaliser dans une grosse occasion. Mais, malheureusement, cette fois il ne réussit pas son entreprise habituelle et la balle s'en va hors cadre. À cet instant précis, si le ballon était rentré, c'est sûr que le troisième but n'aurait pas été loin.

Finalement, Arsenal enterre nos espoirs en marquant un second but.

Les regrets sont immenses, encore aujourd'hui, à seulement un match de la finale.

En finale nous aurions joué l'équipe turque de Galatasaray, qui, d'ailleurs, a remporté le trophée aux tirs aux buts.

Avec le recul, ce n'est pas cette déception qui prend le pas, c'est surtout le souvenir exceptionnel de cette aventure.

Mener Lens en demi-finale de la Coupe UEFA, c'est quelque chose ! Le stade a servi à sa pleine utilisation avec ses grands moments de joie, ses échanges avec le public, ses émotions, ses pleurs, cette vibration à l'unisson.

J'en sais beaucoup plus maintenant sur le pourquoi j'aime tant la coupe d'Europe !

Le championnat se termine pour nous et ce sera à la 5e place, nous nous qualifions donc de nouveau pour la coupe d'Europe. Pour une saison de transition, les nouveaux arrivants ont vraiment donné le maximum, c'est une réussite, surtout vu notre début !

Finalement, quelle joie d'avoir fait le vrai bon choix de rester cette saison. Impossible, ne serait-ce que dans mon imaginaire, de pouvoir louper tous ces événements…

Au contraire, cela m'a permis d'avancer davantage avec le RC Lens, de progresser une fois de plus, de façon inédite, dans son histoire.

Ce dont je suis très fier aujourd'hui, c'est d'avoir fait plusieurs choses.

Celles qui viennent d'être décrites, que personne n'avait encore faites, mais que justement, personne ne pourra plus jamais faire le premier.

Être en quelque sorte, comme ce 8 août 1786 où les premiers alpinistes, messieurs Balmat et Paccard, ont franchi pour la première fois les 4810 mètres du Mont-Blanc.

Faire partie de ceux qui ont ouvert la voie pour le club sied à mon bonheur.

Mais ce que j'espère avant tout, vraiment du fond du cœur, comme un appel, c'est, de mon vivant, pouvoir être présent dans le stade le jour où toutes ces œuvres seront dépassées.

11.
MES AMIS DU MONDE

À mes débuts à Lens, entre le stade et la maison, se situait Éleu-dit-Leauwette, un petit village avec son bureau de tabac, ses journaux. C'était très pratique pour moi, proche de Bollaert.

Forcément, le taux de supporters était très élevé dans le coin. J'étais jeune et un peu timide mais il n'a pas fallu longtemps avant que je fasse connaissance avec les gens.

D'ailleurs, un jour, un monsieur qui s'appelait Adrien, un ancien, avec une petite moustache, fan de tiercé, qui est décédé aujourd'hui, m'a demandé s'il pouvait m'offrir un verre.

J'ai dit d'accord et j'ai pris un Vittel-cassis, m'asseyant à sa table. Nous avons parlé chevaux mais attention, pas d'une façon artistique émotive subjective, c'était plutôt un test hippique sur mes connaissances.

Chance pour moi, quand j'étais à l'armée, avec ma fameuse chambrée, nous achetions assez régulièrement les journaux spécialisés comme *Paris-Turf* pour tenter de décrocher les fameuses combinaisons, qui n'arrivaient jamais. Mais cela avait eu le mérite de me faire comprendre et connaître les rouages du monde des courses hippique.

À partir de ce jour, à la suite de cet interrogatoire, ayant donc montré patte blanche, chaque mardi et vendredi, je venais boire mon Vittel-cassis et jouer avec lui, aux différentes couses du jour, tiercé compris. Mais ne nous méprenons pas ! Ne mélangeons pas tout, tout ceci était très sérieux.

Quand j'entrais dans le lieu, je n'étais pas le joueur de football qui venait là pour faire des photos, surtout pas !

Il fallait du calme pour être très studieux, chaque moment était une possibilité de valider nos études. Bon, force est de constater que j'ai mieux gagné ma vie par mon travail…

Il nous arrivait tout de même de gagner quelques modestes émoluments qui servaient à payer les tournées d'apéros avec mon Vittel-cassis !

Mais pas d'interférence tout de même, il y avait donc autant de monde dehors que dedans.

À l'intérieur, vous avez tous bien compris, tout est clair pour tout le monde ! Alors !

À l'extérieur, c'était pour le joueur de football ! Discussions, photos et autographes !

J'ai toujours eu de très bonnes relations avec les supporters de Lens et les gens de la région.

Je les salue chaleureusement, ils resteront toujours dans cœur, je ne les oublie pas même si quelques fois c'était un peu compliqué en famille d'aller faire mes courses, moi qui ai toujours aimé choisir mes produits discrètement.

J'ai tout de même perçu rapidement l'importance de prendre le temps, autant que possible, de discuter avec tous, peut-être grâce à mon éducation et mon caractère bien sûr.

Dans ce sens, de façon différente, j'ai sympathisé avec *mémé de Lens,* Mme Bernardette Ladent. C'est à la suite de plusieurs lettres reçues de sa part que je suis allé la visiter chez elle. Très grande supportrice, elle-même vivait une situation de santé délicate, en plus d'événements douloureux dans sa famille. De ce jour s'est créée une vraie amitié profonde. Ses enfants sont venus me rendre visite en Bourgogne et même jusqu'en Allemagne.

Dans un tout autre registre, je pense à la maison d'enfants, l'orphelinat de Douai, à M. Capron que j'ai contacté du jour au lendemain, à tous ses collaborateurs, collaboratrices ainsi qu'à toutes les personnes qui s'occupent des enfants en très grande difficulté.

Que dire de ces moments partagés, qui ont été tellement intenses, chargés de joie et d'émotion.

J'aurais voulu qu'ils durent toujours, parce que pendant ces instants, ces enfants étaient mes fils et mes filles, j'étais leur frère et ils pouvaient compter sur leur meilleur ami.

Ce qui me rendait profondément heureux, ce qui résonnait en moi comme la meilleure aide à l'estime d'eux-mêmes, c'est de savoir que dans la cour de récré, lorsqu'ils allaient à l'école, ils pouvaient de façon certaine avoir quelque chose que personne d'autre n'aurait jamais.

Ils pouvaient dire : « Aujourd'hui je reçois le gardien de but du RC Lens, je vais discuter, avec lui, il va m'aider à faire mes devoirs assis à côté de moi. Nous allons pouvoir manger, jouer au football tous ensemble et en plus je vais aller le voir jouer dans le stade. »

Cette cause de l'enfance est incontestablement ce qu'il y a de plus sensible en moi, c'est comme le sommet de ce qu'il existe de plus précieux.

C'est d'abord dû à ma nature mais surtout comment elle a été incarnée en cette période de ma vie, de façon déterminante, en bien.

Je connais cette valeur absolue.

J'ai souvent eu sur le chemin du retour, dans ma voiture, les yeux mouillés. Je transposais leurs vies avec celles de mes fils.

J'ai toujours cherché la raison de cette racine du mal en direction de ces innocents.

Je ne l'ai toujours pas trouvée mais ma détermination contre le pire de la nature humaine n'a pas diminué. Elle se mesure à la hauteur de ce don gratuit de l'innocence, qui est donné à chaque être humain.

Ma détermination envers les enfants est et sera toujours intacte, semblable à celle d'un valeureux chevalier portant son épée juste au-dessus de leurs vies, protégeant leurs rêves et la pureté de leurs corps. N'hésitant à aucun moment, par cette lame d'acier trempée, à couper ce qui pourrait ne serait-ce qu'effleurer, venir teinter la couleur de leur peau. Ne voulant absolument laisser aucune chance aux preneurs de rêves, à ces « ôteurs de vies ». Enfonçant la pointe de ce glaive de justice jusqu'à la garde dans le cœur de cette armée la plus sombre.

Deux personnes, une rencontre.

Voilà qui caractérise parfaitement mes deux amies Madly et Laurence. La première, supportrice depuis les années 1980, m'a vu arriver en 1992.

Quant à la seconde, c'est le 11 novembre 1998 qu'elle bascula définitivement en sang et or.

C'est à travers le lancement de mon site Internet officiel, en avril 2000, avec Jérôme et Nicolas, que je salue, que les premiers contacts ont eu lieu.

Plus tard les choses ont avancé avec un tchat où… j'étais en retard…

Grâce à moi donc, ces deux dames ont commencé à papoter Racing en m'attendant. Des liens d'écriture ont commencé à se faire.

Puis tout a basculé lorsque Laurence a convaincu Madly de venir voir un entraînement pour la première fois, puis de se présenter à moi.

De là, une certaine régularité s'en est suivie, jusqu'au jour où Nicolas, qui s'occupait de la gestion, a dû stopper, en juin 2001.

N'ayant pas de grandes compétences à cette période sur la connaissance de ce monde de réseaux sociaux qui arrivait, j'ai simplement vu en ces deux personnes les plus assidues, que ce soit sur le site et de visu aux entraînements, la réelle possibilité de prendre la suite.

Pour aller davantage dans ce sens, toutes les deux étaient très qualifiées pour assumer ce poste. C'est d'abord à Madly que je l'ai demandé. Madly qui, avec un peu d'appréhension mais entourée de Laurence, s'est lancée dans l'aventure et a pris les commandes.

Depuis, c'est un voyage Londres et dans son métro pour venir me voir jouer un match de l'équipe réserve, s'asseyant à côté d'Arsène Wenger.

Un autre à Dortmund et son ambiance de dingue (selon leurs mots) !

Monaco et l'intronisation du Prince Albert.

Mâcon dernièrement.

À chaque événement de ma vie, nous nous retrouvons pour continuer l'aventure de l'amitié.

Mesdames, c'est génial, vraiment chapeau et surtout merci !

Je pense à mes amis d'enfance Jérôme Narcisse et Gilles de Bonis.

Le premier défenseur, stoppeur exactement ; pas de hasard ! Maintenant avec ses gants de boxe et sa remarquable reconversion du côté de Sète.

Le second milieu de terrain avec son flegme... italien. *Tchouk* en souvenir de notre enfance et de notre adolescence.

Avec eux c'est toute l'équipe et les amis de Blanzy que je salue.

J'aime beaucoup le rugby également.

Lorsque je jouais à Lens, ma mère était présidente d'un petit club, Saint-Firmin, situé près du Creusot, en Bourgogne.

Le monde du rugby est très familial, de nombreuses connaissances se sont nouées. C'est comme cela qu'il m'est venu l'idée d'aller voir des matchs du tournoi des Cinq Nations, à ce moment.

Avec Micka Debève, qui avait fait ses armes à Toulouse, et aimait le rugby, nous avions attiré Vladi Šmicer qui ne nous parlait que de hockey sur glace et ne connaissait pas du tout ce sport, pour une petite aventure dans le monde du ballon ovale, qu'il nous faut démêler.

Dès que possible, nous regardions toujours quelles solutions nous avions pour assister à des matchs du tournoi des Cinq Nations ou à ceux de la tournée de novembre, en France.

Pour la tournée, en plein cœur de l'automne, c'était compliqué car le calendrier était plus serré.

Mais au moment du tournoi il y avait plus d'occasions. Il fallait que tout tombe parfaitement bien, que nous jouions la veille pour pouvoir espérer être présents pour le coup d'envoi le lendemain après-midi.

Ce fut le cas le 15 février 1997, nous voilà donc tous les trois dans le TGV, en route pour un France-Pays de Galles au Parc des Princes dont nous ne savions pas encore qu'il allait être de grande mémoire !

Les Français nous offrent une victoire 27-22 de toute beauté. Il faut impérativement boire une bière à la hauteur de ce moment.

Quand il y avait un match de rugby au Parc, les bars jouxtant le stade installaient sur la rue, sur la route, une sorte de comptoir, un bar continu, fermant quasiment la porte de

Saint-Cloud qui prenait l'allure d'une terrasse géante pour savourer, de tous bords, la fameuse troisième mi-temps.

Nous voilà déportés à la hauteur du bar des Trois Obus, nous étions plutôt dans un contexte rouge de Galles, savourant notre bière, demandant à Vladimir son impression sur le jeu, ce qu'il avait perçu, entouré de cette ambiance très festive du rugby.

Puis voilà qu'en passant quelques patriotes tricolores reconnaissent les footballeurs que nous sommes. Ils s'arrêtent, nous discutons et ils nous offrent une tournée.

C'est exactement à cet instant que la poudre est tombée du baril. La traînée a commencé à se répandre gentiment avec les verres que ne se vidaient jamais.

Puis notre présence s'est installée même chez nos adversaires du jour, sortant de leurs gorges ces chants magnifiques venus de leur terre.

Les choses sont montées d'un cran dans le partage de houblon, avec nos adversaires du soir. C'est pourquoi nous avons décidé de faire… une mêlée !

Si si c'est bien vrai. Gentiment bien sûr, avec un arbitre fictif et un ballon, mais une vraie mêlée s'est constituée.

Il y a peut-être mieux encore puisque l'idée se porta ensuite sur un autre point essentiel du rugby : la touche ! Elle était pour nous, avec un alignement de 8 par équipe.

Et là je peux le dire maintenant, j'ai peut-être une carrière enfouie au fond de moi… Le lanceur ne se trompa pas en me visant, évidemment les Gallois n'ont rien compris, me voici porté dans les airs par mes partenaires uniques de ce jour seulement, récupérant le ballon au-dessus de tous, en plein cœur de Paris.

Ce moment scelle notre victoire pour la tournée, mais générale cette fois.

Quel moment, c'était une ambiance folle, que de rires, que le sport est beau quand il est partage de vie !

Me voici revenu les pieds sur terre, me souvenant tout à coup que nous étions censés prendre le train du retour en début de soirée pour rejoindre la gent féminine dans un restaurant.

Au moment de ce constat, je regarde ma montre et je dis à mes deux ailiers Šmicer et Debève qu'il est possible que soyons en retard. Nous arrachant donc tant bien que mal à cette mi-temps si spéciale, nous réussissons à plonger dans un taxi. Arrivant tout joyeux à la gare du Nord, nous constatons que les deux feux rouges de notre TGV nous regardent et s'échappent de plus en plus du quai de la gare, nous sommes plaqués.

Nous réfléchissons à présent à une nouvelle combinaison.

Nous pensons avoir trouvé la solution : « Nous voulons aller à Arras, s'il vous plaît. »

Le chauffeur de taxi se retourne et nous dit : « D'accord, mais c'est dans quel arrondissement ? »

Magnifique instant de joie où nous lui expliquons qu'il y aura finalement un peu plus de route que prévu. Nous lui racontons toute l'histoire, et il décide instantanément de poursuivre notre aventure.

Tout au long du voyage, il y avait cette légère brume qui n'était pas sans rappeler celle qui était autour de nous trois.

Notre pilote était forcément très heureux de sa soirée, validant notre essai, en nous déposant avec un léger retard, dans l'en-but.

Nous ferons le Grand Chelem cette année-là en allant battre les Irlandais et les Anglais chez eux, parachevant cette magnifique épopée par le sacre de ce 15 mars contre l'Écosse, 47-20, le capitaine Abdelatif Benazzi déposant le ballon d'en l'en-but juste devant moi.

Je dis nous, parce que plus tard lorsque, je serai à Arsenal, j'ai tissé des liens avec les internationaux Thomas Castaignède et Christian Califano qui étaient de ce Grand Chelem 1997.

J'en profite pour saluer chaleureusement mon ami René Lacaze.

Dans un autre, tout autre registre, je me suis retrouvée dans une gentille bataille de clochers, très française, après notre déménagement en 1999 dans le village de Wanquetin à côté d'Arras.

Mais avant faisons un détour par le stade avec Mathieu, mon fils aîné qui a six ans à ce moment-là.

Il joue au football au club du village comme attaquant central.

C'est un samedi de match.

La partie est serrée, 0-0, quand tout à coup un défenseur adverse dégage le ballon de toutes ses forces sur le genou de Matthieu. Le ballon ricoche et s'en va finalement rouler dans le but.

Il lève la tête, il regarde et prend quelques instants pour voir si c'est bien vrai.

C'est son premier but ! Comment ne pas s'en souvenir, il était tellement heureux qu'il a couru partout ! C'est le but de sa carrière !

Quelque temps après notre arrivée, une grosse entreprise spécialisée voulait construire une porcherie industrielle dans ce charmant village.

Cette idée commença un peu à diviser les habitants, les uns pour et les autres contre, comme toujours. Nous revoilà donc revenus au temps de Don Camillo.

N'ayant pas du tout eu vent de cette histoire, je vois un jour monsieur le maire et son adjoint, mon voisin Léon, débouler sur le pas de la porte, m'expliquant que je venais d'acheter une très jolie maison, que si je devais prolonger l'aventure dans la région pendant longtemps, ou même si je devais partir et la vendre, ce serait très moyen d'avoir une telle structure dans le voisinage.

Ce qui était vrai, pour le coup.

Ils me disent que « les élections municipales arrivent, nous vous mettrons sur notre liste ». « Liste ? » répondis-je. Ils m'expliquèrent que pour asseoir cette idée de construction, la personne souhaitait devenir maire du village et avait donc constitué une liste également.

C'est donc de cette façon, un peu malgré moi, que je suis arrivé sur la liste de monsieur le maire sortant. Cela a un peu fait le « buzz » !

Même les télévisions sont venues voir le jour où je suis devenu conseiller municipal.

Les gens voulaient simplement le meilleur pour leur commune.

Ce fut une expérience géniale !

Je n'ai rien gagné avec Lens en 2001 mais j'ai été élu du peuple !

D'ailleurs ce cher Léon, voisin de quelques mètres, adjoint au maire comme il n'en existe presque plus, tellement heureux de notre victoire, m'invita à prendre l'apéritif.

Mon père Robert était venu me rendre visite à cette période. Nous voilà donc assis ensemble à boire un, puis deux verres d'anis spécialisé… pas plus, vraiment… C'est en traversant la rue que nous nous sommes rendu compte que nous étions très, très joyeux.

Nous avons toujours pensé et nous le pensons encore, que dans ces deux verres il y avait des substances illicites…

Avec les anciens de Lens, nous avons toujours des contacts.

La vie évolue, chacun suit sa voie, mais les nouvelles sont plus présentes ces dernières années.

En juin 2022, Gervais Martel nous a appelés pour jouer un match à Calais au profit de l'association qu'il préside, *La Chance aux enfants*.

Nous étions très heureux de battre le Variétés Club de France !

Nous avons d'ailleurs un souhait, c'est de faire vivre davantage cette identité d'anciens du RC Lens, toutes générations confondues. L'objectif est de se retrouver avec des actions concrètes en bonnes œuvres.

Justement, le 6 juin 2023, nous nous sommes à nouveau retrouvés, à Bollaert cette fois, et nous avons battu une sélection de l'UNICEF dans un match organisé également dans le cadre du 25e anniversaire de notre titre.

12.
UN NOUVEAU CYCLE AVEC UNE IMMENSE DÉCEPTION

Lors de l'été 2000, notre entraîneur François Brisson, malgré une remarquable saison, renonce à poursuivre l'aventure. Le club décide alors d'engager Rolland Courbis.

Je suis en vacances du côté de Monaco lorsque cela arrive. Assez rapidement, je reçois un message de Rolland me demandant de le rappeler pour convenir d'un rendez-vous. Nous sommes donc à Monaco tous les deux et il me dit : « Écoute, j'ai envie de changer un peu les choses, en ce qui me concerne je souhaite partir avec Sébastien Chabbert comme gardien de but numéro 1. Si tu as l'occasion de partir, tu peux. Si ce n'est pas le cas, tu as un contrat, nous travaillerons ensemble, pas de soucis. »

Autant dire qu'après ce rendez-vous, ce sont devenues les pires des vacances !

Évidemment, j'ai été surpris du choix de Rolland. J'ai donc immédiatement réfléchi et commencé à discuter avec mon agent. Pas de vent de panique, je venais de prolonger, avec encore deux ans de contrat, mais nous décidons que si l'opportunité se présente, nous étudierons tout cela de très près.

Les vacances se passent bon an mal an, j'ai quelques touches, le Celtic Glasgow et Rennes se manifestent notamment, mais pour diverses raisons, rien n'aboutit.

Quelques jours avant le premier entraînement, je rappelle Roland et lui dis que finalement, je rentre à Lens pour la reprise. « OK, pas de problème », me dit-il.

Me voici donc à l'entraînement, comme d'habitude mais avec des circonstances inhabituelles. La différence, et c'est une première, est qu'après la préparation il est décidé que je ne jouerai pas.

J'encaisse ce coup qui fait mal mais sans jamais accepter ce nouveau statut. Je ne veux rien céder, je décide donc en secret avec moi-même de reprendre ma place à la régulière. Je suis dans la peau de celui qui a tout perdu mais, comme je l'ai toujours fait, je vais me préparer et me remettre en question en profondeur. Je demande le calendrier des semaines à venir avec comme objectif, chaque jour, deux idées claires, simples :

- Être le premier avant l'heure prévue de chaque séance, devant mes concurrents ;

- Être concrètement le meilleur à l'entraînement en gagnant tous les exercices, jeux, parties jouées et matchs officiels.

Je décide également de conserver ma bonne humeur.

Tout se lance à présent. Je suis mon programme au millimètre. Tout se met en application et je concrétise tout cela par de très bons matchs amicaux. Mon meilleur match en cette période reste en 3e tour de la Coupe Intertoto, contre les Allemands de Stuttgart.

Je ne disais rien mais je me rendais compte par mon attitude, mon expérience et mes performances que je dégageais une forme de leadership qui avait un réel impact.

C'est ainsi qu'arrive la semaine précédant le début du championnat à Nantes.

Pour être tout à fait honnête, je voyais bien depuis quelques jours que les entraîneurs commençaient à se gratter la tête à mon sujet.

Il fait beau en cette veille de déplacement pour le premier match de la saison. Je vois mes deux fils jouer près des supporters présents, heureux de retrouver leur équipe. L'entraînement se termine et je pressens quelque chose.

Didier Sénac me dit que Rolland Courbis veut me voir dans son vestiaire avant de partir. Je rentre donc dans son bureau avec mon fils aîné Matthieu. Rolland, avec son accent marseillais, me dit : « Gus, je ne saurais comment te le dire, mais ces dernières semaines, tu gagnes tous les petits jeux, tu commandes ta défense comme je le souhaite. Tu as été bon. Le meilleur aujourd'hui c'est toi, donc demain c'est toi qui vas débuter, qui vas jouer. »

Je remercie Rolland de deux choses.

La première, c'est son honnêteté de m'avoir dit les choses sans fard, dès le départ.

La seconde, c'est d'avoir reconnu mon investissement total, tout ce que j'ai pu produire dans cette zone de vérité qu'est le terrain pour reprendre ma place de numéro1. Il aurait très bien pu rester sur son idée première, mais il a choisi de me faire jouer de nouveau.

Le plus beau compliment qu'il m'ait fait publiquement était de dire que je ressemblais par mon jeu à ses yeux, à Georges Carnus. Merci.

Cette situation a eu également un double bénéfice.

Tout d'abord, par cette prise de position initiale de Rolland, mon statut a été détruit dans le sens où il me fallait repartir de zéro, comme un nouveau joueur qui arrivait au club. Sauf que j'avais déjà de bons repères. J'ai donc fait une préparation extrêmement poussée dans une détermination inhabituelle, avec comme visée cette place, ma place.

La seconde, c'est que d'un point de vue club, cette concurrence permettait d'avoir deux gardiens de but plutôt bons, très bons même et surtout prêts !

Finalement, je découvrais Rolland avec toute sa verve et cette rhétorique si spécifique. Je me souviens très bien de cette première causerie, vraiment un pur délice, merci !

Le début de saison est tonitruant, exceptionnel, nous gagnons 0-2 à Nantes puis nous enchaînons et remportons quatre des six premiers matchs.

Forcément, l'effet positif de ce début de saison nous donne matière à espérer mais c'est une claque que nous prenons à Lyon au mois de septembre. Personne ne se relèvera vraiment de ce revers 3-0 à Gerland. Malgré toute notre bonne volonté, la barre aura bien du mal à se redresser.

Tout à coup les choses se crispent un peu et des tensions arrivent au sein de l'équipe. Rolland a tenté beaucoup de choses mais cela n'a pas fonctionné comme prévu.

L'intégration des nouveaux comme Diouf, Fuertes et Sibierski s'est bien déroulée dans l'ensemble, même pour Antoine qui arrivait de Lille.

L'ambiance est restée très bonne chez les gardiens. Avec Sébastien Chabbert, nous nous sommes toujours très bien entendus. Notre métier est si spécifique, il y a une atmosphère tellement à part.

Finalement, cette situation aura raison de Rolland sur le banc en ce mois de février 2001.

C'est Georges Tournay qui est un homme du terroir, du sérail, qui lui succédera.

Le monde étant petit, nous nous rappelons évidemment mes débuts en professionnel, avec lui à Louhans. Il a apporté sa vision du jeu, sa vision personnelle, ses idées.

Cela n'a pas été simple non plus, après quelques craintes justifiées par des spirales de défaites, nos résultats nous permettent de prendre les points nécessaires à notre maintien.

J'ai deux fiertés à revendiquer durant l'ensemble de ma carrière de footballeur.

La première, c'est que je ne suis jamais descendu à l'étage inférieur avec un club. Pourtant, quelques fois, que ce soit à Louhans et à Lens, cela a été très chaud. Le rasoir sera passé tout de même très près !

La seconde, plus personnelle, c'est de ne jamais avoir reçu de carton rouge. Limite une fois… Mais pas de VAR, donc pas vu pas pris…

Au classement, cette saison un peu chaotique se termine à la 14e place sur 18. Elle est insatisfaisante bien sûr mais, paradoxalement, nous finissons avec la 6e meilleure défense du championnat.

Cela n'apporte rien de plus, simplement la confirmation d'une réussite collective dans un « savoir bien défendre ensemble » qui nous est toujours beaucoup plus sensible à nous les hommes composant la défense, particulièrement les gardiens de but.

Un nouveau changement s'opère au sein du club lors de l'été 2001 puisque Joël Muller arrive à la tête de l'équipe à la suite de Georges Tournay, qui était là pour assurer l'intérim.

Joël Muller, c'était bien sûr l'entraîneur du FC Metz lors de nos victoires en 1998 et 1999.

Il avait fait du bon travail avec les Grenats, rien à dire à ce sujet. Si je voulais être désagréable, je dirais nous avions besoin d'un manager encore d'un niveau supérieur, d'un entraîneur vainqueur.

Les précédentes expériences nous montraient toute la difficulté à trouver une stabilité à ce poste.

C'est pourquoi je pense donc qu'il fallait peut-être un entraîneur étranger.

Joël Muller était réputé pour son travail à Metz et nous avons fait, malgré tout, un peu de chemin ensemble.

Pour cette saison 2001/2002, Mickael Debève, Jean-Guy Wallemme et Yoann Lachor sont de retour dans l'effectif tandis qu'Éric Sikora et moi-même sommes toujours présents pour défendre nos couleurs.

Curieusement, la saison commence sur des chapeaux de roue. Le retour de ce noyau ramène un savoir-faire, une attitude, des complicités, des valeurs communes, des automatismes. Toutes ces choses ont un impact sur le terrain. C'est une déviation vers le passé, qui nous permet de mieux nous ramener et d'avancer dans une liberté retrouvée dans le jeu.

J'ai pris un plaisir incroyable à jouer lors de ces six premiers mois, il y avait un parfait mariage entre les anciens et les nouveaux, qui jouaient bien et marquaient des buts !

Je me souviens d'un 7-0 contre Bastia, le 28 novembre 2001 à Bollaert. Dans ce cas, je fonce saluer le confrère d'en face. Je veux d'abord le respecter en lui serrant la main, parce que je sais exactement ce que c'est que d'être ainsi déchiqueté par le bruit incessant des filets qui tremblent.

Nous terminons logiquement champions d'automne et nous sommes premiers à la trêve de décembre.

Puis, survint le décès de mon grand-père en janvier 2002. Ce fut le premier décès important de ma famille et il a été un marqueur très fort de difficulté et de douleur.

Ce qui m'a profondément affecté, c'est que je n'ai pas trouvé tout de suite de sens à ce décès, c'était une partie de moi-même qui s'arrachait de façon brutale. J'ai pu assister aux obsèques. C'était un beau moment.

Joël Muller m'avait laissé le choix de jouer ou pas lors du match suivant à Sochaux.

La fierté de mon grand-père, c'était ce cadre visible en entrant chez mes grands-parents, où je suis avec un maillot vert levant les bras.

J'ai bien sûr joué ce match en serrant les dents et nous avons gagné.

J'ai souhaité que la vie totale prenne le pas sur la partie morte.

Mon grand-père, je ne l'ai jamais vu se mettre en colère, c'était une bonté d'âme incroyable. Il était le genre d'homme que les gens venaient chercher tout le temps, car il savait tout faire de ses mains ! Il réparait les voitures, il faisait le jardin, il allait à la mine.

De bon cœur, en chantant, il aimait aller aider les personnes. J'ai eu cette chance d'être dans ce monde-là, d'avoir autour de moi de bonnes personnes, gentilles, qui en plus donnaient de leur temps gratuitement. Certaines de mes qualités viennent sûrement de cette transmission-là.

Il était également très proche de la nature aussi. Il aimait beaucoup les oiseaux.

Il m'a transmis ce goût et d'ailleurs j'en profite pour faire un petit clin d'œil à un insecte que j'apprécie particulièrement. C'est la coccinelle.

Une coccinelle, c'est un insecte rare, étonnant et unique. Elle a une sorte de perfection en tout. Quand elle ouvre ses ailes juste au-dessus d'elle-même, avec sa façon si gracieuse de s'envoler, puis lorsqu'elle les replie à son arrivée. Tout est si précis, si bien dessiné, si bien agencé.

Elle ne fait jamais de bruit, comme c'est agréable, en plus d'être utile en se nourrissant de parasites. Pour finir, l'artiste s'est même permis le luxe de poser sur cette magnifique carrosserie le plus souvent rouge fragile des petits points noirs espiègles.

Elle porte bien le nom populaire qui lui est attribuée, la bête à bon Dieu.

Revenons à notre place, en tête du championnat.

Tout comme l'ensemble de mes partenaires, je veux être champion de France et je suis persuadé, certain, que nous allons le faire de nouveau.

Les victoires s'enchaînent jusqu'en mars.

Hélas, en ce printemps il y a comme une crispation générale et les solutions deviennent tout à coup difficiles à trouver. Ce ne sont pas des difficultés de vestiaire majeures venant de tensions entre nous, au contraire, nous sommes tous tournés à l'unisson vers cet objectif.

Il faut nommer les choses, la première vient de la peur de gagner, celle de tout perdre.

En effet, nous nous sommes emparés de la tête du classement dès la 11e journée le 20 octobre et ce jusqu'à ce jour.

Nous avons compté jusqu'à huit points d'avance au soir de la 24e journée.

Puis entre la 29e et la 32e, nous n'avons pris que deux minuscules points en concédant deux défaites.

C'est pourquoi en ce lundi 29 avril 2002, j'ai provoqué une réunion avec le président et l'entraîneur, parce que nous devons nous déplacer en fin de semaine, le samedi 4 mai, pour la dernière journée de championnat.

Nous sommes premiers avec seulement 2 points d'avance. Le titre de champion de France va se jouer à Lyon, contre l'OL qui est second.

C'est la magnifique histoire du sport dans son essence.

Nous avons une certaine expérience sur le fait de comment savoir gagner des trophées maintenant.

Nous sommes donc dans le bureau et le but de ce moment, en tant que frontalier familialement de la région Rhône-Alpes, est d'exprimer ma crainte venant des échos que j'ai eus du côté de Lyon, quant à l'effervescence que génère cette rencontre finale.

Je dis simplement que si j'étais supporter lyonnais, je me renseignerais sur les lieux où seront les Lensois pour les perturber, pourquoi pas faire le cirque autour de leur hôtel en pleine nuit, parce que c'est de bonne guerre. Je propose donc d'aller dans ma Bourgogne, partir pendant deux jours au calme pour préparer cet événement si unique puis d'aller à Lyon qui n'est qu'à trois quarts d'heure de route, uniquement pour le match.

Ma requête n'a pas été entendue ni retenue, Joël Muller balayant cela d'un revers de main.

La décision est donc prise de partir simplement la veille, pour jouer un match de championnat classique, dans un hôtel quelconque, au centre de Lyon.

Je réussis malgré tout, tant bien que mal, à m'endormir à la veille de ce grand match quand tout à coup, à deux heures du matin, je me réveille en sursaut. M'extirpant douloureusement de mon sommeil… Je ne suis pas sûr, mais on dirait… des chants.

Ce sont bien des chants et ils sont à peu près un millier de supporters de l'OL à faire sortir de leur cœur leur amour pour leur équipe. Les Lyonnais ont encerclé l'hôtel, ils sont bien là ici chez eux et ils ont bien raison de nous le faire savoir.

Ils font exactement ce que le terme supporter désigne ; du latin *supporto* : *Soutien, appui, sur quoi repose le poids de quelque chose.*

Ils font donc ce qu'ils doivent pour aider leurs protégés à prendre tout le temps d'avance.

Ce moment est comme un message pour que nous puissions bien réaliser, comprendre, qu'avec leurs fumigènes, nous avions mis les pieds sur une terre qui va prendre feu et brûler tout ce qui n'est pas d'elle-même.

Les gyrophares bleus de la police viennent colorer l'odeur de cette nuit tragique.

Nous sommes tous réveillés, impuissants, brûlant de l'inutile, laissant suinter notre acuité, émiettant notre énergie si précieuse, debout dans les couloirs de l'hôtel.

L'effet escompté a eu lieu et bien plus encore, nous sommes allés, par l'enfermement d'un seul, nous mettre dans la gueule de ce Lyon.

Cette tragédie maintenant annoncée depuis de longs mois prend sa forme habituelle dans sa répétition. Elle m'est étrangère, elle n'habite pas en moi.

C'est comme un monde parallèle qui est arrivé et dont je ne sais comment m'accommoder.

Tout était maintenant terminé avant d'avoir débuté.

La préparation de ce dernier match est à l'image du match lui-même.

Derrière, tout s'enchaîne et tout découle de cette origine.

Nous arrivons au stade, c'est l'heure du rendez-vous d'avant-match entre les capitaines et les présidents, entourés des officiels et de messieurs les arbitres. Sonny Anderson et Jean-Michel Aulas sont présents et comme nous tous, très motivés.

Le match débute. Puis au bout de quelques minutes, Sidney Govou frappe au but, il en a réussi des beaucoup plus puissantes et encore plus jolies mais, de façon inattendue, inhabituelle, mon pied droit se dérobe, je glisse et c'est l'ouverture du score.

Les Lyonnais doublent la mise seulement quelques instants plus tard. Nous sommes à la 14e minute, 2-0. Il y a tout qui va mal.

Jacek Bąk nous redonne l'espoir et nous rentrons à la pause menés 2-1.

C'est le retour pour les 45 dernières minutes de la saison, pour son verdict dans ce final unique, historique dans le Championnat de France de football professionnel.

L'espoir est repris parce qu'un seul petit but nous suffit pour faire match nul et arracher le titre.

Nous jetons nos dernières forces dans la bataille finale.

Mais, comme un symbole malheureux, c'est Pierre Laigle, le Lensois devenu Lyonnais, qui frappe au but. Le ballon ricoche sur son ancien partenaire et capitaine, Jean-Guy, donnant une trajectoire bizarre en me lobant, comme au ralenti.

3-1 score final.

Le titre est perdu.

C'est un drame, je suis dévasté. Comment ce qui est à moi ne l'est plus ?

En scrutant le final, Lyon a réussi exactement à reproduire la même performance, dans un schéma différent, que celui que nous avions réalisé en 1998.

Pire pour nous… Parce qu'ils partaient d'encore plus loin. Cette peur a été contagieuse, dévastatrice tel un virus propagateur inhibant.

Il ne fallait plus être frileux et trembler jusqu'au sol, mais plutôt être audacieux et espérer jusqu'au ciel. Il fallait être certains et conquérants.

D'ailleurs, après toutes ces années, quand j'ai l'occasion de discuter avec les Lyonnais vainqueurs, ils sont unanimes pour me dire qu'ils pensaient, avant d'espérer, que ce titre de champion de France était plié depuis longtemps en notre faveur.

JE suis le premier responsable, autant que mes partenaires.

Avec un bon appui, une non-glissade…

Une occasion immanquable transformée en but…

Une simple victoire de plus…

Mais ce serait oublier l'essentiel.

Joël Muller porte cela, avec ce nouveau titre perdu pour lui, dans un contexte exactement similaire et semblable en tout à celui de 1998 vécu contre nous.

Mais ne nous trompons pas, ce sont bien les Lyonnais qui sont allés chercher le titre de champions de France. Ils méritent cet exploit parce que l'ouverture de la porte n'était pas minuscule, elle n'existait pas. Ils se sont persuadés, ils ont prié, ils ont tout donné et se sont promis entre eux d'aller chercher l'impossible, quel chemin !

À cette suite, ils se sont d'ailleurs taillé un destin choisi magnifique, une cascade de titres de champions. Bravo à eux !

Clin d'œil à Greg Coupet.

Pensée spéciale pour M. Aulas, avec lequel je n'ai jamais eu de lien particulier. Vous avez marqué le football français de votre empreinte et pour longtemps.

C'est incontestablement la plus grande déception de ma carrière.

Elle se situe bien avant la finale de Coupe de France perdue contre Paris et la demi-finale contre Montpellier.

Cela aurait dû être le deuxième titre ramené à Lens en quatre ans, quelle immensité pour le peuple lensois.

Lorsque ce genre de situation se présente, il ne faut jamais rater sa chance.

Quand c'est le cas, comme ici, les regrets sont pour toujours, éternels.

Après, remettons en perspective ce qui doit l'être. Ce n'est que notre football, celui que nous aimons tant, celui du jeu, mais c'est un titre que Lens et moi-même ne gagnerons plus jamais.

À la suite de cet épilogue tragique pour les Sang et Or, les désaccords avec les dirigeants ont commencé.

En effet, le président et Joël Muller diront que la deuxième place leur convient finalement parfaitement bien. Ce qui est vrai pour la vie du club, mais ils ajouteront qu'ils préféreraient être neuf fois à la deuxième place plutôt que d'avoir un seul titre alors que le footballeur que je suis, celui qui a le ballon qui coule dans ses veines, dira publiquement l'inverse : « Rien ne remplacera jamais un titre de champion de France. Je donnerais toutes les secondes places du monde pour soulever ce seul trophée. »

La longueur d'onde n'était visiblement plus la même.

13.
UNE AMERTUME DANS MON HISTOIRE

Durant l'été 2002, c'est une zone de flou qui entoure mon retour au club. Je suis toujours sous contrat, mais la question d'un départ est d'actualité avec plusieurs propositions, d'autant plus que la déception est encore présente. J'apprends également avoir de nouveau un concurrent officiel à mon poste.

C'est l'heure cependant de penser à la Ligue des Champions acquise et à venir. C'est ce qui au final fait basculer mon retour.

Jouer cette nouvelle aventure européenne sera fantastique !

Lorsque Pierre Sled créa en 1990 l'émission *L'Équipe du dimanche*, diffusée à 23 h 15 sur Canal+, ce fut pour moi comme un révélateur de football.

Comme un ballon qui partait des artères de mon cœur pour ressortir par les pores de ma peau. C'était la première fois que l'on pouvait voir de très longs résumés de tous les meilleurs championnats européens.

C'est bien pour la série A italienne que je n'avais que de doux regards, que mes yeux se fixaient particulièrement pour la Vieille Dame, la découverte des derbys de Milan, ceux de Rome, le Napoli, la Viola Fiorentina... Bref, tout s'est d'un seul coup éclairé, c'est bien une partie de mes racines qui se sont manifestées de façon évidente.

C'est à ce moment que j'ai compris le pourquoi, avec les principes conduisant mon approche footballistique, d'un point de vue philosophique.

J'ai une pensée particulière pour Thierry Gilardi.

Après avoir accompagné mes coéquipiers lors de ma convalescence à Rome, le 24 septembre 1996 pour le match retour de coupe d'Europe Lazio-Lens, qui nous élimine malgré un beau match nul 1-1 et le but de mon ami Vladimir Šmicer, je me suis dit, assis dans le Stadio Olimpico, qu'il serait vraiment magnifique de goûter un jour, ici, à un derby romain.

Partageant cette idée avec mon Tchèque d'ami, en plein ciel, lors de notre retour au-dessus des Alpes, celui-ci me répondit du tac au tac : « Gus (dit gous), c'est génial, dès que nous aurons l'occasion, j'en parlerai à Pavel et nous irons ! »

L'ami de Vladimir, Pavel Nedvēd futur Ballon d'or France Football 2003, était bien présent lors de cette confrontation lensoise. Il joua d'ailleurs pour les Biancocesli de 1996 à 2001.

La patience obtenant beaucoup, c'est après plus d'un an d'attente que l'occasion se présenta enfin, le 1er novembre 1997, le calendrier du Championnat de France nous faisant jouer la veille.

Nous voilà donc tous les deux, de nouveau, en direction de Rome pour vivre ce fameux derby romain entre l'AS Roma et la Lazio.

Il est 20 h 45 et c'est M. Colina, arbitre mondialement connu, qui donne le coup d'envoi.

Le stade est plein, il est presque rouge, ce sont les Romanista qui reçoivent.

Le match est passionnant, l'ambiance est unique. Les Laziale se mettent en grande difficulté avec l'expulsion de Favalli dès la 7e minute. Le score est de 0-0 à la pause.

C'est alors que le sélectionneur de la Squadra Azzura, Roberto Mancini, dans son élégance caractérisée, entra en scène dès le retour des vestiaires, à la 47e, et ouvrit le score contre toute attente, d'une magnifique frappe. 0-1 pour la Lazio.

Mieux, dix minutes plus tard, il délivre une passe décisive dont il avait le secret, pour Casiraghi. Cette fois, le score affiche 0-2.

Puis, comme pour valider notre venue, Pavel Nedvēd continua sur cette lancée et à la 85e minute, il terrassa définitivement la Roma, complètement groggy : 0-3 à 10 contre 11 !

Pour que tout soit parfait, du côté de la Roma, Di Biaggio se fit expulser et, à la 91e minute, son coéquipier, l'attaquant Delvecchio, ramena le score finalement à 1-3.

Quel match !

Nous sommes donc allés féliciter Pavel, dans l'antre du vestiaire pour cet exploit, puisque nous étions invités par ses soins.

Puis ce fut un dîner tous les trois, dans un restaurant au cœur biancocelesti, sur les hauteurs de Rome, avec une vue imprenable sur la ville éternelle. Ce qui ressort surtout de cette magnifique soirée, tout autour de ce grand joueur, c'est le partage de sa joie !

Comme la gentillesse de Pavel est l'égale à celle de Vladimir, c'est chez lui qu'il avait proposé de nous loger, avant notre venue.

Les Italiens disent : *Grazie.*

Monsieur Nedvēd : *Dekuji.*

Revenons à notre tirage de Champions League 2002. Pour cette poule G, ce sera : AC Milan - Deportivo La Corogne - Bayern Munich – RC Lens.

Le premier match se jouera à Milan, le 18 septembre 2002.

Nous sommes partis deux jours dans cette magnifique ville. J'ai pris mon temps, à volonté, de découvrir, de visiter le Duomo, cette cathédrale si spéciale.

Au moment de notre venue, le football italien était en grève à cause des droits télé et le calcio, la Serie A, n'avait pas encore repris. Aucun tifosi n'avait eu le droit de goûter la saveur de son équipe favorite. Le problème n'étant pas encore réglé, le stade San Siro accueillait à l'occasion le Milan pour la première fois de la saison à l'occasion de cette joute européenne.

Une chose m'a frappé en entrant dans le vestiaire : les bancs en bois. Jusque-là, rien d'exceptionnel.

Ce que j'ai trouvé exceptionnel, c'est cette simplicité contrastant avec ce vaisseau de San Siro.

Il n'y avait même pas de casier, juste des crochets en bois pour pendre les affaires.

Cela m'a immédiatement fait penser à l'époque blanzynoise, lorsque nous étions gamins.

Les Italiens ont réaménagé les lieux depuis !

Le stade est plein, il y a 80 000 personnes. Mythique !

Le contenu du match est bon. 0-0 à la mi-temps.

Mais le renard des surfaces Pipo Inzaghi, attaquant s'il en est, sort deux fois de sa boîte et marque des buts « de buteur ». Il se retrouve deux fois parfaitement opportuniste.

L'écart se réduit grâce à un but de Daniel Moreira et nous ne sommes pas loin d'égaliser lorsque le ballon heurte le poteau en fin de match.

Défaite 2-1.

C'est l'heure du match retour. Quelle fierté d'échanger mon fanion, celui du RC Lens, avec Paolo Maldini, légende vivante du grand Milan.

Leur onze de départ avec Maldini, Pirlo, Costacurta, Shevtchenko et consort, ne porte pas à la discussion.

D'ailleurs, c'est Shevtchenko, encore lui, qui ouvre le score sur corner en première période. Décidément, après Kiev, il m'aura beaucoup ennuyé ! Je l'ai revu quelques années plus tard quand j'étais à Monaco, en discutant cinq minutes ensemble, je lui ai dit en plaisantant que j'étais content de le croiser sans ballon dans les pieds !

Juste avant la pause, c'est Daniel Moreira qui reprend un centre de la tête idéalement donné par John Utaka, qui nous remet parfaitement dans la partie. 1-1.

Puis, John Utaka l'homme de ce match, dans un pressing offensif extraordinaire, récupère la balle et s'en va tout seul marquer ce second but à la 49e minute. Le stade est en or.

Nous réussissons à défendre ce but d'avance jusqu'au coup de sifflet final. Bollaert chavire de joie !

Ce match fait partie de mes meilleurs souvenirs européens, juste derrière notre victoire à Wembley.

Ce succès 2-1 à Bollaert est l'une de mes plus grandes fiertés de capitaine, de joueur.

Je connais l'exquise saveur, sa valeur, le prix de ce que représente une victoire contre l'AC Milan, qui, soit dit en passant, remportera le trophée lors de la finale à Manchester, aux tirs au but, contre la Juventus (Xavier Méride… chut !).

Nous avons vraiment livré une prestation de très haut niveau Ligue des Champions.

J'ai encore les photos de ces deux matchs dans ma collection, mais surtout le maillot de Paolo Maldini.

Je me souviens aussi du déplacement à La Corogne, place forte du football espagnol à cette période. C'est Daniel Moreira – encore lui – qui marque en premier dans ce match à cent à l'heure et nous tenons le score à la pause, tant bien que mal. 0-1.

Mais la seconde période sera espagnole, leur percussion offensive, ce jeu d'attaque, nous seront très supérieurs. Nous craquerons sur la fin. Défaite 3-1.

Après la partie, c'est avec Aimé Jacquet, qui commentait le match ce jour-là, que nous avons analysé la rencontre. En nous donnant son avis il nous a judicieusement proposé deux ou trois pistes qui pourraient être intéressantes au match retour.

Je ne connais pas la relation cause à effet mais nous avons été très inspirés lors de ce match retour.

Le voilà justement et je dirais que sur ce match, à chacun sa mi-temps.

La première fut pour nos adversaires, qui ouvrirent le score par le biais du hollandais Roy Makaay. 0-1 à la pause.

Le premier à sonner la révolte fut Adama Coulibaly avec un tir doublement dévié. Puis Daniel Moreira d'une superbe frappe décalée sur coup franc. Enfin, Olivier Thomert scella définitivement le match à la 85e minute pour une magnifique victoire 3-1 !

Ce match ressemble à un miroir inversé du match aller.

En effet, le même nombre de buts a été inscrit de façon similaire à chaque mi-temps, donnant ainsi un scénario identique.

Enfin, ce sera le géant allemand, le Bayern Munich. Très grand honneur de rentrer dans le stade Bollaert aux côtés d'Oliver Kahn, meilleur gardien mondial à cette période.

Nous encaissons encore en premier un but sur coup franc. Puis nous rendrons la monnaie de leur pièce, sur un corner, grâce au jeu de tête de John Utaka 1-1.

Ce match à Bollaert très physique, se termine sur une bonne note.

Avant d'aller plus loin jusqu'au match retour, je vais m'arrêter quelques instants pour parler d'un coéquipier, d'un joueur, d'un homme dont je n'ai pas encore mentionné le nom.

C'est Cyril Rool.

Je pense pouvoir dire, avec une centaine de matchs joués ensemble sur les terrains de France et d'Europe, que je connais son style, son caractère, sa personne.

La première chose qui me vient à l'esprit concernant Cyril, c'est qu'en fermant les yeux, en repensant, en faisant une imagerie mentale concernant les forces de ma défense, je ne vois pas et je n'ai jamais vu de faille concernant son côté. C'est comme si le certain était là.

Tous se sont arrêtés à son autre côté qui est le sien, celui de l'expression de son extrême. Il est bien réel, mais il est réducteur de beaucoup de choses.

D'abord de sa qualité première de footballeur, avec plusieurs sélections en équipe de France Espoirs.

J'insiste sur le nombre de bons ballons qu'il a conservés, donnés, distillés, sur son côté gauche.

Mais Cyril c'était, comme dit plus haut, un excellent défenseur. Que de ballons contrés, taclés, récupérés. Voilà quelqu'un qui n'était pas faillible dans cet aspect.

Très subtil dans sa lecture du jeu avec un sens tactique aiguisé, un placement parfaitement assimilé.

Mieux, lorsque les situations devenaient complexes, tendues (Wembley par exemple), c'est alors que l'expression de sa personne généreuse pouvait enfin s'exprimer pleinement, le poisson était dans la meilleure eau possible.

J'ai beaucoup aimé jouer avec ce solide défenseur.

Je peux même dire qu'au fil du temps, j'ai découvert quelqu'un de très sensible, avec un don de soi énorme, comme son cœur. Une certaine complicité et amitié s'est même créée à travers nos discussions.

Au regard des clubs de sa carrière, Bastia, Lens, Monaco, Bordeaux, Nice et Marseille, au regard de ses 17 années passées chez les professionnels et de ses 443 matchs dont 9 buts inscrits, je ne me trompe pas.

C'est simplement que, dans le curseur du don de lui-même, lorsque parfois, certaines situations pouvaient lui échapper, l'expression de sa maîtrise s'évaporait en même temps.

La perte de contrôle était totale. Aucune recherche d'excuses de ma part, Cyril assume tout.

Je me permets cette largesse avec ces quelques lignes parce qu'il me semble important de ne pas uniquement voir le voile couvrant le tableau, mais plutôt de le soulever, pour vraiment regarder l'œuvre complète.

Si nous sommes un peu réalistes, lors du tirage au sort quelques mois plus tôt, nous étions donnés battus et éliminés d'avance dans ce groupe G dit « de la mort ». Ce qui, à la vue des clubs affrontés, paraissait assez logique d'un point de vue de la pensée galiléenne.

Mais le sport, le football, dans lequel l'homme peut exprimer pleinement ce qu'il est, a cela de particulier qu'il remet et remettra toujours en question cette science exacte, démontrant au passage que les chiffres sont valables pour ce qu'ils sont mais que l'homme a une perspective non maîtrisable, une destinée infinie.

Nous voici donc dans ce match retour à Munich le 13 novembre 2002, décisif pour assurer la troisième place du groupe, qui permettrait et cela depuis peu, de basculer dans l'autre Coupe, celle de l'UEFA.

Pour bien comprendre ce qui va suivre, il faut connaître l'objectif et les moyens qui vont être utilisés.

Sur ce match retour, je commets la première erreur de main de ma carrière. Sur un long centre venu de mon côté gauche, j'essaie de prendre le ballon et j'entrecroise mes mains. Finalement, je marque contre mon camp. Quelle fébrilité.

Comment en est-on arrivés là, comment en suis-je arrivé là ?

Les choses, d'un point de vue de mes performances physiques, ont commencé à se dégrader à partir de la victoire contre Milan, mais tout cela a débuté bien en amont, à la suite de la saison précédente, comme expliqué plus en avant.

Ce que je peux dire, c'est qu'il y avait une volonté de me remplacer et, dans cet objectif, il n'y a pas l'ingrédient de la mise en concurrence selon l'unique critère de la vérité du terrain.

Préparer l'avenir fera toujours partie des clubs. Mais quel avenir immédiat ?

Presque premiers la saison passée… vainqueurs contre Milan, régularité dans mes performances avant tout cela.

Une politique du goutte-à-goutte de ce poison s'est donc mise en place dans ce sens.

Au départ, vous pensez que vous avez mal compris les remarques ou les comportements ambigus et puis, petit à petit, vous voyez que la donne a changé.

Vous comprenez la vraie recherche de déstabilisation, une imposition du pouvoir jusque-là inexistant. C'est subtilement fait, avec plusieurs hommes de main déposés tout autour de la citadelle à faire tomber, pour justement isoler l'homme, pour que le capitaine ne soit d'abord plus entendu, puis que le gardien de but devienne bien terne.

Avec le recul, je comprends et compatis vraiment avec les personnes qui subissent le harcèlement moral.

J'ai longuement réfléchi avant d'écrire tout cela, dans le sens « était-ce bien nécessaire ? ».

La réponse est oui. Ne serait-ce que pour faire la nuance confuse dans notre monde occidental chrétien entre le pardon et la justice. Que j'aie accepté, pardonné les paroles et les actes qui ont pu être injustement négatifs à mon encontre, c'est un fait. Mais il revient à chacun d'obtenir ce qui lui est dû selon la nature de sa responsabilité.

C'est donc dans ce contexte compliqué que Lens se déplace à Porto le 28 novembre 2002 en 16e de finale aller de la Coupe UEFA.

C'est la journée noire de ma carrière, celle qui fait flotter le crépon de la même couleur.

Durant l'après-midi de ce match, moment que j'aime tant, à l'hôtel, je suis invité à discuter avec les deux entraîneurs, Joël Muller et Michel Ettorre.

La discussion se passe très mal, les échanges sont agressifs et très mauvais. Nous sommes au bord de quelque chose d'encore plus inédit. Je ne cède rien et nous sommes fâchés, vraiment, à tel point que je dis à Michel Ettorre, entraîneur des gardiens de but, de ne pas m'échauffer avant le match.

Je suis sidéré par ce qui vient de se passer. Je suis désincarné, éthéré de moi-même. D'ailleurs, au moment de rentrer sur le terrain, lorsque les caméras se sont braquées sur nos visages, ma mère cherchera immédiatement à entrer en contact avec moi pour savoir ce qui se passait.

Elle me dira plus tard que j'avais le même faciès que lors du décès de mon grand-père.

Les mamans ne se trompent jamais quand l'être qui a été dans leur sein souffre.

Le match débute, la vraie bonne dénomination serait plutôt : le calvaire est prêt.

Par le passé, il m'est arrivé de faire quelques mauvais matchs, quelques autres où j'ai été très moyen, mais mes ressources morales m'ont toujours permis de franchir ces caps difficiles pour avoir une certaine régularité dans ce que le haut niveau exige. Je ne suis pas vraiment du genre à m'effondrer et je n'en ai jamais eu l'habitude, quels que soient les événements sportifs, même quand cela devient délicat. Bien au contraire.

En dix minutes, le match bascule avec deux buts encaissés.

Le premier à la 35e, où je suis bien court, mais surtout celui de la 45e minute, où je laisse échapper le ballon et en retombant, moi qui aime tant le capter, le prendre. Il s'en va loin de moi, tranquillement, mourir au fond des filets.

L'arbitre siffle la fin de cette sombre première période. Je décide de ne pas rentrer dans le vestiaire. Seul, je m'isole dans une pièce juste à côté.

Je pleure comme un bébé qui ne peut plus s'arrêter, parce qu'il a si mal.

Je ne veux plus retourner sur le terrain, je vais sortir à la pause.

Éric Sikora me cherche, me trouve, me parle tel mon frère d'armes servant pour la Grande Armée.

Il me convainc de rester, de me relever, de retourner à la bataille et, comme deux grognards, de terminer le match. Ce que je fais en me ressaisissant comme je peux, terminant dignement la partie malgré ce troisième but encaissé à la 87e minute de jeu.

En écrivant ce souvenir exceptionnel, j'ai l'œil mouillé. Pas simplement celui qui provient d'un vague moment émotionnel, mais celui dont le sillon coule tout au long de la joue, parce qu'il sort de la profondeur de mes entrailles, du fond de mon âme.

Éric, Siko, *Delvech* : Je te remercie de cet instant. Il est semblable à celui qui avait précédé notre entrée sur le terrain à Wembley. Mais celui-là est bien différent, il y a ici bien plus encore. Tu es venu me chercher, me tendre la main et tu as gardé jusqu'à ce que j'écrive ces lignes, ce secret de ma fragilité, cette intimité partagée qui nous lie jusqu'à la tombe.

Je ne l'oublierai jamais, du fond de mon cœur, merci !

M. Michel Hidalgo commentait ce match. Il dira : « Mais qu'est-ce qui arrive à Guillaume ? » Il viendra d'ailleurs me réconforter après. Comme un symbole, celui qui m'a lancé me voit m'arrêter.

J'ai un moment de lucidité au micro dans l'interview juste à la fin de la partie, je dis qu'il faudra prendre des décisions à la suite de ce match.

Nous rentrons à l'hôtel, je m'isole et réfléchis. Je ne peux plus continuer dans ces conditions-là. Mon téléphone est rouge d'appels.

Pendant cette nuit blanche, je vais prendre le temps d'écouter l'avis de tous. De ma famille, ma femme, mes meilleurs amis.

Après avoir échangé, discuté, j'ai prié. J'ai écouté et entendu la voix contraire à la mienne, celle qui me suggérait de faire une pause, parce que le risque de tout gâcher en continuant ainsi était grand.

C'est donc le lendemain, lors du petit déjeuner, que je suis allé voir mon président Gervais Martel.

Nous étions bien pâles tous les deux lorsque je lui ai dit : « Si tu es d'accord, j'aimerais faire une pause jusqu'à Noël. » Il m'a dit : « D'accord. »

Je lui ai remis, en main propre, mon brassard de capitaine du RC Lens porté la veille.

À partir de là les choses ont basculé. Je dirais cette phrase lors de notre retour dans l'avion :

« Voir Porto et mourir. »

Le journal *L'Équipe* titrera le lendemain : *Le chemin de croix de Warmuz.*

Je les remercie parce qu'aujourd'hui, par ma foi, je sais exactement ce qu'est le vrai chemin de croix avec ses XIV stations. J'en suis maintenant très heureux !

Pendant cette période, un des soutiens qui m'a touché de façon très particulière, aussi inattendu que grand, à l'image de son jeu brillant, c'est celui de Fabien Barthez. Alors que je suivais ses performances à Manchester United à travers l'émission *L'Équipe du dimanche*, en ce dimanche soir, à la fin de son interview, il m'a apporté officiellement son soutien devant les caméras, en me demandant de ne pas abdiquer. De poursuivre mon chemin…

Merci Fabien !

Je m'étais donné jusqu'à la trêve avec une vraie idée de revenir, comme lors de ma blessure.

Je savais pertinemment, au fond de moi, que je ne reviendrais pas, comprenant que cette visée politique était globale et validée par tous.

J'ai demandé à avoir cette préparation individuelle, qui était comme un adoubement soit de mon retour ou de mon départ définitif.

Le refus a confirmé cette direction.

À partir de là je me suis entraîné seul et avec mon ami André Lannoy, qui a bravé cet interdit, non sans reproches. Nous étions tous les deux en secret, de bonne heure, sur un petit terrain au cœur de Lens, c'était vraiment génial !

Comme tu m'as entraîné lors de mon arrivée à Lens, c'est plutôt juste que le tout dernier plaisir de plonger sur cette Terre nous appartienne, comme un mémorial de ces dix années passées ensemble ! Mon Dédé, merci !

N'ayant donc plus de solution, je n'avais plus ma place.

J'ai appelé le président, nous nous sommes mis d'accord. Nous avons pris rendez-vous avec une conférence de presse lors de laquelle j'ai publiquement annoncé mon départ.

C'est en décembre 2002 que ma rupture a eu lieu avec le RC Lens.

Toute chose doit finir, mais c'est un regret d'être parti de cette manière, poussé vers la sortie.

J'aurais tellement aimé partager notre dû avec les supporters, comme lors de toutes ces victoires, amenant ces communions vécues ensemble.

Comme la finale perdue de la Coupe de France, j'avais imaginé toutes sortes de scénarios, mais une telle sortie, jamais !

J'ai vu le tifo que les supporters avaient fait pour moi juste après mon départ, cela m'a fait chaud au cœur ! J'ai reçu des milliers de lettres, je n'ai pas pu répondre à toutes ! Vraiment merci.

Cet épisode a été terrible pour ma famille. Les gens pensaient que j'avais un ou plusieurs problèmes familiaux, de santé, très graves, pour en arriver là.

À un moment donné, le journal *La Voix du Nord* a même souhaité faire la une pour éteindre toutes ces rumeurs et éclairer ma réalité.

C'est bien normal, les gens n'ont pas compris ce qui s'était passé pour leur Gus, d'autant plus que c'est une volonté personnelle de ne jamais avoir communiqué sur cet épisode.

Pour eux, si je m'en allais, c'est que la proportion devait être tout autre.

Au-delà de tous ces épisodes et de quitter le club avec tout ce que cela représente, il y a quelque chose de beaucoup plus profond qui s'est imposé à moi à la suite de cet événement.

Jusqu'à présent je n'avais jamais commis d'erreurs aussi grossières. Être autant perdant ne faisait pas partie de mon bagage de nature. Le fait d'en avoir fait autant en si peu de temps m'a comme « introspecté », fait entrer dans une faille interne au plus profond de la cellule de moi-même, qui n'existait pas jusqu'alors.

C'est comme subir un séisme, même si vous êtes préparé, lorsque vous le vivez, secoué de partout, tremblant dans tous les sens, c'est quelque chose de si spécial.

Alors imaginez lorsque vous ne l'êtes pas…

Le fond de moi-même a été touché dans le cœur de l'essence de ma vie de footballeur.

Cette déchirure profonde a ouvert en moi une énorme faille, allant jusqu'à douter de ma capacité à pouvoir rejouer de nouveau.

Il me faudra beaucoup de temps pour m'en remettre.

Nous avons construit un club avec le président Martel, nous sommes quasiment partis d'une feuille blanche.

C'est au fil de nos expériences, de nos talents, de notre volonté, créant cette ambiance, cette alchimie entre les joueurs, les dirigeants et les supporters que nous avons avancé petit à petit jusqu'à arriver au sommet de France et de l'Europe en battant Arsenal, Milan et beaucoup d'autres.

En remportant deux trophées, en faisant des matchs incroyables.

Nous avons fait de grandes choses lorsque nous étions dans l'arène.

Regardons bien l'épilogue de mon histoire comme elle doit être vue.

Elle n'est finalement qu'un simple nuage ne faisant que passer dans ce beau ciel lensois.

Au regard de l'ensemble du contenu, c'est dix ans de vie exceptionnels !

Quand je suis arrivé au club, nous avions nos propres maillots, quand je suis reparti il y avait deux trophées et la Gaillette, l'un des plus beaux centres de formation d'Europe.

Lens, c'est cette vie partagée avec les gens, les amis, la naissance de mes deux premiers enfants. C'est incontestablement la plus grande et la plus riche partie de ma carrière.

Cette décennie à Lens est une partie de ma vie que je n'oublierai jamais, elle est synonyme de bonheur.

14.
À ARSENAL, ENTRE GENTLEMEN

C'est la période de Noël en cette fin d'année 2002, et c'est en famille, en Bourgogne, que j'ai besoin de me recentrer après ces derniers événements difficiles.

C'est après-midi football à la télévision, entre hommes, et c'est Arsenal qui est sur le petit écran. À ce moment se produit un événement étonnant. Nous voyons le deuxième gardien d'Arsenal, Rami Shaaban, titulaire pour ce match, se fracturer la jambe en direct.

Les discussions tournent autour de la spécificité du poste et de ce terrible instant pour cet homme. Puis, nous nous disons alors très simplement que le club va chercher un autre gardien de but.

De façon anecdotique quelqu'un dit : « Il est là le remplaçant ! » Silence, et tous les yeux se braquent sur moi. Puis c'est un éclat de rire général, mais l'idée est bien lancée…

Quelques heures plus tard, Jeannot, mon agent, me dit qu'il vient de parler à Arsène Wenger et qu'il souhaite me joindre au téléphone.

Le retour dans le Nord en ce début janvier se fait pour la rentrée de l'école des enfants. C'est la première fois que je ne vais pas faire la reprise… de mon métier. Je m'entraîne seul. Comme c'est curieux.

C'est une attente qui paraît interminable !

Je me souviendrai toujours de cette sortie pour aller faire une course en direction d'Arras. Mon téléphone sonne et le numéro qui s'affiche commence par 0044, l'indicatif de l'Angleterre.

Il faut toujours aller faire des petites courses !

L'émotion est très forte, l'atmosphère est digne d'un film.

Je m'arrête donc sur le bord de la route, je pense que j'ai dû piler, sans mettre de clignotant, il n'y a absolument personne. Tout autour de moi ce ne sont que des champs à perte de vue, je suis comme dans un *no man's land* mais M. Arsène Wenger cherche à me joindre.

J'ai les mains moites et les doigts qui tremblent.

Finalement, je réussis à décrocher, nous discutons et il me propose de rejoindre Arsenal pour terminer la saison.

Il me laisse entendre que David Seaman, gardien emblématique, va sûrement raccrocher en fin de saison pour prendre sa retraite de joueur. Que dans l'idée d'une succession, cette transition pourrait être parfaite.

Arsène avait déjà pris quelques contacts lorsqu'il était en poste à Monaco peu après mon arrivée à Lens. Dernièrement bien sûr, cette double confrontation entre Lens et Arsenal a été déterminante dans son choix.

J'espérais rebondir, mais rejoindre un très grand club a été pour moi comme un signe validant la progression de ma valeur réelle, acquise par mon travail.

C'est l'opposé de la petitesse, des recoins sombres et cachés laissant supposer que la fin est arrivée. C'est au contraire le grand éclairage, la reconnaissance des grands vers ceux qui leur ressemblent.

C'est la récompense de l'honnête don de soi-même pour le bien commun.

Je me suis décidé immédiatement.

Me voici donc dans ce train, sous la Manche, en direction de Londres.

À mon arrivée, il neigeait. D'ailleurs les flocons ne cesseront de tomber tout au long de ce jour.

Je rejoins Jeannot et nous fonçons à London-Colney, le nouveau lieu des Gunners sorti de terre récemment.

M. Arsène Wenger nous accueille.

Je passe ma visite médicale, puis je rencontre le vice-président du club, M. David Dein, qui était en charge des transferts. Nous déjeunons tous ensemble.

Puis c'est l'heure de la discussion avec Arsène.

Nous parlons de tout, de la façon de voir le club, des raisons de mon départ de Lens. Je ne lui ai (surtout) pas parlé de notre victoire à Wembley en 1998, je voulais éviter d'aborder les sujets qui fâchent, si proche du but !

Il m'a posé beaucoup de questions qui dépassent largement le cadre du football.

C'était assez philosophique finalement.

M. Wenger a pris tout l'après-midi pour discuter avec moi.

Je choisis le numéro 20 et nous validons le tout en faisant la photo officielle.

La signature de mon contrat avec Arsenal a été une journée exceptionnelle, celle qui valide un rêve.

Puis tout s'enchaîne, je n'ai pas eu trop le temps de réfléchir, dès le match suivant, le boss me choisit pour être dans le groupe comme doublure de David Seaman.

Destination Old Trafford contre Manchester United en Cup d'Angleterre.

Magnifique victoire 0-2. Quelle joie !

Dans un premier temps je logeais à l'hôtel à proximité du centre d'entraînement.

Par la suite, c'est Patrick Vieira qui m'a aidé, je le remercie, à trouver un appartement à Hampstead, le quartier au nord de Londres où vivaient de nombreux Français.

Je ne pouvais pas être dans de meilleures conditions, avec mon arrivée, le chiffre des « Frenchies » se montait à 7 : Robert Pirès, Jérémy Aliadière, Pascal Cygan, Sylvain Wiltord, Patrick Vieira et Thierry Henry avec lequel j'ai eu beaucoup de plaisir à m'entraîner.

Je prends un peu d'encre pour dire quelques mots à son sujet.

Je n'ai rencontré absolument aucun joueur comme lui durant toute ma carrière. Il avait cette capacité permanente de mettre le ballon si aisément, si facilement, hors de portée du gardien de but. J'ai vu et observé son professionnalisme au quotidien.

Nous avons également eu l'occasion de discuter de toutes nos confrontations, particulièrement celle lors de son premier but marqué avec Monaco.

Nous avions également un autre sujet de prédilection, l'INF, cette école qui nous est si chère, avec cette anecdote qu'il m'a glissée à l'oreille. Lorsque je jouais à Louhans-Cuiseaux, nous nous sommes déplacés pour un match de championnat de Division 2 (Ligue 2) à Orléans.

Une promotion de l'INF s'était déplacée pour assister au match avec ses jeunes apprentis, promotion dont Thierry faisait partie.

L'entraîneur leur dit : « Vous voyez le gardien, Warmuz... c'est INF. »

La relation avec David Seaman était géniale. Nous avons reparlé du fameux match de Wembley.

C'était Bob Wilson, un ancien grand gardien d'Arsenal qui nous entraînait. Nous étions trois,

David, Stuart Taylor et moi.

L'ambiance à l'entraînement était un pur bonheur, nous étions tout le temps ensemble.

Les spécifiques étaient légèrement différents, les temps de passage pour chaque gardien dans chaque atelier de travail étaient plus longs.

Les autres étaient plus participatifs au niveau des frappes, pour faire travailler celui qui passait.

David avait toujours le sourire.

J'ai joué mon premier match avec Arsenal en équipe réserve à Ipswich, dans leur magnifique stade.

Je me souvenais très bien de ce lieu que j'avais vu à la télévision en coupe d'Europe quand j'avais dix ans.

Nous perdons 3-0.

Je ne suis pas bon, pas bien.

Lors de mon second match, de nouveau avec l'équipe réserve, à Bolton, l'entraîneur me regarde à la mi-temps et gentiment me dit : « *Gus you stop.* » Il y avait 3-0.

C'est la première, la seule, l'unique fois de toute ma carrière complète de footballeur, que l'entraîneur me sort à la mi-temps. Il faudra même réfléchir un peu plus loin, vérifier si un gardien a déjà été sorti à la mi-temps pour « non-existence »...

Je ne savais pas ce que je devais faire, j'étais perdu comme errant dans ma surface de réparation.

À cet instant, toutes mes certitudes s'étaient évaporées, je n'avais plus d'automatismes, je me demandais ce que je devais faire sur le terrain, j'étais dans un état où je ne comprenais plus ma fonction.

Pourquoi étais-je ici sur ce terrain de football ? J'ai presque envie de dire : « Qui suis-je ? »

Ce fait va sceller logiquement mon futur à Arsenal.

Je n'étais pas en état et Arsène l'a vite compris. Il dira d'ailleurs publiquement un petit mot en ce sens à mon sujet.

Le match a Porto m'a traumatisé et le divorce avec le RC Lens a été beaucoup plus difficile à assimiler qu'il ne le laisse supposer vu de l'extérieur.

Je dirais que je ne savais pas moi-même que tout cela avait une telle importance.

Mais il faut continuer, s'accrocher et pour cela rien de mieux que l'équipe dans son ensemble qui était fantastique.

Denis Bergkamp, Edu, Gilberto Silva, Soul Campbell, Freddie Ljungberg, Ashley Cole, Giovanni van Bronckhorst… Je ne peux pas tous les citer.

J'ai bien sûr pu voir, regarder, étudier comment Arsène travaillait, à quel point il était méticuleux. L'ambiance était à son image, à la fois carrée et posée.

Ce qui m'a frappé, c'était la simplicité du fonctionnement au club. Ce calme, partout, seulement le football dans son essence. Splendide !

Les journalistes venaient une fois par semaine voir et observer l'entraînement.

Il y avait un lien très fort entre tous les Français d'Arsenal.

Je vis donc dans ce paradoxe, entre une incapacité à m'exprimer pleinement pour l'instant en match, même les plus simples, et un plaisir exceptionnel à l'entraînement avec ce groupe vraiment extra.

Petit à petit les choses vont tout de même en s'améliorant.

Je découvre cette immense et magnifique ville de Londres, que j'ai visitée. J'ai aimé la découvrir, je me suis familiarisé avec elle.

J'ai bien suivi les conseils des Français, j'ai gardé une voiture avec le volant à gauche pour d'abord apprendre à conduire *du bon côté*, histoire de ne pas avoir un accident tout de suite.

Lorsque je n'étais pas dans le groupe, j'assistais à tous les matchs à Highbury. Je me promenais quelques fois dans le quartier.

La première chose qui m'a frappé c'est l'arrivée tardive des spectateurs. Je me suis fait cette réflexion la première fois, à dix minutes du match. « Il y aura peut-être peu de monde aujourd'hui. » Mais c'était mal connaître les us des fans.

Dès que monsieur l'arbitre donne le coup de sifflet pour débuter, vous regarderez autour de vous, d'un seul coup, plus un seul siège de libre, le stade est plein.

Il y avait une vraie sensibilité dans ce stade d'Arsenal, une histoire, cela transpirait des murs, c'était passionnel. L'Angleterre est un pays de traditions.

C'est une monarchie qui est respectée par les Britanniques. Je vois une corrélation au sein des clubs anglais pour ce respect envers les anciens joueurs. Aucun oubli pour tout ce qui a été réalisé.

Je me souviens lorsque Paul Merson, ancien joueur d'Arsenal dès son plus jeune âge, international anglais, vainqueur de plusieurs trophées avec les Gunners, était revenu en fin de carrière avec le club de Portsmouth, il a été applaudi debout pendant de très longues minutes lorsqu'il a fait son apparition sur la pelouse.

J'avais des frissons, quel respect !

Dans un autre ordre d'idées, j'ai découvert également le respect pour les piétons londoniens.

Vous verrez que chaque voiture, je dis bien CHAQUE voiture, s'arrête dès que vous êtes au bord du passage piétons.

Vraiment, cela pousse à réfléchir !

Autre sujet d'étonnement, c'est la culture sportive en Angleterre. Je comprends mieux pourquoi ce sont eux qui ont inventé entre autres le football et le rugby !

Toute la société est passionnée de sport, cela fait partie intégrante de leur environnement quotidien et c'est en permanence. Toute cette philosophie n'est pas réservée à certaines personnes.

Faire du sport est presque une obligation au pays de la rose !

En voici l'illustration. Un jour, je croise les rugbymans internationaux français Thomas Castaignède et Christian Califano, qui jouaient au club des Saracens. Nous discutons et, comme j'aime bien le rugby, ils me proposent gentiment de m'inviter à venir voir un match, ce que j'accepte bien volontiers.

Voilà que nous sommes un jeudi soir à 20 heures au mois de février 2003, l'équipe adverse sera les London Irish et le match se jouera sur le terrain de Watford, dans le nord de Londres.

Le temps sera très britannique dans sa fraîcheur également.

En arrivant à côté du stade, je vois plein de voitures garées et je me dis simplement qu'à proximité il doit se passer un événement important.

En fait, ce n'étaient ni plus ni moins que les personnes qui étaient venues voir ce match, de milieu de tableau, en semaine, et elles étaient 10 000 !

La fin de saison approche et je commence à bien revenir et à reprendre du plaisir avec l'équipe réserve pour laquelle je ferai finalement une quinzaine de matchs.

Arsène bataille avec force pour un nouveau titre de champion d'Angleterre, mais la défaite contre Leeds 2-3 en ce mois de mai à domicile ainsi que les matchs nuls contre Bolton (2-2) et surtout Manchester United (2-2 également), avec qui la lutte est incessante, nous laissent finalement à la seconde place.

Mais il reste le denier match de la saison le 17 mai et ce sera la finale de la FA Cup contre Southampton.

David Seaman jouait ses derniers matchs, il approchait de ses quarante ans. Physiquement il était préférable de ne pas participer à tous. Il voulait sortir en beauté en se préparant pour soulever ce trophée historique pour ce dernier match.

Il a donc laissé sa place à plusieurs reprises, j'ai eu beaucoup de ces opportunités mais je ne les ai pas saisies, je dirai que je n'ai pas pu les saisir, je me sentais encore fragile.

C'est Stuart Taylor qui a été justement choisi.

Même chose en finale de la Cup, je ne serai pas sur banc.

Mais ce dernier match de la saison ne s'arrête pas au simple fait de ces considérations.

Arrêtons-nous à Cardiff quelques instants. Cette finale se jouera au Millennium Stadium car le mythique Wembley est alors en rénovation.

Pour cette journée hors du commun, tout le club s'était déplacé.

Le match débute et nous sommes supérieurs, c'est Robert Pirès qui ouvre le score à la 38e minute.

Malgré beaucoup d'occasions franches d'aggraver le score tout au long de la partie, le gardien de but adverse fera un très grand match.

De notre côté, il faudra une parade magistrale de David Seaman à la fin pour que nous puissions préserver ce score de 1-0.

David arrête sa carrière sur ce trophée. Voilà, tout se termine. Nous allons célébrer cette victoire, parce qu'avant tout il faut savourer ce moment avec tous ces grands joueurs dans le vestiaire.

Les accolades, les chants. Que de joie !

Je touche, j'embrasse, je pose avec la FA Cup !

Avec et grâce à la troupe française, je retrouve des couleurs ! Les originales !

J'ai cette photo dans mon bureau.

Avec mes amis les gardiens, dans les sous-sols du stade, nous prenons le temps de discuter, de nous remémorer cette saison, les temps faibles, les tournants, les temps forts.

En voici un et comment ! Immortalisons-le !

Nous posons donc pour la postérité tous les trois tenant la Cup, celle qui redonne vie, celle qui respire l'intensité de la joie.

Nous savons maintenant que nous ne nous reverrons plus. Je salue Stuart et David me dit que je serai toujours le bienvenu, je suis touché, une fois de plus.

Du fond de mon cœur je les remercie parce que sans rien me dire, jamais, ils avaient bien compris que le « Gus » d'Arsenal n'était pas le même qu'ils avaient croisé quelques mois plus tôt.

Ce sont ces six mois qui me reconstruisent.

Ma thérapie se termine donc, et je suis en voie de guérison complète.

Avec le recul d'aujourd'hui, ma réalité la plus profonde de cette période, c'est que je suis vraiment désolé et cela doublement.

La première raison c'est de ne pas avoir répondu ou plutôt ne pas avoir pu répondre professionnellement à l'attente d'Arsène. Il voulait, il espérait le Warmuz de Wembley, celui qu'il connaissait depuis le début.

La seconde, plus intime, c'est d'avoir raté une vraie opportunité personnelle de jouer pour Arsenal. Qui sait, avec un Warmuz ne serait-ce que « normal »...

Mais les faits de l'histoire sont tels qu'ils sont.

Alors simplement, rentrons à Londres avec ce trophée et ce nouvel état de moi-même, dirigeons-nous vers le centre d'entraînement et frappons à la porte de M. Arsène Wenger pour une dernière poignée de main.

Sans petits indices venant de sa part, c'est l'heure de lui dire au revoir.

Nous discutons quelques instants, il me dit qu'il cherche un gardien international pour remplacer David.

La presse annonçait Jens Lehmann de Dortmund et ce sera le cas.

Tout semblait plutôt bien tomber puisque le Borussia s'intéressait à moi, comme cela avait déjà été le cas en 1998 après le titre de Lens.

Puis, faisant un micro bilan sur moi-même, il me dit qu'il a apprécié la qualité de mon travail ainsi que de mon comportement positif pour l'équipe.

Mais ne nous trompons pas, n'inversons pas les choses sur le dû des remerciements.

C'est bien moi qui l'ai profondément remercié et nous nous sommes souhaité bonne chance pour notre futur.

THANK YOU ARSÈNE !
THANK YOU ARSENAL !

15.
RENAÎTRE À DORTMUND AU LÉGENDAIRE BORUSSIA !

Les vacances en famille se terminent durant cette intersaison, à l'été 2003, et le Borussia Dortmund tarde à se manifester concrètement pour conclure ma venue.

Pour être tout à fait exact et précis, le Borussia garde le contact, il est toujours à l'affût mais étonnamment, il n'avance pas sur mon dossier.

J'ouvre alors un peu plus attentivement les autres pistes, en prenant mon temps.

C'est alors, que je reçois un appel d'un agent agréé, dont le prénom commence par C.

Je ne citerai pas son nom, simplement par respect et par pudeur pour ce qui va suivre.

Il travaille donc principalement sur l'Espagne et me dit que le Deportivo Alavés, au Pays basque, souhaite engager des discussions pour me faire une proposition concrète.

Le club venait de monter en Liga.

J'appelle Jeannot, mon agent, et nous prenons tous les renseignements de notre côté concernant C et le club en question.

Nous prenons aussi des informations avec Richard Dutruel, gardien français qui avait joué là-bas en provenance de Barcelone, avec qui, d'ailleurs, j'avais partagé le bataillon pour notre service militaire.

Les voyants sont au vert et le mois de juillet commence à se consommer, le chrono tourne, il faut donc se décider.

Les dirigeants espagnols m'invitent à venir voir le stade et les installations.

J'hésite et finalement je prends l'avion dans l'après-midi et j'arrive sur place où C m'attend.

Il a été défini avec Jeannot que c'est lui qui prenait les choses en main.

Nous allons à l'hôtel et le rendez-vous est prévu le lendemain matin.

Après un très bon petit déjeuner, je rencontre donc le directeur sportif d'Alavés qui me fait visiter les installations ainsi que l'ensemble du club. Puis arrive également le président.

Le cadre est plutôt bien, il fait beau, il y a une école française à proximité.

Je me dis que finalement, batailler avec les gens de ce club pour qu'il puisse continuer en Liga est un beau défi pour finir ma carrière.

Les dirigeants espagnols me proposent un contrat de deux ans.

Les moyens financiers ne sont pas colossaux mais après quelques longues négociations durant toute cette matinée, nous avons fini par tomber d'accord.

Il est donc convenu que je passe ma visite médicale à 14 heures, puis que je signe le contrat si tout est bon. S'ensuivra l'officialisation avec une conférence de presse à 16 heures.

C me dépose à l'hôtel et j'ai faim. Juste en bas il y a un restaurant authentiquement basque.

Je me mets au comptoir, je commande des tapas et un verre de vin rouge après m'être fait conseiller. J'adore l'ambiance, je suis bien, je profite parfaitement de cet instant.

Mon téléphone est sur le bar, il sonne, c'est mon agent Jeannot qui m'appelle.

Il me demande : « Tu es où ? »

J'hésite entre deux réponses, « Singapour » ou « Tokyo », ou bien lui poser une question à mon tour : « Quelle substance a été intégrée à ton café ce matin ? »

Je lui dis que tout va bien.

Il insiste : « Tu es où, là, à l'instant ? »

Je lui réponds un brin agacé, du genre « comme si tu ne savais pas où j'étais » : « Ben je suis dans un bar au pied de l'hôtel, dans la ville de Vitoria-Gasteiz où est le club d'Alavés ! »

Il m'explique le pourquoi de cette question et l'objet de son appel.

« Je viens d'échanger à l'instant avec Michael Zorc, le directeur sportif du Borussia Dortmund. Aujourd'hui tu es devenu la priorité du club. Il va nous faire une offre dans l'après-midi. Ils veulent te rencontrer demain et que tu signes dans la foulée. »

« Euh… *what…* ? » en anglais.

Non là c'est plutôt : « *Was…* ? » en allemand, mais au Pays basque espagnol !

Je n'ai d'ailleurs même pas le temps de savourer les spécialités locales !

Que faire ?

Nous réfléchissons, nous rions, mais c'est très sérieux !

Le contact est clair, net, carré, allemand.

D'ailleurs l'après-midi qui arrive sera réservé uniquement à l'avancement pour l'écriture de mon futur contrat.

Jeannot étant en déplacement à Monaco en ce jour opportun, tout se réglera donc par téléphone, par fax, par mail.

Résumons un peu le tout.

Depuis maintenant quelques minutes, il faut attendre que tout soit mis par écrit du côté de Dortmund.

Mon choix bascule en quelques instants, il est clair, limpide avec le prestige du club allemand, son stade, l'ambition, le niveau et le contrat.

Il reste néanmoins, maintenant un minuscule, léger détail à régler du côté d'Alavés… repousser, décaler et peut-être même annuler tout ce qui est prévu.

En me levant ce matin, j'étais plutôt en visite des lieux, dans un mode que j'aime tant, réfléchissant à ce club, son identité et à mon investissement, pour savoir comment apporter toute mon expérience.

Cette pensée appartenait à l'avant Big Bang de ce revirement. Que ce dernier puisse exister, c'était impensable ! Puisqu'il était incréé.

Mais il est bien là et comment faire maintenant ?

Nous discutons et Jeannot me conseille alors d'aller dans un autre hôtel.

Dans notre réflexion, il est en effet préférable d'attendre que tout soit officiellement signé par le club allemand avant d'annoncer au club espagnol ma non-venue. Principe de précaution.

En effet, si les choses ne se faisaient pas en ce sens, comme souhaité, pour une raison ou une autre, le contrat avec Alavés resterait bien sûr prêt à être paraphé.

Il suffit donc maintenant de disparaître pendant... une heure... deux... trois... le temps nécessaire.

N'ayant jusque-là fait aucune formation sur le thème, *comment bien devenir invisible,* ou alors *arrêter le temps dans un lieu précis,* ne serait-ce que quelques heures, je décide de suivre notre programme isolement choisi par mon agent *secret,* cette fois.

Je trouve un hôtel et me voici dans le taxi direction Bilbao.

Le but est très simple : ne plus bouger, ne plus répondre au téléphone et attendre que tout se règle.

Comme convenu, C arrive à 14 heures dans l'hôtel où j'étais initialement. À partir de ce moment, mon téléphone sonnera en moyenne toutes les deux minutes. Mais je pencherais plutôt pour un appel par minute.

Je ne suis vraiment pas très à l'aise et je me dis qu'ils vont finir par s'inquiéter et appeler la police !

D'ailleurs, C réussit à trouver le numéro de mon domicile et appelle à la maison.

Mais la consigne était la même.

Il est proche de 15 h 30 lorsque Jeannot me rappelle pour me dire que tout est bon avec le Borussia.

J'appelle donc C qui me dit : « Mais nous étions tous très inquiets ! »

Je lui dis : « Je sais et je suis sincèrement désolé. » Forcément.

Puis il me demande où je suis pour venir me chercher le plus vite possible.

C'est l'heure de lui expliquer cet épisode et de lui dire toute la vérité.

Comme attendu, c'est le silence du néant au bout du fil.

Je lui dis que si les dirigeants espagnols le souhaitent, je veux les rencontrer pour m'expliquer clairement, honnêtement avec eux, parce qu'ils ont été très respectueux envers moi.

Quant à lui, qui me représente, je glisse cette phrase : « Quelle que soit ta décision, je la respecterai. »

Cette idée fait son chemin et finalement, tout le monde accepte cette dernière rencontre.

Je suis content de cette prise de position commune. Me voici donc de nouveau en direction du stade.

Les visages ne sont plus les mêmes, forcément. Je leur explique simplement les faits tels qu'ils sont.

Le directeur sportif est sidéré, lui qui a si bien œuvré.

L'atmosphère se détend un peu, même si la frustration est terrible.

Je ne souhaite évidemment pas m'attarder, mais ce que je veux surtout, c'est bien expliquer que rien n'avait été prémédité pour atténuer, s'il était possible, le côté vexatoire.

Finalement, les personnes sont d'accord pour dire que le Borussia Dortmund est une opportunité que je ne pouvais pas refuser.

Je les salue et les remercie sincèrement de leur accueil. Les poignées de main restent chaleureuses et cela suffit à me rendre heureux.

Quelle histoire !

Me voilà, le lendemain au-dessus de ce beau pays qu'est l'Espagne, en direction de Dortmund.

Je suis attendu à l'aéroport puis au siège du club.

Je comprends tout de suite en arrivant que c'est un grand club !

Je fais connaissance avec les dirigeants, les entraîneurs et nous discutons de façon très précise, particulièrement sur les circonstances de ces six mois sans jouer au haut niveau.

Comme prévu lors des transactions la veille, il est convenu de prendre ces deux jours qui viennent pour me faire passer ma visite médicale et vérifier si la machine avait bien les réglages identiques, aperçus sur les circuits lors de ces dernières saisons.

« *Alles gut !* » diront le docteur et les entraîneurs.

Je signe au Borussia Dortmund pour deux ans.

Nous officialisons mon arrivée dans la grande salle de presse, tout en haut de la tribune.

Je commence à avoir tout de même une certaine expérience des grands stades…

Peut-être est-ce que cela vient du fait que j'ai toujours été sur la pelouse, excepté lorsque j'étais blessé, mais à ce moment précis, lors de ma signature, en ouvrant la baie vitrée donnant sur le terrain, j'ai vraiment été impressionné par le Westfallenstadion, qui changera de nom plus tard.

Ce vaisseau posé, cette inclinaison des tribunes ! Faire vibrer tout cela va être magnifique !

Après les événements de mon arrivée, l'attachée de presse me dit que je vais avoir un rendez-vous avec « *Ehemalige Teamspieler* », les anciens joueurs.

En fait, je n'ai pas très bien compris au départ, je pensais qu'il s'agissait d'une visite sur l'histoire du club, le musée.

J'arrive sur place et effectivement, c'est bien l'endroit, une sorte de musée aménagé avec les trophées gagnés, ainsi que toutes les photos du club depuis sa création, son histoire.

Sont également présentes une dizaine de personnes, des messieurs en majorité assez âgés.

Ils se présentent un par un. L'un me dit qu'il a été champion d'Allemagne en 1968, l'autre qu'il a été international, et ainsi de suite.

Après ces présentations, ces anciens grands joueurs m'ont demandé pourquoi le choix du Borussia, mes motivations, m'ont posé des questions diverses et variées permettant simplement de faire connaissance.

Je me suis toujours demandé pourquoi lors de mon entrée au collège, à l'âge de douze ans, j'avais choisi allemand première langue.

J'ai compris à cet instant précis !

Parce qu'avoir les bases pour parler allemand m'a donc tout de suite permis de répondre et de m'intégrer plus facilement.

Force est de constater, un peu intimidé, que j'entre encore dans un lieu avec une dimension différente.

Le décor de ce grand club est posé.

Tous ces événements se passent une quinzaine de jours avant le premier match de la saison, qui n'était autre que le derby à Gelsenkirchen contre Schalke 04. Le rival de toujours.

La rivalité entre Dortmund et Schalke ne trouve pas les mêmes origines qu'entre Lille et Lens par exemple où dans ce cas précis, c'est la situation sociétale qui crée cette différence très marquée.

Schalke et Dortmund font partie du même bassin ouvrier et industriel qu'est celui de la Ruhr. C'est une rivalité davantage de sensibilité géographique et de culture sportive, de couleur de maillot.

Schalke 04 était le grand club des années 1970/1980. Mais depuis, ils ont du mal à reprendre ce fil et à être de nouveau un club gagnant, au contraire du Borussia Dortmund qui a remporté de nombreux titres jusqu'à aujourd'hui. Je vous laisse imaginer les petites phrases des supporters jaune et noir à ce sujet en direction des bleu et blanc.

Les nuances sont subtiles mais la détestation entre les deux clubs est forte. Le derby est le match à ne surtout pas perdre. Le soutien est maximal ce jour-là.

Je suis tout de suite mis dans le bain avec ce derby pour commencer cette saison. C'est très fort avec 65 000 spectateurs en milieu hostile, même si j'étais sur le banc des remplaçants.

Après avoir été menés 2-0, nous arrachons finalement le match nul 2-2.

Je découvre l'environnement du club, la rigueur, la mentalité et la culture allemande.

J'apprends à connaître mon entraîneur, M. Matthias Sammer, de renommée internationale, ancien Ballon d'or 1996 devant Ronaldo et Alan Shearer.

Du côté des joueurs, Ahmed Madouni et Guy Demel m'ont mis dans le bain pour le côté français.

Sebastian Kehl, tout comme Christian Wörns, qui avait joué au PSG, parlaient quant à eux très bien notre langue.

La première chose qui était déterminante, c'était de trouver une école française pour les enfants.

Il n'y en avait pas à Dortmund, la plus proche était à Düsseldorf, à environ 65 kilomètres.

Quinze jours après mon arrivée, en me promenant, en cherchant un établissement dans cette ville, la providence a voulu que je rencontre Grégoire, un Polonais qui parlait très bien français, il habitait et travaillait dans l'informatique à Düsseldorf.

Une amitié s'est établie et grâce à lui j'ai découvert toute la ville.

Il m'a aidé à trouver mon logement, le lycée français de Düsseldorf et tout le nécessaire pour les aspects bureaucratiques. Nous avons gardé contact, il s'est marié récemment.

C'est aussi une ville très riche culturellement, située à l'ouest de l'Allemagne.

Je me souviens avoir découvert l'Altstadt (la vieille ville) avec ses brasseries, ses bières non commercialisées, ne pouvant être bues que sur place, le long du Rhin.

Juste à côté se trouvent les vestiges du Moyen Âge, avec la basilique Saint-Lambert où j'allais régulièrement prier et la fameuse tour du Château (Schlossturm). Le carnaval se produisait dans ce lieu chaque année, quel spectacle !

Spécificité de Düsseldorf, c'est que le fleuve coupe la ville en deux. En face, côté ouest, se trouve le monde contemporain, connu pour l'industrie de la mode, avec ses deux rues Königsallee et Shadowstrasse, où lorsque vous vous arrêtez, c'est votre carte de crédit qui souffre.

Voici donc cette nouvelle grande expérience pour la famille. En ce qui concerne les enfants, l'école était à l'allemande, elle se terminait à 13 heures, puis sport l'après-midi.

J'ai carrément été très surpris, par l'engouement populaire en Allemagne pour le football.

Pas étonnant que les étoiles fleurissent sur le maillot de la Nationalmannschaft, et elles continueront certainement à le faire à l'avenir.

Confirmons donc ce propos, mais juste avant, pour que tout soit bien limpide, posons le décor de ma situation professionnelle.

À mon arrivée sur le tard durant cette intersaison, Roman Weidenfeller, gardien de but allemand, a été choisi pour succéder à Jens Lehmann.

Cela faisait trois ans qu'il était sa doublure et, à vingt-trois ans, il était décidé de lui donner sa chance.

En Allemagne, lorsque le gardien numéro 1 est nommé, sa place est acquise, régulièrement pour six mois minimum, voire pour toute l'année. Il est rarement déstabilisé.

Mais les choses peuvent changer parfois…

Revenons donc en cet automne où Matthias Sammer me demande de jouer quelques matchs en équipe réserve, qui a une identité vraiment unique.

En effet, c'est *comme un club dans le club*.

Avec un président, des dirigeants choisissant l'entraîneur et même des supporters qui suivent uniquement cette équipe.

Le tout est évidemment en harmonie avec l'ensemble du club.

À titre de comparaison, en France, pour les matchs de ce niveau, les joueurs sur le terrain font plus de bruit que les personnes en tribune. Pour espérer du monde il faut un enjeu, que le club amateur joue la montée ou alors un long parcours en coupe de France, par exemple.

Mon premier match officiel avec cette équipe a lieu le 10 octobre à St Pauli, quartier de Hambourg, devant 17 000 spectateurs !

Puis ce sera un derby contre le Rot-Weiss Essen ; les supporters les plus acharnés des deux camps ne veulent pas manquer ce match au Westfalenstadion, puisque le stade attenant est trop petit pour accueillir les 5 000 personnes.

Des journalistes venus de France pour me suivre dans ma nouvelle vie étaient également ébahis par cette ferveur.

Pour conclure sur ce sujet et être bien réaliste de la situation, il faut d'abord comprendre la géographie.

Les villes de Gelsenkirchen (Schalke 04), Bochum (VFL), Dortmund (Borussia) et Essen (Rot-Weiss) se situent dans un environnement concentré de 40 km^2.

Autant dire qu'en montant sur le toit de n'importe quelle tribune, vous pouvez presque voir les matchs dans les trois autres stades !

Il est arrivé de façon exceptionnelle que VFL Bochum, Schalke 04, et le Borussia Dortmund jouent à domicile, le même jour, à la même heure.

Voici le tiercé dans l'ordre : 30 000, 65 000, 85 000 personnes présentes dans chaque stade !

C'est ce que j'appelle parler football !

Nous arrivons à la trêve de Noël 2003, l'équipe est assez irrégulière, un peu à l'image de Roman, qui lançait sa carrière.

De mon côté, je ne disais rien, je travaillais, je respectais mon rôle de numéro 2 que je n'avais jamais accepté au fond de moi. Les choses paraissaient immuables.

J'étais de retour en forme, les très grandes sensations n'étaient pas loin.

Wolfgang de Beer, en voilà la cause. Plus connu sous le surnom de Teddy, c'était l'entraîneur des gardiens de but, un ancien gardien du club. Un type costaud ! Allemand quoi !

Il nous avait notamment concocté une préparation extrêmement poussée. Puis tout au long de la saison, il m'a fait bosser le bougre, j'en ai bavé !

Je n'ai jamais autant travaillé que lors de mes deux années à Dortmund.

Je le salue ce passionné. Nous sommes restés en contact un long moment.

Je finis par me faire cette réflexion : « Tu auras bientôt trente-quatre ans, si tu ne fais rien, tu vas rester doublure et ce sera fini… »

Je prends donc rendez-vous juste avant de partir en vacances avec Matthias Sammer et Michael Zorc, notre directeur sportif. Ce dernier était le capitaine qui souleva l'unique Ligue des Champions du club jusqu'à ce jour. Il fera de même quelques mois plus tard avec la Coupe Intercontinentale, plaçant le Borussia Dortmund, en cette année 1997, sur le toit du monde.

Il est toujours bon de savoir qui sont les personnes qui se trouvent en face de vous.

Me voici donc en train d'exposer ma requête. J'explique très simplement que j'ai des pistes en Espagne et en France pour être titulaire et poursuivre ma carrière.

Ma priorité est de rester au club, seulement, je veux savoir s'il y aura une possibilité d'avoir une vraie concurrence. En effet, je ne suis pas venu simplement pour être une doublure.

Matthias me dit : « Gus, à partir de janvier le meilleur jouera. »

En Allemagne, la trêve porte bien son nom. Nous avons arrêté le 17 décembre et le premier match de la phase retour de Bundesliga n'est prévu que le 31 janvier.

Il y a donc un peu de vacances, avec une reprise lors des premières semaines de janvier.

C'est une vraie nouvelle préparation pendant deux ou trois semaines, avec un stage dans un lieu où le temps est plus clément. Comme dans le sud de l'Espagne, notre destination, pour bien se préparer en jouant des matchs amicaux et des tournois.

Me voilà donc de retour avec cette porte entrouverte de la concurrence loyale. Je décide simplement d'appliquer la recette victorieuse lors de ma remise en question à Lens par Rolland Courbis.

Mais je pense que ma détermination était encore plus féroce.

La première fois, je faisais partie des meubles, je connaissais tous les rouages, j'étais dans mon club.

À Dortmund ce n'est pas le cas du tout, c'est même l'opposé, je suis en terrain à conquérir de façon complète, plongé dans l'inconnu, avec cette très grande soif !

Visiblement la méthode fonctionne.

Je n'ai pas encaissé de but lors des cinq matchs amicaux disputés, notamment contre Genk et Galatasaray avec deux penaltys stoppés.

C'est à ce moment-là, en janvier 2004 à la fin du stage, que tout a basculé.

Matthias me convoque après notre retour en Allemagne, il me dit que c'est moi qui jouerais la deuxième partie de saison.

Je suis enfin de retour, après une année d'exil.

Le nuage couvrant le soleil était si épais, cette opacité a quelquefois bien failli laisser croire qu'elle serait infranchissable.

Mais non ! Jamais ! Le soleil était là ! Même si pendant un long moment nous ne le voyons plus nous savons que derrière la nuit, sa lumière et ses rayons seront toujours là !

C'est ma plus grande fierté !

À travers celle du joueur, l'homme progresse.

Ma fierté a deux facettes.

La première, c'est que tous les ballons oxygènent de nouveau mon sang. Il est enfin fluide, il va retrouver sa couleur originelle.

La seconde, c'est que c'est bien en terre étrangère que le chevalier est allé combattre de façon noble, face à un adversaire vaillant, sortant vainqueur et pouvant enfin ériger sa propre terre sainte en victoire.

Voici donc ce premier match en ce 31 janvier 2004 et ce sera de nouveau le derby contre Schalke 04 !

Le stade est plein.

Quel moment lors de mon entrée sur la pelouse pour l'échauffement devant la Südtribüne de 22 500 places. Les supporters ne me connaissent pas encore sous les couleurs de leur maillot.

J'ai à faire mes preuves et je suis très motivé pour être décisif.

La partie se lance et nous dominons largement les débats, d'ailleurs nos adversaires, un peu en retard, prennent un carton rouge.

Nous obtenons un penalty. Mal tiré ! toujours 0-0.

Quelques minutes plus tard, en voici un second. Raté de nouveau ! toujours 0-0 à la pause.

Il reste 45 minutes pour bien débuter.

Mais la tension monte et, avec la bonne défense adverse, rien ne passe.

La fin du match approche, l'attaquant adverse part limite hors-jeu, se présente face à moi, pique le ballon, qui va mourir dans le petit filet.

Défaite 0-1. Terrible !

Comme pour ma première à Lens, c'est une défaite.

Je suis dépité !

Malgré tout je me remets vite car ma prestation d'ensemble sur le match est bonne.

Je me sens bien dans l'équipe, je trouve mes marques et nous enchaînons trois victoires d'affilée dont celle contre Munich 1860 dans la ville bavaroise.

Nous sommes le matin du match et la semaine précédente nous avions gagné à Wolfsbourg 2-4.

Ces deux buts encaissés me paraissaient bien évitables, c'est pourquoi, à la fin de notre balade matinale bien fraîche en ce mois de février, je décide de faire une réunion avec mes quatre défenseurs du jour :

- Guy Demel, international ivoirien, 35 sélections.
- Christian Wörms, international allemand, 66 sélections.
- Stefan Reuter, international allemand, 69 sélections, champion du monde 1990, champion d'Europe 1996.

-Niclas Jensen, international danois, 62 sélections.

Je vais dans un de mes domaines de prédilection, la tactique.

Nos placements, la zone mixte, le marquage à conserver, l'attitude selon la profondeur, le coulissage, la couverture mutuelle sur jeu court, sur jeu long... L'agressivité, l'attitude corporelle, sur coups de pied arrêtés... Le jeu de tête... Les zones de tacles, le hors-jeu... Bref, tout y passe pour le manuel du défenseur parfait.

Détail non négligeable, j'ai en face de moi les meilleurs apprentis, pardon, les meilleurs professionnels de la planète.

Tous adhèrent et nous passons notre matinée à dessiner les schémas, à nous définir parfaitement sur le terrain. Ouf ! je dirais. Parce que je ne savais pas au juste comment cette réunion allait être prise.

À la sortie, je me suis dit : « Guillaume, tu exagères quand même ! » Mais non !

Comme Stefan a joué… à la Juventus, je me doutais bien que tout se passerait parfaitement bien…

Ewerthon marquera deux fois. Nous gagnerons 0-2 sans prendre de but.

Nous avançons dans cette saison et nous voilà dans un autre derby à domicile contre Bochum.

Jan Koller ouvre le score puis notre adversaire égalise, 1-1 à la 15e minute.

S'enchaîne une déferlante d'occasions de buts en notre faveur.

Nous marquons deux fois par Salvatore Gambino et Torsten Frings. 3-1 à la pause.

Nous sortons de la pelouse en direction du vestiaire, le stade chante et nous sommes dans des discussions heureuses.

Nous nous asseyons.

Matthias, notre entraîneur, nous demande de faire silence.

Puis commence, je pense, la plus grosse soufflante, tout du moins une des plus importantes que j'ai vécues de toute ma carrière.

Un par un, il nous a pris droit dans les yeux et nous a dit ce qu'il pensait de ce but encaissé, de toutes ces occasions ratées, de ce qu'aurait dû être le score et de notre attitude suffisante en entrant dans le vestiaire.

Victoire 4-1.

C'est ce jour-là que j'ai compris le pourquoi des Allemands.

Il fait très beau en ce jour du 17 avril 2004. Nous recevons le Bayern Munich. Il y a plus de 200 000 demandes pour ce match.

Quelques jours plus tôt, dans la presse, Oliver Kahn, gardien de but légendaire, avait bien été lui-même en mettant une bonne huile allemande sur le feu. Je ne me souviens plus très bien de la marque exactement, mais elle était bien dirigée en notre direction et contre nos supporters.

Le stade est archicomble, il y a 85 000 personnes.

Nous entrons sur le terrain avec les tifos et les chants, c'est splendide, l'émotion est à son paroxysme. C'est ce moment choisi qui nous transforme, il est si inexplicable.

Mon homologue du soir choisit de jouer la première période devant les 22 500 supporters de la Südtribüne, le « mur jaune ».

Ce qu'il ne savait pas en revanche, c'est que ceux dont je défends les couleurs avaient décidé de répondre à son *jet d'huile* de la semaine de façon un peu particulière, en amenant chacun… une banane.

C'est alors que, dès que le capitaine bavarois s'approcha de son but, tous les fruits jaunes disponibles tombèrent de la tribune, en sa direction, sur le terrain, créant ainsi une situation surréaliste. Il a fallu aller chercher des pelles pour déblayer le terrain comme s'il avait neigé !

Le match se lance enfin, il est d'une très haute intensité et le Bayern nous bouscule fort en ce début de rencontre.

Il faut dire que leur équipe est très puissante avec Samuel Kufour, Bastian Schweinsteiger, Ze Roberto, Roque Santa Cruz, Roy Makaay en attaque que j'avais déjà croisé avec Lens lorsqu'il évoluait à La Corogne, ou encore Michael Ballack, un des meilleurs joueurs allemands.

Nous résistons parfaitement et tenons le score de 0-0 jusqu'à la pause.

Puis à la reprise, nous surprenons l'arrière-garde en obtenant un penalty qu'Ewerthon, Brésilien de son état, transforme à la 55e minute.

Nous continuons d'accélérer et sur corner, c'est Christian Wörms de la tête qui aggrave la marque à la 61e minute. Je lève les yeux et je vois bien 2-0 au tableau d'affichage.

En 6 minutes, le match a basculé et le vaisseau jaune et noir s'est allumé en joie de toutes parts.

Quel moment !

Les rouge et blanc se crispent, ils sont piqués et Michael Ballack sera finalement expulsé à la 68e minute.

Nous sommes vigilants jusqu'aux derniers instants, mais nous maîtrisons notre sujet dans ces dernières minutes.

Le bruit est assourdissant lorsque l'homme en noir siffle la fin de la rencontre, l'ambiance exceptionnelle !

C'est l'explosion de joie de tout un club, de toute une âme unie dans ces couleurs.

Nous sommes restés très longtemps sur le terrain à la fin du match, presque une heure après notre tour d'honneur, écoutant et partageant les chants des supporters qui ne partaient pas avec nos enfants, qui étaient là et jouaient sur la pelouse avec nous.

Les amoureux et les connaisseurs savent exactement ce que représente cette victoire contre cette institution qu'est le FC Bayern Munich.

Je place cette victoire parmi mes plus hauts faits d'armes footballistiques.

J'ai retrouvé la pleine possession de mes moyens, celle de mes références internationales, telles que j'ai pu les avoir par le passé.

Mais c'est différent, je suis plus fort encore avec toutes ces dernières expériences.

En Allemagne, avec ce niveau, celui dont vous avez pied de la même manière que vos coéquipiers internationaux, dans l'océan de ce grand club, il n'y a pas de limite, c'est tout de suite une porte ouverte sur l'équipe nationale.

Forcément, tous me posaient la question par rapport à l'équipe de France, avant l'Euro 2004.

Pourquoi pas, de nouveau en tant que troisième gardien, cet homme d'expérience.

Mais l'histoire de l'équipe de France se termine sans jamais avoir débuté.

Sortons maintenant du vestiaire en chantant et rejoignons toute ma famille et mes amis nombreux.

Après un passage dans les superbes salons du club, nous partons direction Düsseldorf et la vieille ville, où j'avais réservé dans un restaurant italien, qui est plus une seconde maison où j'avais mes habitudes.

Lors de notre arrivée, *il capo* fait mettre toutes les personnes présentes, ses clients, debout.

Ce sera « standing ovation » pour nous acclamer ! Que d'éclats de rire ! Musique maestro !

Nous avons fait une fête méritoire qui ressemblait en tout à la beauté de ce jour, dans cette nuit exquise sur les bords du Rhin, dont même les étoiles habitaient nos yeux.

Puis, nous terminerons notre saison, avec le dernier match à Kaiserslautern.

Mais malheureusement cette fois, nous ne pouvons pas faire mieux que 1-1 et nous ratons la cinquième place, synonyme de Coupe d'Europe, pour un petit point.

Tout aurait pu être parfait, quel dommage !

Après un excellent taux de remplissage d'air, d'eau et de vin de Bourgogne, c'est déjà l'heure du retour avec un changement majeur au club.

Matthias Sammer, notre entraîneur, part au VFB Stuttgart.

J'en profite simplement pour remercier M. Matthias Sammer de m'avoir fait confiance.

C'est le Néerlandais Bert van Marwijk qui lui succède.

Cette deuxième saison dépasse le cadre du football.

Dès le départ, un aspect plus politique vient perturber la saison 2004/2005 puisque le club connaît une secousse financière très forte à la suite de son entrée en bourse.

Les dirigeants vont lancer une restructuration, notamment en s'appuyant sur les jeunes du club.

Pour résumer le tout, je joue lors de la première partie de saison puis c'est Roman Weidenfeller qui prend ma suite, sans défaillance de ma part, mais avec cet objectif club.

Je comprends la situation, même si je dis au passage ce que je pense à ce cher Bert.

Au regard de mon année 2004, le Gus était loin d'être fini ! D'ailleurs, à la trêve hivernale, j'ai à nouveau des pistes pour jouer.

Nous partons en janvier 2005, en Turquie cette fois, faire un tournoi amical.

Nous jouons contre le Spartak Moscou et le match se termine sur une séance de tirs aux buts.

J'ai joué cette rencontre avec beaucoup de décontraction mais, en même temps, je voulais montrer que j'étais toujours bien présent pour le haut niveau.

Je savais aussi que j'étais observé. J'ai fait une grosse performance pendant le temps réglementaire, tenant le match nul. Arrivent les tirs aux buts, je stoppe les trois premiers tirs adverses et nous gagnons donc cette séance 3-0.

Tout le monde est resté un petit peu coi, comme moi d'ailleurs, c'est un événement si rare !

C'est si simple le football !

Le club, voyant les sollicitations arriver, a mis son veto à mon départ.

Après avoir discuté en profondeur avec Michael Zorc sur le moment délicat que nous passions, il m'a demandé de rester et de terminer la saison ainsi.

Les Allemands sont très carrés, très respectueux des contrats. J'aurais pu un peu forcer les choses mais ce n'est pas ma philosophie, je ne voulais surtout pas ternir ce que j'avais vécu, l'année que je venais de passer.

En janvier 2005, un match de charité était aussi organisé à la suite du terrible tsunami dans l'océan Indien.

L'Allemagne s'est mobilisée et la sélection nationale a décidé de rencontrer une équipe *all-stars* des étrangers de Bundesliga, dont je faisais partie avec mon ancien partenaire lensois Valérien Ismaël.

Pour l'anecdote, cela s'est achevé sur un résultat nul 2-2. Tout le monde a vraiment joué le jeu et se sentait concerné.

Le stade était plein, c'était très impressionnant et émouvant.

Nous avions tous été très touchés par le tsunami qui avait frappé l'Asie du Sud-Est.

Ce moment organisé pour venir en aide aux victimes fut d'une très grande dignité.

Petite pensée pour les joueurs tchèques qui étaient présents également et qui représentaient le Borussia comme moi.

Après Vladimir Šmicer à Lens, j'ai donc découvert Tomáš Rosický et Jan Koller, deux autres figures de ce football européen.

Tomáš était surnommé « le Mozart tchèque », il était d'une élégance et d'une finesse ! Le ballon était collé à son pied en permanence.

Nous discutions souvent d'Arsenal, il me demandait comment c'était avant d'aller à Londres.

Il était de classe mondiale. Je l'aurais bien vu à Barcelone !

Jan Koller quant à lui était de grande taille, il avait un jeu de tête fabuleux, il était atypique. C'était un grand buteur.

Je savais désormais que je n'avais aucune chance de jouer lors de la deuxième partie de saison avec le Borussia, malgré mes performances lors de la préparation hivernale.

Je n'avais aucun intérêt à faire la guerre, d'autant qu'il ne me restait que six mois de contrat.

Si entre gardiens allemands il y a une forme de féroce combat, cela avait d'ailleurs été le cas entre Jens Lehmann et Roman Weidenfeller, ce n'était pas du tout mon point de vue dans ces circonstances, avec une visée très différente me concernant.

J'ai joué mon rôle de doublure à fond, mettant Roman dans les meilleures conditions, ce qui l'a beaucoup changé et aidé. J'étais plus comme un appui de gardien plutôt qu'un concurrent, l'encourageant et le mettant dans les meilleures dispositions.

Nous avons passé de bons moments ensemble. Nous avons gardé une amitié, nous nous sommes longtemps envoyé un message de vœux pour Noël.

Roman a fait une magnifique carrière, il est toujours resté au Borussia et a remporté plusieurs trophées avant de faire partie du groupe et d'être champion du monde en 2014 avec l'Allemagne.

La fin de saison arrivant et voyant que j'avais la bonne attitude, que je travaillais et que j'étais professionnel, connaissant mon état d'esprit, les dirigeants du Borussia m'ont proposé un nouveau contrat d'un an.

Voyant que ce serait être peut-être mon dernier, je leur ai répondu que j'allais réfléchir mais que je souhaitais plutôt deux ans puisqu'être doublure de nouveau scellait mon avenir.

J'avais certaines propositions qui ne correspondaient pas à ce que je souhaitais.

Familialement nous étions très bien à Düsseldorf. La tendance était plutôt de poursuivre l'aventure allemande.

Finalement, le directeur sportif Michael Zorc me relance en ne changeant rien à sa proposition.

Il souhaite me faire signer avant le dernier match et les vacances qui arrivent.

Je n'ai pas ce que je souhaite. Je lui dis : « Fais quand même attention, j'ai des clubs… »

Il prend cette phrase un petit peu à la légère.

Quelques heures plus tard, Jeannot m'appelle pour me dire que Didier Deschamps s'est renseigné sur moi, nous nous connaissions très bien depuis mon passage à Marseille et il cherchait désormais un numéro 1 bis pour épauler Flavio Roma, le gardien international italien.

Être n° 1 bis à Monaco ou n° 2 à Dortmund, le choix était évident.

Cette opportunité est arrivée parfaitement à l'heure je dirais, lors de cette dernière semaine.

Michael Zorc, voyant que je ne répondais pas à ses sollicitations, est venu me voir en personne pour me demander ce qu'il en était.

Je lui ai répondu que c'était trop tard, que j'allais signer à l'AS Monaco.

Il m'a regardé, il resté un peu scotché ! Il m'a dit qu'il était vraiment désolé : « *Das ist mein Fehler* », « c'est mon erreur ».

Il pensait peut-être que j'accepterais de prolonger parce que c'était ma meilleure option.

J'ai trouvé que cette réplique était une belle marque d'estime et d'affection de sa part.

Cela suffit pour partir l'esprit tranquille.

C'est l'heure du dernier match de la saison contre Rostock.

Le club me rend hommage pour mon départ et tout le stade m'applaudit chaleureusement. Cela m'a beaucoup touché parce que je n'ai rien gagné et que je suis resté seulement deux ans, sans jouer tous les matchs.

Je suis loin d'avoir fait ce que j'ai réalisé avec le RC Lens, mais quelque chose s'est passé avec les supporters, le feeling était très bon. Ils ont peut-être reconnu la qualité de mon engagement.

Nous avons achevé notre séjour en Allemagne le lendemain, le 22 mai. Les déménageurs ont tout enlevé.

Nous ne sommes pas en retard, mais pas en avance en direction de l'église, je roule un peu vite dans Düsseldorf et sur le côté… Polizei !

J'explique que c'est la première communion de mon fils et que j'ai peur d'être retard.

Normalement c'est « keine chance ! » Ils me disent simplement d'aller plus lentement.

Ce jour qui est aussi celui de mon anniversaire donne forcément une orientation différente, plus spirituelle, un signe particulier. C'est donc la première communion de mon fils aîné, Matthieu, avec le père Janusz, prêtre polonais parlant un français impeccable.

À la sortie de la messe, nous saluons la communauté française et les amitiés créées pendant ces deux années avec les enfants.

C'est l'heure du départ, pour une nouvelle destination, Monaco.

Il m'arrive encore régulièrement d'aller en Allemagne, un lien s'est maintenu. Même si je n'ai pas réalisé d'exploit majeur, j'ai porté les couleurs et je suis considéré par le club.

En 2022, Michael Zorc a été remplacé par Sebastian Kehl, avec qui nous avons joué pendant cette période.

Le compte Twitter officiel du club m'a fait un petit Tweet pour mes cinquante ans en 2020 !

Danke !

16.
MONACO,
FINIR POUR MIEUX DÉBUTER

Didier Deschamps m'a exposé clairement la situation : Flavio Roma est le numéro 1.

Ce qu'il souhaitait, c'était avoir un numéro 1 bis.

Quelqu'un qui pourrait, avec la longue saison à venir, le cas échéant, soulager Flavio.

Se présentait également la coupe d'Europe, le tour préliminaire de la Ligue des Champions.

C'est dans cet ordre d'idée bien clair que j'ai signé à l'AS Monaco, une année plus une seconde avec une option à lever.

1+1.

J'allais également avoir le privilège d'être entraîné par une personne que j'ai admirée et qui m'a beaucoup inspiré, M. Jean-Luc Ettori.

Ce projet arrivait parfaitement pour pouvoir partager toute mon expérience et il pouvait également me permettre de jouer peut-être davantage.

Le climat méditerranéen était un autre aspect, secondaire certes mais non négligeable pour mon petit genou et plutôt agréable pour une fin de carrière.

Ce n'est surtout pas ma famille qui s'en est plainte après leur avoir imposé le nord de l'Europe.

Cette transition entre Dortmund et Monaco fut très belle, convenant plutôt bien à des traits de ma personnalité calme et tranquille ; sans manquer d'ambition évidemment.

D'un point de vue pratique, après deux ans à faire pas mal de route, je voulais être plus proche de l'école des enfants.

C'est ainsi que par un heureux concours de circonstances, nous avons trouvé un appartement juste à côté du palais, sur le Rocher, au pied de la cathédrale.

Par la suite, il m'arrivera régulièrement de faire l'ouverture le matin de la cathédrale, avec le sacristain, de boire un café avec lui. C'était exceptionnel !

Mon intégration dans le groupe monégasque fut très bonne. Nous sommes partis en stage d'avant-saison en Bretagne, à Quiberon. Après « le bizutage du chant » obligatoire lors de toute arrivée dans un nouveau club, nous

nous sommes préparés pour affronter le Bétis Séville pour ce tour préliminaire de la Ligue des Champions.

Chapeautée par Jean-Luc Ettori, avec André Biancarelli, Flavio et moi, notre préparation de gardiens de but a été excellente, à l'image de l'ambiance de travail.

Mais Flavio traînait une blessure depuis quelque temps et cela a empiré dès le mois d'août.

Cela a été vraiment délicat pour lui, parce qu'international italien. Cette blessure complexe durera presque toute la saison et lui coûtera sa place en équipe nationale en 2006, et donc un titre de champion du monde.

Je salue son état d'esprit remarquable. Nous nous sommes tout de suite très bien entendus, souhaitant de mon côté simplement apporter ce que je suis pour le mettre dans les meilleures conditions.

Selon une formule purement personnalisée : « J'avais pris ma carte de pêche et jeté de l'amorce dans le port de Monaco pour une préretraite dorée. Raté ! J'ai enchaîné 7 mois d'affilée avant que Flavio puisse rejouer de nouveau, à la fin du mois de février. »

Revenons à cette réalité douloureuse de sa blessure, qui m'a obligé à le suppléer lors du match retour contre le Betis Séville.

Flavio est sorti s'échauffer mais c'est la mort dans l'âme, au bout de quelques minutes, qu'il nous dit qu'il ne pourra pas jouer.

Nous avions perdu 1-0 en Espagne pour le match aller.

C'est Ricardo Oliviera, international brésilien, qui sera l'homme de ce match retour, malheureusement pour nous. Il ouvre le score de la tête pour le Betis à la 17e minute.

Puis nous renversons la vapeur en inscrivant deux buts par Gerard et Maoulida, 2-1 à la 63e. Entre-temps nous avons un penalty que le gardien de but espagnol arrête. Notre chance est passée.

Oliveira, dans une chevauchée de presque 50 mètres, réussit avec plusieurs contres favorables à inscrire le but égalisateur à la 77e minute, il nous élimine définitivement. 2-2.

La majorité des gars avaient un vécu important ensemble, avec cette finale de Ligue des Champions jouée peu de temps auparavant. Ce couac est plutôt dur à assimiler, il nous prive de cette Coupe d'Europe majeure.

Durant cette saison monégasque, j'ai joué avec une des meilleures défenses de ma carrière, vraiment très forte.

Quatre internationaux la composaient : Patrice Évra, Sébastien Squillaci et Gaël Givet pour la France, Maicon pour le Brésil.

Et puis très vite il y eut ce match contre le RC Lens au stade Louis II.

J'ai fait une préparation très particulière, ne préférant pas sortir à l'extérieur pour l'échauffement.

C'était très particulier, c'était la première rencontre contre le club de mon cœur. Bizarre.

0-0 score final.

Évidemment, je suis allé saluer les anciens, Siko et Francis Gillot, l'entraîneur lensois, qui, lors de mes débuts à Lens justement, arrêtait sa carrière de joueur.

C'était curieux, j'ai salué les supporters de Lens avec plaisir, comme si je ne les avais pas quittés, mais je portais un autre maillot, comme ce fut déjà le cas avec Arsenal et Dortmund.

J'étais pleinement investi dans cette nouvelle aventure.

Après quelques matchs difficiles, Didier Deschamps arrête sa fonction dès l'automne, c'est Jean Petit, pilier de la maison monégasque, qui lui succède.

Puis le choix définitif se portera sur l'entraîneur italien Francesco Guidolin.

J'aurais aimé collaborer encore plus en tant que joueur avec Didier mais également davantage après ma carrière. Nous avons été proches de le faire.

Je ne parlerai pas de son palmarès ni d'une certaine amitié que nous avons.

Simplement, Didier, nous nous sommes déjà croisés deux fois :

À Marseille nous étions joueurs, à Monaco tu étais entraîneur et moi joueur… et donc…

Revenons à notre quotidien.

Nous prenons finalement notre envol et je retrouve l'Europe avec la Coupe de l'UEFA.

Nous avons débuté la compétition par une double confrontation contre les Néerlandais de Willem II et deux victoires 2-0 et 1-3, obtenant ainsi notre qualification pour la phase de groupes.

J'ai beaucoup aimé notre premier voyage, en Norvège, notamment au moment de l'atterrissage tout autour de ces fjords.

Puis lors d'une de mes balades, cette toute petite église. C'était magnifique.

Sans le football, c'est sûr je n'aurais sans doute jamais rencontré cet endroit.

J'ai beaucoup moins aimé le club de la ville de Stavanger, le Viking FK, qui porte très bien son nom en nous attaquant de toutes parts. 1-0, match perdu.

Après ce mauvais départ, nous avons affronté et battu les Allemands de Hambourg à domicile. Je venais de quitter la Bundesliga et j'ai eu plaisir à parler de nouveau à la télé allemande, venue me retrouver à cette occasion pour me poser quelques questions.

Cap à l'Est ensuite où nous avons enchaîné avec une victoire 0-2 sur la pelouse du Slavia Prague.

C'était un match très engagé, très physique, m'obligeant à m'employer pour faire trois arrêts importants.

Cette rencontre a une saveur particulière avec la présence de Monseigneur, le Prince Albert de Monaco, qui avait fait le déplacement pour nous soutenir !

J'ai cette photo où le Prince Albert me sert la main pour me féliciter à la fin de la partie. Nous avons eu l'occasion de discuter, c'est un très grand connaisseur de football ! Amoureux et évidemment supporter inconditionnel de son club !

Je suis d'autant plus heureux parce que, quelques jours auparavant, pour la fête nationale monégasque, le 19 novembre 2005, se déroulait les cérémonies d'intronisation de SAS le Prince Albert II. Monseigneur a souhaité (comme toujours) assister à la rencontre mais, plus encore, intégrer notre match contre l'AS Saint-Étienne dans ce protocole.

Ce fut un pur bonheur d'avoir été décisif pour conserver le score de 1-0 et ainsi avoir pu avec mes coéquipiers lui offrir cette victoire en ce jour si particulier pour lui.

À la fin de la rencontre, avec toute l'équipe, le club et mon fils Lucas qui avait eu le privilège d'assister à ce match juste derrière mon but, nous avons pris le temps d'aller saluer le prince avec sa famille devant la tribune officielle.

J'étais et je suis encore extrêmement fier d'avoir été présent à ce moment et que ce soit moi qui ai eu cette responsabilité, apportant davantage de joie à cet instant unique.

Finalement nous terminons parfaitement cette phase de poules en obtenant la première place du groupe après notre nouveau succès 2-1 contre le CSKA Sofia lors du quatrième match.

Nous passons l'hiver en filant en 16e de finale contre les Suisses du FC Bâle.

Je jouerai le match aller en Suisse le 15 février 2006, avec une défaite 1-0.

Ce sera mon dernier match européen.

Flavio disputera le match retour après de longs mois d'attente, revenant enfin de sa blessure.

Nous serons éliminés après un match nul 1-1.

Mais n'allons pas trop rapidement, arrêtons-nous le 22 janvier 2006 pour mon retour à Bollaert.

Comme un clin d'œil du destin, à défaut de sortir comme je l'avais espéré, j'allais enfin pouvoir dire au revoir à ce public lensois. J'allais enfin boucler la boucle.

Avec Monaco nous sommes allés au vert à la Chartreuse du Val Saint-Esprit à Gosnay, où nous allions aussi avec le Racing lors de nos grandes épopées.

En cette veille spéciale, je fais appel à mon ami Philippe Bolet, avec qui nous avons toujours des discussions très sincères dans notre amitié profonde Il a également et surtout des mains et un don pour son métier, sa vocation d'ostéopathe. Merci Philippe.

Dans ce même mouvement de mon retour, comment oublier mes enfants de l'orphelinat de Douai !

J'ai eu cette idée en amont de les faire venir à l'hôtel le matin du match pour discuter avec eux.

M. Capron et tous les responsables étaient d'accord. Deux minibus sont arrivés.

Comme ils avaient grandi mes meilleurs amis ! Quel moment extraordinaire d'émotion, quelle joie de se retrouver.

Je savais que c'était la dernière fois que je revenais en tant que joueur, c'était en tout cas la première depuis mon départ et je me suis dit qu'il ne fallait pas que je loupe cet événement.

Il était important que je puisse revoir tout le monde.

J'ai bien écouté attentivement et puis comme dans une famille, avec beaucoup de rires, de bonne humeur, les souvenirs sont remontés.

Nous n'avons pas pu jouer au football cette fois. Mais, j'avais pour l'occasion réquisitionné toutes les invitations de mes partenaires. Pas le choix, les gars !

Ainsi, ils ont pu venir voir cette ultime partie.

Puis l'heure du départ a sonné avec toutes les promesses et espérances de ce moment.

Nous nous sommes serrés un par un dans les bras.

Lorsque nous nous sommes dit au revoir et que je les ai laissé filer en direction de leur destin, je n'ai pas pu me retourner. J'ai marché lentement, dans ce couloir orné de magnifiques boiseries, laissant la chaleur de mes larmes glisser rondement sur mes joues.

Dans le même mouvement de ce pas, je suis allé m'agenouiller dans la chapelle attenante pour déposer chacune de leurs respirations dans le Cœur de Dieu.

C'était la première fois que j'allais me rendre au stade avec des couleurs étrangères, autres que celles sang et or. J'ai fait attention de bien rentrer dans le vestiaire visiteurs.

Je suis resté très concentré dans ma préparation pour ne pas me disperser.

En sortant sur la pelouse pour l'échauffement j'ai reçu beaucoup d'applaudissements qui sont allés en plein dans mon cœur. Merci !

Après avoir ouvert le score, nous nous sommes finalement fait rejoindre. 1-1, score final.

Je veux profiter de cet instant, il m'est accordé, pour un tour d'honneur en saluant les quatre tribunes et en me dépouillant de mon maillot pour le kop, symbole de tout ce que j'ai donné pour le club.

Enfin, il était temps ! J'ai pu dire au revoir aux supporters lensois, j'en profite pour saluer Alexandre avec sa tenue de supporter qui ne savait pas encore qu'il allait m'aider à écrire ces lignes, j'ai enfin pu achever ce qui devait l'être.

C'était un beau moment, pudique, intime, avec une très grande émotion.

Digne et à la hauteur de ce que nous devions partager.

En ce début février 2006, nous sommes 5e du classement en championnat de France.

C'est également à la fin de ce mois que ce long et bel intérim se termine pour moi.

J'ai pris ma place et il fallait que je sois bon. Le fait d'avoir un certain temps de jeu assuré m'a complètement libéré.

J'étais comme un poisson dans l'eau, un peu normal à Monaco me direz-vous.

Pour confirmer ce propos, voici ce que les magazines spécialisés ont publié dernièrement, en 2022, concernant les gardiens de but de l'AS Monaco :

Alexander Nübel, l'actuel gardien, était alors à 72,1 % d'arrêts effectués.

Benjamin Lecomte, lors de ses deux saisons passées à l'AS Monaco, était à 66,3 %.

En remontant plus loin dans le temps, pour une saison de transition où l'ASM avait joué le maintien, le Suisse Diego Benaglio comptait à peine 50 % d'arrêts.

Depuis 2000, **seuls trois gardiens comptent un meilleur pourcentage moyen d'arrêts que l'Allemand Nübel :**

- Danijel Subasic (74,4 %) entre 2012 et 2018,
- Guillaume Warmuz (82,1 %) en 2006 lors d'une saison exceptionnelle à titre individuel.
- Flavio Roma (77,8 %).

Jouer à Monaco pour finir ma carrière fut un pur bonheur, avec des sensations retrouvées.

La fin de saison arrive et voilà qu'une mauvaise surprise fait son apparition à l'entraînement.

Sur une sortie anodine, je me réceptionne et mon genou droit se tourne. Je sens tout de suite que c'est grave.

Effectivement il s'agit de nouveau, dix ans après, du ligament croisé antérieur.

Je vis très mal cet événement car je pensais en avoir fini avec les blessures. Preuve que non.

L'impact est assez terrible car, à la suite de ma saison, le président Michel Pastor et le directeur sportif Gérard Brianti, qui appréciaient mon profil et mon état d'esprit, me parlaient d'une prolongation de contrat avec reconversion à l'AS Monaco. Cette blessure aura finalement tout remis en question.

Les deux anciens dirigeants sont décédés aujourd'hui et j'ai une pensée pour leurs familles.

Me voici donc de nouveau en Bourgogne, avec mon Dr Deschamps qui m'opère, je dirais, « comme toujours ». Et tout s'est bien passé, « comme toujours ».

Pour le remercier de sa disponibilité, de sa gentillesse et surtout de son immense compétence à mon sujet, étant donné qu'il était un fan absolu de Formule 1, je lui ai proposé de venir assister au Grand Prix de Monaco à la fin du mois de mai 2006. J'étais alors en pleine rééducation.

Évidemment, je me doutais légèrement de la réponse à l'avance !

C'est assez impressionnant de voir le quotidien de la vie à Monaco et le chamboulement que représente le Grand Prix ! Vraiment, chapeau à tous ceux qui œuvrent à cet événement !

L'ambiance est extraordinaire, la course aussi, il y a toujours des tels rebondissements.

Quelques mois plus tard, en septembre 2006, le Racing Club de Lens fêtait son centenaire à l'occasion du match à domicile contre… Monaco !

Très grand plaisir de retrouver les anciens avec cette invitation, profitant du déplacement de mon équipe pour partager ce moment ainsi qu'avec les supporters.

J'ai mis six mois à me rétablir de cette blessure. J'ai beaucoup apprécié, pour ne pas dire énormément aimé que l'AS Monaco me laisse revenir en prenant mon temps.

Tout comme j'ai été spécialement touché par le soutien de mes coéquipiers, qui ont notamment porté un tee-shirt « Courage Gus » lors d'un échauffement.

Je voulais revenir au haut niveau et retrouver mes sensations même si je savais qu'une telle blessure était compliquée à trente-six ans.

Un peu avant Noël je commence à reprendre et à frapper dans le ballon mais mon genou est encore sensible, je ne suis pas à 100 %.

Je retourne voir mon chirurgien favori qui me dit qu'il reste un tout petit morceau de ménisque à ôter. Une arthroscopie de 15 minutes aura bien lieu.

C'est une anesthésie locale, une péridurale qui est donc nécessaire. La vérité c'est que le grand gaillard que je suis craignait plus cette petite seringue endormante localement que l'opération en elle-même ou une anesthésie générale.

Je suis donc sur mon brancard, je pense, je médite, je prie… et je ne sais pas ce qui me passe par la tête à cet instant, mais je me suis dit, comme une promesse tout en priant : « Si tout se passe bien j'irai… me confesser, un jour. »

Jusqu'à aujourd'hui, je n'ai toujours pas compris le rapport entre tout cela.

Cet abysse entre une péridurale et un confessionnal, c'est la rime peut-être…

Bref, la petite intervention se passe très bien, comme toujours… et me voilà enfin libre de cette petite gêne.

Me voilà aussi de retour en principauté et il me faudra encore patienter un mois avant d'être bondissant.

Je commence à bien revenir en cette fin de saison, retrouvant petit à petit mes sensations de gardien de but. Je rentre maintenant avec l'effectif pour les entraînements.

Je suis proche mais pas encore suffisamment prêt pour être dans le groupe pour un match de championnat.

Donc, en ce samedi libre, nous décidons d'aller visiter l'arrière-pays niçois en famille.

Nous passons par la Turbie et le GPS indique qu'il faut prendre l'autoroute en direction de Nice.

C'est alors que, sans raison, je tourne à droite et je prends la première sortie.

C'est une petite route montagneuse qui descend et guide la voiture sur un sanctuaire, celui de Notre-Dame de Laghet, dont j'avais entendu parler dernièrement.

Je gare la voiture, intrigué. Nous descendons et nous entrons dans ce lieu spécial.

Je suis très impressionné par tous les ex-voto, ces tableaux accrochés en remerciement d'une grâce obtenue, par des gens malades, accidentés, ceux qui ont connu la guerre, ou encore dans d'autres circonstances…

Soudain, un événement précis me revient à l'esprit, comme s'il passait devant mes yeux.

Quelquefois le rire peut être la réaction de ce souvenir, de cette image.

Mais là, c'est plutôt une angoisse, une morsure de conscience qui, tout à coup, comme si un projecteur éclairait de façon précise une promesse faite quelques mois plus tôt sur mon brancard. « Souviens-toi que tu avais promis… de te confesser. »

À partir de cet instant, je continue ma visite avec cette phrase qui est présente dans mon esprit. Au fil de mes pas, je tombe précisément sur l'écriteau « confessionnal ».

Il se passe quelque chose de vraiment inédit, spécial, et je me dis qu'il faut que je le fasse, je ne peux plus reculer.

Il y a un banc en bois avec une personne assise attendant son tour et voilà que Guillaume Warmuz, le footballeur professionnel, se met à sa suite.

La porte s'ouvre, la personne qui était devant moi a terminé, elle sort.

C'est bien à moi d'entrer, c'est l'heure de la grâce.

J'entre, le prêtre tout souriant me dit bonjour et il se présente, c'est le père Roger.

Il me demande mon prénom et la dernière fois que je me suis confessé.

Je lui dis que c'est la première fois.

Il me regarde… J'ai bien cru qu'il allait faire fermer le sanctuaire…

Avec une très grande délicatesse et un savoir-faire, il m'aide.

Cet événement, je ne le savais pas encore, allait bouleverser complètement ma vie.

Je sors de cet entretien intérieurement différent, libéré, comme si tout ce qui m'encombrait depuis tant de temps était sorti, tout ce que nous gardons comme si personne d'autre, jamais, ne pouvait le comprendre.

C'est justement l'opposé, l'homme de Dieu peut entendre l'homme des origines et réellement l'aider.

Il est sacré et pour cela justement il peut donner ce sacrement.

Mais il faut deux choses :

- Reconnaître que parfois nous sommes faibles, que nous commettons des erreurs, que nous sommes faillibles et que nous avons besoin d'aide pour nous relever, je qualifierais cela d'humilité.

- Sans notre intelligence qui est le levier de notre volonté, nous ne pouvons pas espérer grand-chose. Rien ne se fera sans nous !

C'est comme si tout à coup, un cap devait être franchi dans la progression du meilleur de soi-même.

Je sors de ce lieu complètement heureux avec un impact physique réel, telle une plénitude intérieure lorsque l'on vient d'obtenir le meilleur des diplômes, un de ceux qui étaient inconnus jusque-là !

Plus tard dans la soirée, je m'approcherai plus d'une description métaphysique.

Si l'occasion se présente, n'hésitez pas, croyant ou non, à aller visiter ce lieu très surprenant.

Ce n'est pas comme à Lourdes ni à Fatima au Portugal, ou encore à Notre-Dame de Guadelupe au Mexique, où des faits mystiques avérés et reconnus se sont produits de façon inexplicable, en plus d'un message clair et précis.

C'est un beau havre de paix, un lieu très paisible, qui est très spirituel évidemment mais ressemblant plutôt à une maman qui ne peut laisser son enfant pleurer, alors elle le prend le plus délicatement possible dans ses mains et le porte sur son cœur, ce qui le calme immédiatement, l'aide, le console et l'oriente de façon définitive.

Si je réfléchis un peu plus, je dirais que j'étais un chrétien qui priait Dieu.

À partir de cet événement se sont développées la compréhension et la pratique des sacrements. L'intensité de ma foi catholique a augmenté et j'ai commencé à aller à la messe tous les dimanches.

C'est par la suite, en prenant du temps spirituel, en lisant la vie des saints, en échangeant avec des prêtres très bien formés, en étudiant le travail des théologiens, que j'ai compris cet instant.

Ma vie de footballeur a toujours été très bien réglée et organisée en fonction des entraînements, des matchs et en harmonie avec ma foi. Après ce moment particulier, le besoin d'une certaine intensité dans ma vie spirituelle a vu le jour.

Dans mon esprit résonnait très fortement cette phrase de sainte Jeanne d'Arc : « Dieu premier servi. »

La saison va se terminer, je retrouve la pleine possession de mes moyens mais c'est un petit peu tard.

Je ne jouerai aucun match lors de cette deuxième partie de saison.

Alors je prends le temps d'analyser ma situation et de réfléchir à ce que je souhaite faire à l'avenir. Les propositions avec la possibilité d'une reconversion à Monaco ne sont plus là.

Deux clubs montrent un certain intérêt pour la saison suivante. Ce sont des clubs qui vont jouer le maintien.

Si je me lance dans cette nouvelle aventure, est-ce que physiquement je serai assez solide pour retourner à la magnifique bastonnade nécessaire pour le maintien du club dans l'élite ?

L'on va attendre de moi que je sois le Guillaume Warmuz d'expérience, le capitaine. Est-ce que mentalement je suis prêt ? Et surtout, est-ce que j'en ai envie ?

J'ai aussi plus de difficultés dans la récupération et pour enchaîner les matchs.

En effet, après cette dernière saison formidable, je me souviens tout de même avoir consommé un nombre de kinés, ostéopathes et médecins bien au-dessus de la norme.

Alors si je devais arriver dans cet éventuel futur club et tout de suite créer un énorme trou dans le budget car faisant désormais partie de ces « souffreteux permanents »… ce que je n'ai jamais intégré dans mon logiciel.

Venaient s'ajouter à cela les entraînements et les voyages dont j'avais un peu moins le goût à présent.

Dernier point non négligeable : au regard de mes trois derniers clubs, était-ce nécessaire de redescendre d'un cran pour simplement continuer à jouer ?

Après réflexions et prières, en me rendant compte que tout devenait plus difficile, la réponse s'éclairait d'elle-même, même si elle n'était pas simple.

J'étais maintenant prêt à tout lâcher ; toutes ces nouvelles choses intimes m'appellent et me bousculent.

C'est une nouvelle naissance qui arrive. Une nouvelle vie qui se propose.

La seule et unique chose que je savais que rien ne pourrait jamais combler, qui se confirme aujourd'hui et se confirmera toujours, jusqu'à mon dernier souffle, c'est le moment où les deux équipes sont côte à côte dans le tunnel. Lorsque le stade est plein, les joueurs se regardent du coin de l'œil, ils se jaugent, la tension est extrême, les gouttelettes de sueur perlent sur les fronts, la concentration est à son maximum, chacun veut donner le meilleur de son être.

C'est le moment d'entrer dans l'arène avec le bruit des crampons, avec cette odeur des différentes crèmes de massage.

C'est un condensé d'informations, non exprimables d'un seul jet.

C'est parce que cet instant unique ne pourra jamais être comblé ailleurs, que ce moment précis sera toujours et uniquement à lui-même.

Ce n'est ni un regret ni une amertume.

Bien au contraire, c'est toute la beauté de cette chance saisie, due à la responsabilité de mes choix ; je n'ai loupé aucun de ces événements.

Je dirais même que tout est accompli.

Quand je regarde le petit garçon qui est parti de Blanzy, celui qui rêvait d'être professionnel, ce n'est pas usurpé de dire qu'il a bien dépassé ce qu'il avait espéré. Ce stade maintenant porte même mon nom.

Et vous, les jeunes, rêvez-vous encore ?

Le chemin parcouru a été difficile mais il y a-t-il de grandes victoires sans grandes batailles ?

En effet, plus le combat est valeureux plus grande est la gloire méritoire.

Mon bilan s'approche de celui des meilleurs.

Je crois que c'est le moment pour l'annoncer, c'est une belle carrière qui s'arrête au printemps 2007.

Il m'est arrivé de réfléchir à partir de cette question qui m'a souvent été posée, par des parents, des jeunes : comment faire pour arriver jusque-là ?

Je pense, et cette réponse n'est que le fruit de ma réflexion, qu'il y a trois aspects différents, mais complémentaires :

- Le premier concerne ce que la nature nous donne en tant qu'êtres humains. Chacun est d'abord homme dans toute sa dimension, mais comme il y a des personnes de petite et d'autres de grande taille, il en est de même pour les talents, dans tous les domaines.

- Le second concerne justement les talents déposés en nous, ils sont en devenir jusqu'à les découvrir.

Il faudra par la suite bien les développer et c'est uniquement par la volonté, la persévérance de le faire, avec comme moyen le travail, qu'ils trouveront leur accomplissement. Puis, de façon précieuse, il faudra entretenir dans le temps ce jardin magnifique de soi-même.

Le troisième aspect, ce sont les causes externes. Ce qui est extrinsèque à nous-mêmes que l'on peut qualifier de destin, de hasard, de chance, de providence.

Il y a quelques fois une confusion chez les personnes qui pensent que la réussite ne dépend que de ce dernier facteur. C'est une erreur, je pense.

Je dirais plutôt que c'est parce que les deux premiers aspects sont parfaitement vécus, généreusement, passionnément, dans toute leur dimension, du don de soi-même, que la troisième s'ouvre… ou pas.

Voici ce que je dirais pour éclairer mon propos :

Je suis d'abord entré à l'INF parce que les entraîneurs m'ont jugé digne.

J'ai joué mon premier match après six longs mois, mais je me suis entraîné très dur, ne serait-ce que pour me permettre d'avoir cette chance.

Alors que je voulais arrêter, rester chez moi, je suis finalement revenu à Vichy malgré mon désarroi et j'ai ainsi continué à me donner cette possibilité, en espérant que les choses basculent.

Lorsque mon collègue titulaire du poste tombe malade, je suis prêt à lui succéder parce que justement, je me suis préparé, j'ai tout donné pour cela.

Mais s'il n'attrape pas la grippe, je ne fais peut-être jamais de carrière.

17.
UN JEUNE RETRAITÉ TRÈS OCCUPÉ

Dès l'arrêt de ma carrière, beaucoup de domaines ont attiré mon attention.

Je ne vais pas les enfermer dans des cases, mais plutôt comme les antipastis italiens ou encore les tapas espagnoles, de façons diverses, je vais les exprimer au long des lignes suivantes.

Pour être en harmonie avec ces mets, commençons donc par le vin et cet art si particulier.

La première chose qu'il fallait que je trouve avant tout, pour revenir parfaitement à mes racines, c'était une cave voûtée, pour pouvoir faire deux choses, entreposer les bouteilles de mon choix et, surtout, pouvoir les partager dans ce lieu.

Tout au long de ma carrière, j'ai noué nombre d'amitiés différentes et variées avec les domaines bourguignons.

J'ai d'ailleurs longtemps réfléchi à devenir moi-même l'un des leurs et cette idée est encore un peu suspendue au-dessus des vignes…

Finalement, je suis resté au basique, celui le plus exquis, qui est de déboucher.

Mais avec le temps et le conseil des experts, j'ai appris à bien regarder, voir, puis humer, sentir et enfin attaquer, goûter.

Que de mondes ont été refaits et combien restent à refaire…

Parlons football, pour changer un peu, mais de façon différente tout de même.

Tout d'abord, j'ai toujours eu de bonnes relations, de bonnes accointances avec les journalistes et les responsables de Canal+.

J'ai toujours répondu aux interviews, quelles qu'aient été les circonstances pendant ma carrière.

J'ai finalement eu une proposition pour être consultant et j'ai commencé dès 2007.

Cela s'est fait naturellement, tout comme le fait de m'exprimer correctement devant les médias quand j'étais joueur.

J'ai donc commencé en commentant sur place, à Auxerre, à Sochaux, à Lyon…

Puis, dans un second temps mon activité s'est plus concentrée sur Paris, dans les studios, avec l'émission *Le 11 d'Europe*.

Le principe de l'émission était d'aller aux quatre coins de l'Europe justement, de regarder ces grands matchs des meilleurs championnats étrangers en direct. Étaient représentées l'Angleterre, l'Italie, l'Espagne et l'Allemagne. Puis nous revenions en plateau pour tout débriefer dans ce décor parfait, avec ce canapé rouge et des maillots de football un peu partout.

L'émission était réalisée par Erwan Le Breton et principalement présentée par Jean-Charles Sabattier, grand journaliste passionné.

Je salue ces deux hommes et avec eux cet autre monde que j'ai découvert, avec les plateaux TV en eux-mêmes et tout cet envers du décor, les caméramans, les responsables du son, les maquilleuses, les coiffeurs, les habilleuses, en n'oubliant surtout personne !

Je reviens pour saluer Jean-Charles – Charly – de façon particulière, et lui dire qu'en ce qui me concerne, c'était vraiment une période dorée.

J'ai tellement aimé l'esprit football de cette émission mais plus encore partager toutes ces heures d'émissions ensemble, dans cette ambiance professionnelle et joyeuse. Merci.

Parfois je partais deux jours sur place. Si l'opportunité de continuer s'était présentée, je l'aurais fait sans hésitation et avec grand plaisir.

Il y avait aussi Darren Tullet, Thomas Guichard, Thomas Thouroude et plein de gens qui passaient durant le week-end.

D'ailleurs, à ce sujet, je me souviens très bien, lorsque M. George Eddy a débarqué à l'improviste en direct sur le plateau avec… les pom-poms girls des Celtics de Boston !

Bon, dire que nous avions perdu pour quelques instants ce côté tranquille, serein et décontracté en voyant toutes ces filles plus belles les unes que les autres arriver sur le plateau, n'est guère surprenant !

Cette période de cinq années dans cette nouvelle atmosphère télévisuelle de mon domaine, le football, m'a beaucoup plu. J'ai pris énormément de plaisir porte de Saint-Cloud, à côté du Parc des Princes. Il m'arrivait de temps à autre de me balader autour du stade.

Je m'imaginais, lorsque je me préparais dans le vestiaire et que les supporters arrivaient de tous côtés pour voir le match.

Restons encore un peu avec le ballon rond.

J'ai toujours adhéré au syndicat des joueurs de football professionnels, l'UNFP.

Il regroupe des hommes de très grande qualité, beaucoup d'anciens professionnels. J'en profite pour les saluer et dire que jusqu'à aujourd'hui, ils n'ont jamais oublié de m'envoyer un message de vœux, chaque année, ainsi que de me souhaiter mon anniversaire.

Je ne les ai pas rejoints avec l'idée de renverser mes présidents.

Le syndicat apporte son aide sur des aspects spécifiques du métier de footballeur, comme les besoins en assurances adaptées, ou lorsque les joueurs se trouvent en difficulté ou en attente d'un club. Concrètement, chaque été, il y a des stages pour permettre de se préparer et surtout de pouvoir jouer contre des équipes professionnelles en préparation.

C'est pourquoi dans cette période estivale j'ai été sollicité pour encadrer, entraîner et accompagner les joueurs en transition, j'ai aimé venir apporter ma quote-part à Vichy et ailleurs.

Je l'ai fait avec grand plaisir pendant quelques années d'affilée.

Je parlerai maintenant des pierres.

Celles pour lesquelles, en 2014, je suis rentré au conseil municipal de Saint-Léger, parce que monsieur le maire était venu me voir pour que l'on discute ensemble de cela.

Cette fois, ce n'était pas pour empêcher l'implantation d'une grande porcherie mais parce le clocher de l'église se détériorait très sérieusement.

Il avait apprécié la manière dont j'avais restauré ma maison, mettant en valeur les pierres apparentes de Bourgogne. Il connaissait également ma proximité avec l'Église universelle.

Avant de poursuivre en direction de la mairie, je vais m'arrêter pour une petite sucrerie concernant ce sujet.

La restauration de notre maison, datant de 1643, a fait également partie de mes occupations post footballeur professionnel. J'ai découvert l'artisanat dans toute sa dimension puisque j'ai moi-même participé à presque tous les travaux de façon physique.

Depuis mon passage à Laghet, je souhaitais faire un lieu dans la maison, plus spirituel, comme un oratoire ou pourquoi pas une chapelle… M'étant cultivé de façon assez intense sur les constructions des églises, des cathédrales, comprenant la logique entre la foi des fidèles, la liturgie de l'Église, le sens sacré, les nombres, donnant son orientation à toutes choses, j'interpellais plusieurs personnes à ce sujet.

Pour gagner du temps et faire simple, ma construction voulue, idéale, se situait entre la cathédrale de Chartres, celle de Paris, la basilique du Sacré-Cœur et les abbayes cisterciennes que saint Bernard nous a laissées. Évidemment, avec un soupçon de mesure, en voyant les choses « un peu plus petit », tout de même. Mais sans tergiversation aucune sur les connaissances et réalisations nécessaires.

C'est dans cet état d'esprit que j'invitais trois personnes à des dates différentes afin qu'elles comprennent ce que je désirais voir sortir sur mes terres. Quelqu'un qui avait écrit à ce sujet ainsi que deux architectes. Après leur avoir fourni et récité de façon encyclopédique mon savoir sur le transept, la croisée d'ogives, j'ai tout de suite eu l'impression de créer comme une distance.

Je me suis toujours demandé pourquoi personne, aucune d'entre elles, n'a jamais donné suite à ces idées tellement simples !

Finalement, très simplement, c'est dans cette dépendance de l'ancien atelier que j'ai trouvé la solution. Pour l'anecdote, c'est avec Jean, dit « petit Jean », un artisan d'origine portugaise qui a travaillé pour des édifices historiques et religieux, que nous avons pu réaliser cette chapelle, aidé de ses amis, Gabriel, Emmanuel et Jésus.

Quant au tailleur de pierres qui a posé l'autel, il se nomme Éric Couvent. Pas mal tout de même…

Je les salue tous et les remercie profondément !

C'est donc en ce sens que monsieur le maire souhaitait ma venue, dans un travail similaire à faire pour la rénovation de l'église.

Je me suis donc lancé pour d'abord comprendre l'histoire de l'édifice mais également l'Histoire de France puisqu'il faut savoir exactement qui fait quoi.

Pour être synthétique, depuis la Révolution de 1789, les biens ecclésiaux ont été récupérés par l'État français, qui signait une charte unique au monde en 1905, charte qui peut se résumer ainsi : Les nouveaux propriétaires (l'État) ne peuvent en être les utilitaires puisque ces édifices servent uniquement aux professionnels pour lesquels ces églises sont construites (la première en France a été érigée entre le IIIe et le IVe siècles).

Le propriétaire ne pouvant plus à ce jour assumer les travaux nécessaires évalués par les architectes des bâtiments de France, c'est donc par la création d'une association et surtout, comme d'habitude, par la générosité des Français, cléricaux ou anticléricaux, baptisés ou non, croyants ou non, très simplement tous ces Français qui aiment tant leurs bourgs, leurs villages, leurs villes, leur pays, et ce depuis toujours.

Ayant donc un pied dans les deux camps, c'est avec beaucoup d'énergie que je me suis mis à superviser, à m'investir pour mettre en œuvre tout cela.

L'église du XIIe siècle étant conséquente, il a fallu couper les travaux en quatre tranches. Pendant les six ans de ce mandat, jusqu'en 2020, nous avons réussi à terminer la première tranche concernant principalement la toiture et ainsi restaurer complètement ce clocher très atypique.

Je vous invite à venir voir !

Place maintenant à mes successeurs, aucun doute sur ces bonnes âmes, qui doivent et vont maintenant poursuivre ce chantier.

Glissons maintenant nos mains dans les gants de gardien de but, lors de l'été 2012.

Jean-Guy Wallemme était l'entraîneur de l'AJ Auxerre.

Un samedi, un peu avant cette période estivale, à la mi-temps d'un match lors duquel je donnais mon expertise sur Canal+, il m'envoie un message me demandant de le rappeler.

C'était pour me proposer le poste d'entraîneur des gardiens du but de l'équipe professionnelle.

J'ai accepté, d'abord parce que les présentations ne sont plus à faire et surtout parce que ce club a une consonance et une résonance particulières en Bourgogne. Pas très loin de chez moi.

J'ai beaucoup apprécié qu'il m'appelle !

Je me suis lancé dans ma fonction et je pense avoir fait un travail sérieux avec les gardiens Olivier Sorin et le jeune Donovan Léon que nous avons lancé.

J'ai pris beaucoup de notes tout au long de ma carrière auprès de mes différents entraîneurs des gardiens de but. J'ai eu la chance d'en côtoyer d'excellents.

Les résultats n'ont pas été à la hauteur de l'ambition, qui était de remonter en Ligue 1.

À la fin de la saison, quand Jean-Guy est parti, le président du club, M. Bourgoin, m'a demandé de rester pour continuer de chapeauter l'ensemble des gardiens de but du club.

J'ai vraiment hésité devant cette très belle proposition, mais, m'étant également investi dans beaucoup de dossiers dépassant le cadre de celui des gardiens, l'objectif étant d'accéder de nouveau à l'étage le plus haut étant raté, j'ai simplement ressenti cette non-réussite comme la mienne autant que celle de Jean-Guy. J'ai préféré arrêter.

C'est durant cette période que Jude, le frère de Matthieu et Lucas, est arrivé, le 15 octobre 2012.

C'est également dans ce même temps qu'une rencontre a été déterminante pour le futur des deux aînés, avec la découverte d'une des plus brillantes facultés de philosophie.

Facultés Libres de Philosophie et de Psychologie. IPC.

Je salue particulièrement le doyen de cette période, M. Boyancé.

C'est maintenant M. Brochier qui lui succède.

J'en profite pour faire une relance à la main de remerciements à M. Galhac ainsi qu'à tous les autres professeurs.

En février 2008 il y a eu une brève aventure avec le club du FC Gueugnon.

N'oublions pas que le club a gagné la Coupe de la Ligue contre le Paris Saint-Germain en 2000.

Quel exploit !

Les résultats n'étaient pas bons et les dirigeants du club m'ont contacté, me disant qu'ils cherchaient un directeur sportif.

Après avoir discuté des circonstances de ma venue, de mon rôle avec le président, j'ai rencontré l'ensemble du club, à commencer par les joueurs, mais il y a eu une erreur de taille sur la compréhension de mon rôle et de son pouvoir décisionnaire.

En effet, mettant régulièrement plutôt du L, je n'avais pas compris qu'il ne restait que du S.

Alors plutôt que de forcer au risque de tout craquer, j'ai préféré le laisser.

Je suis arrivé le lundi et je suis reparti le vendredi.

Le club n'a malheureusement pas pu se sauver, j'ai été beaucoup peiné.

Je salue les dirigeants avec lesquels j'ai toujours eu de très bonnes relations. Je leur souhaite le meilleur pour continuer à faire vivre ce club.

Je me suis aussi impliqué dans le milieu du vin avec des amis vignerons.

En parallèle, mon leitmotiv était de bien profiter de mes enfants et inversement. De les emmener à l'école, de les accompagner dans leurs différents loisirs.

Tout cela remplit bien la semaine !

C'est en 2009 que j'ai obtenu le Brevet d'état d'éducateur sportif spécifique.

Pendant cette période, j'en ai profité pour mettre en pratique tout ce que j'apprenais à la Fédération, c'est pourquoi j'ai répondu favorablement à l'équipe de mon village Saint-Léger, pendant cette saison. Avant d'obtenir le DES en juin 2018.

En 2017, mon ami Dominique, qui travaille dans une grande maison de vin à Beaune, m'a contacté pour que je vienne en aide à l'AS Beaune, ce que j'ai accepté.

J'ai fait la saison comme entraîneur avec l'objectif de la montée. Raté. Dommage.

La saison d'après, c'est le club du FC Montceau en National 2 qui a souhaité que je prenne la suite de Yannick Chandioux comme entraîneur, partant à Dijon.

J'ai dit oui, pour ce coup de cœur. Comme souvent, j'ai essayé de donner le meilleur de moi-même mais la saison a été difficile.

Je connaissais bien la maison puisque j'ai joué contre l'entraîneur adjoint Lionel Large quand nous étions gamins, dans les derbys enflammés Blanzy-Montceau.

Nous nous connaissons depuis toujours, je lui passe ce message particulier.

Certaines personnes n'ont joué que dans un seul club, ce qui est rare et je trouve cela remarquable.

Mais pour Lionel, il y a mieux : non seulement il a signé sa première licence à l'âge de six ans en faisant toutes ses armes de jeunes (désolé pour les victoires dans les derbys !), mais plus tard, il s'est approché du groupe professionnel. Depuis l'arrêt de sa carrière de joueur, il a sans discontinuer été entraîneur, adjoint... avec une demi-finale de coupe de France !

Bref, toujours présent, quel que soit le temps, les saisons, les joueurs, jusqu'à aujourd'hui encore.

Comme je te l'ai dit, c'est maintenant un devoir moral d'aller jusqu'au bout de cette mission unique et magnifique. Bravo et courage !

En novembre 2019, j'ai rechaussé les crampons et j'ai joué un match avec l'Association Sportive Mellecey-Mercurey.

C'est le club d'un village voisin du mien, connu pour son vin et à juste titre. Le terrain est d'ailleurs au milieu des vignes, quel délice !

Mes enfants ont joué là-bas, se sont épanouis et le papa que je suis a bien souvent été demandé pour donner quelques conseils et appliquer quelques entraînements également.

C'est dire la correspondance depuis tant d'années !

L'entraîneur de l'équipe première à cette période, M. Antoine Biselgo pour ne pas le nommer, a un fils, Thomas, de la même génération que mon deuxième garçon, Lucas.

Nous avons suivi ensemble chaque niveau de nos bambins respectifs, jusqu'à ce qu'ils s'envolent.

Un jour, il est devenu l'entraîneur de l'équipe première.

Il m'arrivait de m'amuser à l'entraînement, de faire quelques matchs de temps en temps.

Antoine me convainc, avec un moyen infaillible, une dégustation de vin blanc, de prendre une licence de joueur, étant certain pour ma part, de façon évidente, que je ne jouerais jamais plus officiellement…

Finalement arrive un match important pour le club, avec l'optique de la montée, dans la banlieue de Chalon-sur-Saône.

Juste avant, M. Antoine me dit que les deux gardiens de but ne peuvent pas jouer pour ce match déterminant. L'un étant blessé et l'autre absent (mouais !). Il me dit également qu'il ne pourra pas être là pour cette rencontre parce qu'il avait un rendez-vous professionnel à Paris, pour l'exposition du vin.

Donc, résumons. Je me retrouve à avoir le choix entre jouer et jouer… le match le plus important de la saison pour le club, un dimanche à 15 heures, dans les origines du football !

Mais quel plaisir !

J'en ai d'ailleurs profité pour encore augmenter mes statistiques sur penalty puisque, juste avant la mi-temps, j'ai réussi à en détourner un !

Nous menions 2-0, et nous avons pris un but sur corner. J'étais peut-être un peu court… sur la sortie.

Il va falloir que je me remette en question sur les coups de pied arrêtés, avec l'analyse vidéo, ce sera possible !

Finalement nous gagnons 1-2.

Encore une joie partagée ! Mais cette fois, avec une différence de chants et de musiques, pour ces jeunes de l'âge de mes enfants…

J'ai dit à mon ami Antoine et aux dirigeants de bien profiter de cette photo, parce qu'elle est vraiment collector. Ils m'ont eu une fois, mais certainement pas deux !

Formidable souvenir, je suis très content que tout se soit très bien passé.

Je pense que c'est le vrai dernier match officiel de ma carrière !

Dans un cas comme dans l'autre, j'ai à chaque fois tenté d'apporter un peu du professionnel que je suis devenu. Avec des durées variables, une semaine, six mois, un an…

L'essentiel a été de transmettre, de partager avec les jeunes, d'échanger avec les personnes dans cette idée de progression.

J'ai toujours suivi le football assidûment, je me fais toujours autant critiquer lorsque je regarde un match à la télévision, mon entourage me reprochant mon hypnose complète pour ce ballon.

Je suis et serai toujours un passionné, cette seconde nature est incarnée.

Puis est arrivé un événement très inattendu, dans mon cheminement spirituel cette fois.

Un jour, la personne responsable en aumônerie du diocèse d'Autun est venue à la maison, plutôt pour parler entre femmes pensais-je, dans une pensée lointaine.

Je ne fais absolument pas partie de la conversation puisque je suis dans la pièce à côté, celle de mon bureau. C'est alors que j'en sors pour me faire un café.

Après les « bonjour bonjour » puis quelques banalités, un échange s'engage sur un de mes horaires de travail avant de m'entendre poser cette question : « Cela ne vous dirait-il pas de prendre un peu de temps et de venir vous occuper de personnes âgées en aumônerie pendant vos temps libres ? »

J'ai d'abord failli me retourner pour voir si quelqu'un d'autre n'était pas entré dans la pièce, derrière moi, si j'étais bien la bonne personne à qui cette phrase était adressée.

À cette question, la première réponse que j'avais en tête était : « Heu... chère madame, moi plutôt footballeur... »

Mais Gisèle fut très convaincante pour réussir simplement à me faire venir et voir quel était le concret de cet engagement. Finalement, pourquoi pas ?

Je suis donc allé sur place, découvrir et passer ma semaine. Nous voici dans le bureau pour faire le point, le vendredi.

Je dis que j'ai beaucoup apprécié ce moment, puis Gisèle, très simplement m'explique que sa mission de responsable en aumônerie dans cette maison s'arrête.

Il y a eu cette espèce de conjonction qui fait qu'avec une bonne organisation, je peux être disponible les après-midi en semaine. C'était donc jouable !

Elle souhaite, au regard de ce temps passé ensemble, que ce soit moi qui prenne… sa succession !

« Ah… d'accord… », lui dis-je.

Je lui dis que je dois tout de même réfléchir. Oui, mais pas longtemps me dit-elle, puisqu'il ne restait plus qu'un mois.

Alors après une petite réflexion, j'ai dit oui et j'ai franchi ce cap vers l'inconnu.

Elle a tellement bien enrobé la chose qu'elle m'a donné les clés du bureau, et, depuis 2015, j'occupe ce poste.

Pour être tout à fait clair, cela faisait huit ans avant cette décision que je faisais des retraites spirituelles.

J'ai donc appris, étudié, approfondi la théologie, ainsi que la philosophie avec les pères spirituels de l'abbaye de Saint-Joseph de Clairval à Flavigny-sur-Ozerain.

J'étais sans le savoir comme *prêt* pour ce genre de mission, même si celle-ci est très spécifique.

Au départ, je ne cache pas que ce n'était pas simple du tout, dans le sens où je me demandais un peu ce que je faisais là, dans ce nouveau monde ! Il fallait comprendre tous les rouages et tout ce qui était nécessaire, mais j'étais quand même dans la continuité de quelque chose que j'aime faire, c'est-à-dire échanger et connaître les gens.

L'objectif est de prendre soin des personnes humaines quelles qu'elles soient. Les visiter pour elles-mêmes et si elles souhaitent, discuter, échanger, parler de ce qui va moins bien dans leur vie…

Alors nous prenons le temps nécessaire mais nous le faisons sous le regard de la foi, c'est-à-dire de la charité, qui est l'Amour pour son prochain.

Il faut d'abord vouloir aimer pour être en aumônerie, avoir la foi et apprendre à bien connaître les sacrements de l'Église catholique, pour parler de Dieu puisque ce sont tout au long des premiers siècles de l'ère chrétienne justement, que les religieux et religieuses ont fondé les hôpitaux, les léproseries, les hospices, les foyers et autres orphelinats.

Gratis.

Avec cet engagement, autant que possible, nous apportons donc pour ceux qui le souhaitent, que ce soit de façon personnelle ou collective, en accord avec la direction des maisons, les temps forts de ce que tout homme peut espérer dans sa foi catholique, immuable depuis plus de 2 000 ans.

Il a fallu avoir l'aval de l'évêque, Monseigneur Rivière, responsable du diocèse, et du directeur de la maison.

Ce qui est génial c'est que les personnes âgées ne savent pas du tout ou alors très peu que j'étais joueur de football.

Pour elles, je suis Guillaume, avec cette dimension humaine, dans ces moments si particuliers de leur vie.

Mon histoire avec le football n'était toutefois pas finie.

En janvier 2021, j'ai été intervenant dans une conférence sur le thème des gardiens de but organisée à Dijon par la FFF et M. Aurélien Miconnet, avec l'excellente idée de l'amélioration de leurs entraînements. Par ailleurs, il y a désormais des modules portant sur la connaissance du gardien de but, permettant de passer les diplômes d'entraîneur, mais surtout de très bien se former sur le sujet.

Dans l'assemblée se trouvait l'entraîneur adjoint de l'UF Mâconnais, Clément Cédil, que je salue. Depuis 2020, la présidence du club avait changé, c'est M. Alain Griezmann, le papa d'Antoine, qui avait pris cette responsabilité avec l'idée et l'ambition réelle de faire grimper les échelons du club qui a permis à son fils d'émerger.

L'entraîneur du club, Romain Paturel, m'a appelé et m'a demandé s'il était possible de se rencontrer. Il a souhaité venir me voir chez moi, il s'est déplacé, nous avons discuté.

Cette simple démarche m'a en elle-même convaincu.

Nous avons convenu bien sûr que je ne pourrais pas venir tous les jours mais que c'était d'accord pour faire des spécifiques pour les gardiens de but deux fois par semaine.

C'est ainsi que tout a commencé lors de l'été 2021, pour le début de la nouvelle saison.

Entre-temps j'avais également eu Alain Griezmann au téléphone puis nous nous sommes rencontrés à Mâcon.

Le feeling est passé rapidement entre nous.

J'ai d'abord apporté mon expérience pour les gardiens de but, mais je le fais également un peu plus largement lorsque l'on me le demande.

Nous avons fait une première saison qui je pense fut historique. Aucune défaite et un seul match nul ! Le reste en victoires et une montée en Nationale 3.

En avril 2022, Alain m'a demandé de devenir directeur sportif, puis, dans la foulée, une autre très belle performance fut réalisée au printemps 2023 avec une nouvelle montée, en Nationale 2 cette fois.

Je suis devenu manager général en juin 2023.

L'ambition est de développer le club, le plus haut possible.

Je me suis pris au jeu et je suis vraiment impliqué dans ce projet.

Nous nous entraînons maintenant tous les jours.

Les infrastructures sont bonnes, Mâcon est la préfecture de Saône-et-Loire et il y a une famille derrière qui veut vraiment construire un esprit club, c'est un vrai beau projet.

Il n'y aura plus qu'à faire venir Antoine Griezmann pour la fin de sa carrière !

18.
LA VIE, FOI ET RAISON

Après ma seconde blessure et l'épisode qui s'en est suivi quelques mois plus tard au sanctuaire de Laghet, j'ai eu une profonde envie de découvrir tout ce qui existe de la chrétienté en France.

Force est de constater que je ne n'ai pas été déçu.

En 2007, je suis donc rentré dans ma région avec cette idée de me cultiver sur les trésors d'architecture, de culture et de culte chrétien, je dirais du sens commun dans lequel nous naissons et vivons, car tout est lié, jusqu'au calendrier que l'on déconstruit malheureusement, petit à petit.

La France est bien la fille aînée de l'Église également dans ce sens-là, même si les fidèles ont majoritairement perdu la pratique.

J'ai donc pris mon bâton de pèlerin pour aller visiter l'abbaye de Fontenay bâtie en 1118, située au nord de la Bourgogne et inscrite au patrimoine mondial de l'UNESCO depuis 1981, la basilique du Sacré-Cœur de Paray-le-Monial, l'abbaye Saint-Philibert de Tournus, le sanctuaire de l'Enfant Jésus de Beaune, Cluny, Cîteaux, pas seulement en tant que touriste mais en chrétien priant. Je ne cite pas toute la liste qui continue d'ailleurs de s'épaissir.

Un jour, c'est le curé de la paroisse du village de Saint-Léger-sur-Dheune qui me conseilla d'aller pas très loin, en direction de Dijon, voir l'abbaye Saint-Joseph de Clairval à Flavigny-sur-Ozerain.

Le village est réputé en chrétienté depuis le VIIe siècle, époque où y fut érigée une première abbaye.

Même si ce sont ces anis qui sont les plus connus aujourd'hui.

Je téléphone donc pour savoir à quelle heure est la messe du lendemain. Onze heures me dit-on.

À notre arrivée, un moine, le frère Michel-Marie, nous accueille, nous demande si c'est nous qui avions appelé la veille pour l'horaire de la messe. Oui.

La messe a déjà eu lieu plus tôt, nous dit-il, car ce jour a finalement été un jour de relâche.

Toutefois, ce moine nous propose de célébrer la messe dans le petit oratoire.

Nous avons été très touchés par la charité de ce frère, finalement devenu notre père spirituel pendant quinze ans, c'est-à-dire comme le grand frère qui nous éclaire par la foi.

Il est aujourd'hui à Solignac, parti relever une nouvelle abbaye.

L'abbaye de Flavigny a une spécificité assez unique.

En effet l'abbé fondateur, après avoir été marié, a perdu son épouse à l'âge de trente ans. Il a ensuite élevé ses enfants puis eu une vocation tardive.

Avec plusieurs hommes, dont le futur père Michel, ils ont souhaité prendre l'habit bénédictin, consacrer leur vie à Dieu et fonder une abbaye.

Ils sont partis en Suisse puis ont reçu les conventions nécessaires de la part du Vatican à Rome, pour s'installer définitivement à Flavigny.

L'abbé fondateur avait inclus la possibilité de faire des retraites spirituelles.

Jusqu'ici me direz-vous, jouer au football sur un terrain aux normes c'est plutôt pratique…

Petites précisions sur les différences entre l'ordre bénédictin et les retraites spirituelles.

C'est Benoît de Nursie, futur saint Benoît, qui a écrit la règle au VIe siècle.

C'est l'un des plus anciens ordres.

Il connaît un succès assez rapide grâce à sa modération. En 817, la règle s'impose dans tout l'Empire carolingien. L'ordre va particulièrement rayonner à partir du xe siècle en partant de Cluny (hé hé la Bourgogne !).

La devise bénédictine est *ora et labora* (la prière et le travail). Aujourd'hui, les bénédictins, en plus de leur vie monastique contemplative et liturgique, sont engagés dans diverses autres activités, notamment l'éducation, les travaux érudits…

C'est dans ce contexte, que sont donc venues s'insérer les retraites spirituelles à Flavigny, qui elles ne sont pas sorties de la même main (saint Benoît) mais de celles de saint Ignace de Loyola, qui fondera un autre ordre, celui des jésuites, d'où est issu le pape François.

À la suite de la découverte de ce lieu, j'ai donc effectué ma première retraite, qui a été complètement déterminante.

Cinq jours pour faire le point, en silence. « Retraite silencieuse, retraite heureuse », selon les propres mots des frères.

Cela nous permet de faire réellement le point avec nous-mêmes.

La retraite est faite de telle sorte que les pères nous orientent sur les vérités de l'homme, celles de notre vie et celles de Dieu.

Il y a une vraie relation bienveillante et cela nous permet de nous ajuster – selon les termes de saint Ignace – et de faire en sorte que notre volonté, cet acte pur, puisse être déterminée librement, dans ce cas précis, à vouloir entrer en relation personnelle avec Dieu.

La liberté, ce libre arbitre si précieux qui donne à l'homme la possibilité permanente de choisir ce qu'il souhaite, de se reprendre s'il vient à se tromper ou d'augmenter ses bonnes activités si la route est vertueuse.

Un jour, après plusieurs retraites effectuées et alors que je discutais avec un frère, le père Cyprien pour ne pas le nommer, celui-ci a commencé à me parler de l'oblature bénédictine, me précisant ce qu'est un oblat : c'est une personne qui se rattache, qui s'agrège à la communauté, à l'abbaye, à l'ordre, mais sans prononcer ses vœux tels que les moines.

Ces derniers donnent leur vie complète à Dieu dans le monastère avec une vie religieuse régulière.

L'oblat bénédictin prend des engagements pour vivre deux choses. La première est la communion fraternelle, la charité envers les personnes qui nous entourent. La seconde, c'est la participation aux bonnes œuvres de l'abbaye, de façon personnelle, en s'unissant autant qu'il est possible aux mêmes temps de prières. Avec également divers dons et engagements dans les lieux de nos choix.

Le père a pris cette image : « Les moines sont comme les acteurs sur le terrain football et les oblats comme les supporters avec une carte d'abonné. »

Parfaite expression !

Je suis devenu oblat bénédictin le 12 août 2011. Jour de sainte Jeanne de Chantal (est-il besoin de préciser qu'elle est bourguignonne).

Étant quelqu'un d'hypersensible de nature, ce haut lieu spirituel m'a touché en profondeur.

Chaque année, je suis toujours comme arrivant pour la première fois.

Avec ces cinquante moines, baignant dans cette ambiance silencieuse.

Précisément pour nous éclairer par la qualité des enseignements sur la réalité de l'homme, la réalité de Dieu, la venue du Rédempteur, le salut éternel, toutes ces questions fondamentales.

Je ressors de là différent dans le sens « batteries rechargées » pour plonger de nouveau dans la vie.

Pour être tout à fait complet, ce sont d'abord les écrits de saint Bernard (né à Fontaine-lès-Dijon, désolé) qui m'ont beaucoup inspiré dans ses explications sur la relation entre la nature et l'homme, notamment avec le cantique de Salomon, touchant son cœur de poète.

Étant également l'un des plus grands promoteurs de l'ordre des Cisterciens, où il rentrera avec ses frères seulement quatorze ans après sa création.

Plus tard, pendant ses trente-huit années de responsabilité, Bernard créera, fera sortir de terre, 68 abbayes, dont sa première à Clairvaux.

Puisque le terrain est inondé, parce que nous sommes plongés complètement dans le bénitier depuis quelques lignes, continuons cette immersion sans nous sécher, avec mon rôle de responsable en aumônerie.

Je préfère dire que je suis responsable en aumônerie, parce que le vrai aumônier, c'est le prêtre.

Je ne pourrais jamais me substituer à son rôle, il est ordonné pour cela.

Ce qui me pousse à assumer ce rôle, cette responsabilité, c'est d'être cet intermédiaire le plus proche pour les personnes, par charité fraternelle, mais également à cause du manque de prêtres. Ce sont ces deux directions qui sont au cœur de cette mission.

Nous sommes dans un pays où la majorité des personnes qui ont entre 70 et 100 ans, voire plus, ont été baptisées, catéchisées et il y a une très forte demande, une nécessité de ce point de vue là.

Nous apportons donc cette aide aux personnes qui veulent accéder aux sacrements de l'Église, nous les aidons à voir un prêtre pour recevoir le sacrement des malades, celui de la réconciliation-confession, à vivre leur foi librement.

J'organise des « animations spirituelles » qui sont simplement des temps de prière, des chapelets, des discussions autour des textes de la Bible, en plus des messes célébrées par le prêtre.

L'autre volet, des plus déterminants, ce sont les visites aux personnes.

C'est un accompagnement de la dernière étape de chaque être, jusqu'à la fin de sa vie.

Ce volet, l'un des plus sensibles est, en ce qui me concerne, dans le cœur de notre engagement.

J'ai vu et vécu pendant la période de Covid-19 beaucoup de drames à ce sujet.

Le premier a été de me retrouver au tout début de l'arrivée du virus, en réunion avec le directeur et les responsables pour savoir quoi faire, les directives arrivant du ministère changeant toutes les heures.

Nous nous sommes posés et, par chance, j'ai pu donner mon avis en qui concerne l'éthique en partant des personnes. J'en profite pour saluer tous ces hommes et ces femmes avec qui nous avons pu gérer cette crise du mieux possible.

Puis je me suis retrouvé tout à coup seul dans les couloirs, d'abord avec rien, puis habillé comme venant d'une autre planète, de même que tout le personnel soignant, à visiter une par une ces personnes dans ce désert humanitaire.

Je voudrais simplement orienter ma pensée sur trois sujets qui me paraissent essentiels.

Le nombre de décès effectifs dus au virus a été important et non discutable. Mais tout à coup, tout le monde mourait de covid. Ce qui est faux.

De ce que j'ai vécu pendant ces deux années, si je compare la proportion avec des virus connus (grippe, gastro) d'une maladie (cancer) déjà existante, ce nouvel arrivant, le covid, était une réalité mais était loin de ce fléau terrifiant de la grippe espagnole par exemple. Je ne pourrais pas écrire ces lignes si cela avait été le cas.

Cette gestion idéologique a créé de façon beaucoup plus subtile, avec l'isolement obligatoire, la perte du sens de la vie. Le nombre de personnes que j'ai accompagnées et inscrites dans cette ligne spécifique, se laissant aller à la mort, est très élevé.

Il en résulte une autre réflexion, celle de la santé des personnes qui entrent en EHPAD.

C'est un moment et un sujet très délicats, que toute famille responsable se pose et se posera un jour ou l'autre.

Ce choix difficile appartient à chacun dans une réflexion intime familiale, l'altération naturelle, la vieillesse de la nature humaine, une maladie physique ou intellectuelle, ou les deux.

Chaque personne est unique et mérite une réflexion propre pour son meilleur bien.

C'est mon propos avec l'expérience qui est maintenant la mienne, c'est qu'en prolongeant ce raisonnement à cent personnes qui sont ensemble dans cet établissement spécialisé, l'on peut se demander si chacune pourra être prise en charge de façon particulière. Chacune a des besoins différents. Peut-être 5 minutes pour l'une, 10 pour une autre ou encore 1 heure pour cette dernière, sans parler de certains soins spécifiques nécessaires.

Les statistiques montrent que les infirmières ou aides-soignantes passent moins de deux minutes par jour à prendre le temps simple d'une discussion.

Non pas qu'elles ne le veuillent pas, bien au contraire, ce sont des héroïnes des temps modernes, en tout cas ce sont les miennes, tout comme l'ensemble des gens qui veulent soigner, prendre soin des hommes et des femmes dans leur dignité, jusqu'à leur dernier souffle.

J'ai combattu avec elles, j'en ai même vu ne pas rentrer chez elles au plus fort de la tempête, être si proches pour ne pas laisser la personne partir seule.

Alors il y a comme une dissonance entre le don de toutes ces personnes, leur vocation qui est la plus noble parce qu'elles aiment et veulent soulager, soigner et la réduction permanente des budgets !

Combien coûte ce geste gratis de cette femme ? Quelle a été sa récompense méritoire ?

La vie a-t-elle un prix ? Ou le prix de la vie va-t-il bientôt être mis en rayon avec une date de péremption, ne l'est-il pas déjà d'ailleurs ?

Comme disait le pape saint Jean Paul II, « l'important n'est pas le nombre, mais ce que vous faites là où vous le faites ».

C'est un espoir réel, concret, profond, qui dépasse nos pensées, c'est l'espérance !

C'est en ce sens que je rends également hommage à mes hirondelles. J'aime beaucoup les rustiques venant chaque année dans mon garage pour le printemps, elles sont magnifiques !

Mais, ici je parlerai avec des ailes beaucoup plus grandes, de Marie-Thérèse, de Bernadette C, de Bernadette M, de Nicole, de Michelle, de Christiane, de Françoise D, de Françoise T, de Marinette, de Micheline, de Geneviève, de

Thérèse, d'Odile, de Nathalie et de toutes ces personnes qui ont déjà arrêté et de celles qui vont arriver.

Ce sont les bénévoles qui viennent visiter, écouter, discuter prendre soin des personnes ; et je suis à leurs côtés.

Ce sont elles les responsables d'aumônerie, elles transpirent la charité chrétienne !

Merci, mesdames, mes hirondelles, de votre aide si précieuse ! Vraiment, du fond du cœur !

Je clôturerai ce chapitre avec cette histoire vraie.

Le premier jour de ma prise de fonction était un 1er avril. Si, si…

En même temps à première vue, cela ressemble un peu à cela.

Pour cette prise de contact, nous convenons de faire des visites pour faire connaissance avec les résidents. Nous nous partageons les étages. Je suis au premier, je sors de l'ascenseur, à droite.

Je fonce sur la première chambre. Je frappe, « entrez » me dit-on.

En ouvrant la porte, mon premier regard tombe sur une statuette de la Vierge Marie.

« Bonjour, madame, je suis Guillaume, le nouvel aumônier. »

— Bonjour, moi, je suis Mme D.

Nous faisons connaissance et après un long moment de discussion, je fais cette remarque :

« Elle très belle votre statue de Marie. »

— Ah oui ! Elle vient d'un endroit spécial. Parce que chaque année avec toute ma famille, nous partions en vacances. Elles ont toujours été merveilleuses, il faisait de tout temps très beau et nous faisions deux choses. La première, c'est que nous passions toute une journée dans ce lieu spécial, juste à côté de notre résidence, vous voyez, c'est exactement la réplique de la statue de la Vierge Marie du sanctuaire de Notre-Dame de Laghet. La seconde, c'est que nous aimions beaucoup nous arrêter à la Turbie, surtout mon mari, pour regarder un entraînement des footballeurs professionnels de l'AS Monaco. Il faudra un jour impérativement, que vous puissiez aller faire tout cela ! Cela change vraiment la vie !

— C'est vraiment une excellente idée », ai-je répondu, inerte et enfoncé dans mon siège.

Il y a peut-être là, un début d'explication au pourquoi de la poursuite de cet engagement.

CONCLUSION

Pour conclure, je dirais de façon certaine que ma vie est bien conforme au dessin d'origine.

Ou plutôt la porte d'entrée de cette prémonition enfantine. Par cette ébauche qui s'est avérée bien réelle.

Alors, enfants et parents, soyez toujours attentifs à ce que vos bonnes pensées pour d'éventuelles vocations vous inspirent… Je dis « parents » parce qu'il n'est jamais trop tard de rien.

Vos pensées ne sont peut-être pas que des rêves inaccessibles mais pour cela, il faut se donner la chance d'aller voir le concret de la vie, quel que soit l'âge.

Ce que je pourrais dire aujourd'hui en regardant le même dessin sans guère me tromper :

C'est par le football, pour le football et avec le football que mon histoire s'est écrite et s'écrit aujourd'hui.

Ce ne sera pas sans lui et donc jusqu'à la fin…

Ma vie sera ici.

ANNEXES.
QUESTIONS DE SUPPORTERS

Pendant dix ans, Guillaume Warmuz a évolué sous les couleurs du Racing Club de Lens, l'un des clubs les plus populaires de France. Il a par la suite évolué au Borussia Dortmund, qui draine quant à lui une passion phénoménale sur les bords de la Ruhr.

Il paraissait naturel que le lien établi par le joueur avec les supporters durant sa carrière se répercute dans ce livre, c'est pourquoi 12 supporters (en référence au « 12e homme », surnom donné aux publics les plus fervents) ont pu lui poser une question sur ses accomplissements, ses souvenirs ou sa façon d'aborder les matchs. Parmi eux, beaucoup de Lensois, naturellement, hommes et femmes, jeunes et moins jeunes, mais aussi des fans des autres clubs fréquentés par Guillaume. Et un invité de marque, grand champion français et supporter des Sang et Or, le basketteur Nando de Colo.

Emeline, avec la collaboration de son compagnon, également grand supporter lensois.

Selon vous, quel a été le match qui a fait basculer Lens comme un potentiel prétendant au titre de 98 ?

Je pense qu'il y en a deux. Pour commencer, la défaite 1-0 à Nantes en janvier 1998 après laquelle Daniel Leclercq nous a demandé si nous voulions être champions.

C'est une défaite qui paraît anodine, mais elle a eu son lot de conséquences, elle fut fondatrice.

Évidemment, l'autre match qui nous fait basculer vers le titre c'est sans conteste notre victoire 2-0 à Metz, nous passons devant eux et après c'est fini. Cela dit, nous sommes déjà presque à la fin du championnat, le match à Nantes a vraiment construit notre lancée vers le titre.

Chloé, infirmière, supportrice lensoise de Belgique, parce que Lens dépasse les frontières !

Est-ce que votre foi ou votre spiritualité vous ont aidé dans votre carrière et si oui, en quoi ?

Oui ça m'a beaucoup aidé notamment pour surmonter mes blessures, notamment la première en 1996. Je me suis retrouvé dans une situation que je n'avais pas imaginée, celle où je ne pourrais peut-être plus pouvoir jouer au football.

À cause ou grâce à cette blessure, j'ai pu me recentrer, m'ouvrir et trouver la solution par la prière, et ma foi.

C'est bien évidemment grâce à la médecine et également à tous les efforts de rééducation aussi.

Mais ma foi a eu un rôle central et majeur dans ce moment-là. J'ai demandé de l'aide et cela m'a beaucoup aidé.

Par la suite également, notamment pour préparer les matchs et avoir un peu plus de certitudes et de convictions profondes.

Corentin, supporter lensois depuis toujours, comme son père, qui a suivi les exploits des années 90 depuis l'île de la Réunion où il regardait les matchs en douce en pleine nuit !

Vous avez déclaré que le meilleur souvenir de votre carrière était la victoire à Wembley. Mais à Bollaert, quel match vous a le plus marqué et pourquoi ?

Je ne vais rester que sur le positif !

Il y en a beaucoup qui m'ont marqué, il y a eu des matchs formidables mais celui qui résonne le plus c'est la demi-finale de Coupe de France contre Lyon en 1998.

Nous gagnons 2-0, d'entrée de jeu je fais deux arrêts décisifs et je ne sais pas pourquoi par la suite, j'ai ressenti une ambiance électrique, c'était très particulier. Au moment du second but, je me vois courir vers le coin opposé partager la joie de mes coéquipiers.

J'ai le souvenir d'être en osmose de façon particulière avec le public, ce qui a sûrement dû arriver avant et après, mais ce jour, j'ai ressenti comme quelque chose d'unique.

Ce n'est pas nécessairement que ce match expie ou conjure le sort de la demi-finale perdue contre Montpellier en 1994. J'ai simplement vécu ce match contre Lyon différemment.

Par exemple, le match contre le Celta Vigo est beaucoup plus fort émotionnellement et l'exploit est plus retentissant.

Mais ce match contre Lyon est à classer à part dans mon coin émotion.

Anthony, fidèle supporter lensois et entraîneur d'équipe de jeunes.

Quel fut l'attaquant le plus difficile que vous ayez eu à affronter en match ?

Il y en a trois.

Celui qui m'a marqué le plus de buts, je crois que c'est Sonny Anderson. Nous sommes proches désormais, mais quand nous jouions l'un contre l'autre, c'était très pénible !

Après il y a Thierry Henry qui m'a mis quelques buts mais il a surtout joué en Angleterre (heureusement).

Enfin, je citerai aussi Marco Simone. Qui a été efficace.

Dans la durée, cela reste Sonny, nous avons joué des matchs importants, il était imprévisible, toujours bien placé pour lui, mal placé pour moi.

Il était complètement insupportable !

Guillaume, membre actif de la section Lens Capitale, basée à Paris.

Quelle est votre plus grande joie footballistique ?

Incontestablement, le titre de champion de France.

Après, de façon plus personnelle, il y a la victoire à Wembley, c'est symbolique, c'est une joie immense.

Mais, il n'y a pas de discussion possible, c'est le titre avec le RC Lens.

Être champion, c'est 34 matchs qui restent gravés dans le marbre.

Nando de Colo, basketteur professionnel, vice-champion olympique en 2021, vainqueur et MVP de l'Euroligue en 2016, supporter lensois, gardien de but à l'occasion de son premier match officiel de foot quand il avait neuf ans.

Quelle a été la plus grosse évolution sur le plan technique que tu as pu constater entre les gardiens de but des années 90 et ceux d'aujourd'hui ? J'aimerais aussi savoir comment tu restais actif et concentré pendant un match alors que le gardien est « le moins concerné » par le jeu direct ?

La plus grosse évolution a été l'intégration du gardien dans la complétude du jeu.

Le gardien est devenu à partir de la règle du jeu au pied de 1992 un joueur de football à part entière. Il est maintenant complémentaire, associé pleinement à l'équipe.

Je crois que c'est l'évolution majeure qui a eu lieu ces dernières années. Le gardien est et sera toujours d'abord gardien de but, pour sauver et empêcher le ballon de rentrer dans le but. Mais il est complètement assimilé à ses équipiers comme joueur de football.

Maintenant partout, dans toutes les catégories, à tous les niveaux, les jeunes sont tout de suite très complets.

Il me semble là, avoir la plus grande évolution technique, elle se manifeste dans les entraînements, dans la préparation et dans la mentalité du poste.

Concernant la deuxième question, c'est très intéressant, parce que j'ai fait tout un apprentissage par rapport à ce moment favorable à la déconcentration. Justement pour rester concentré.

J'ai trouvé la solution, par le sens du placement. J'ai donc toujours cherché à me positionner en fonction du ballon pour rester concentré.

Prenons un exemple.

Imaginons un corner pour mon équipe. Je pourrais très bien rester adossé à mon poteau pour regarder l'action se dérouler et donc rester inactif.

Mais mon idée est plutôt d'être, dans une recherche de positionnement parfait.

Peut-être dans ce cas au-delà de ma surface de réparation pour être le plus proche possible de la balle.

Ensuite, dès que le corner est tiré, c'est de suivre simplement la trajectoire de la balle en petits pas de réajustement permanent.

La solution en fait est de jamais être statique.

Ne jamais regarder le match à la télévision, mais être intégré dans le petit écran !

Cette attitude du suivi permanent de l'évolution du ballon, surtout lorsque cela fait un moment que le ballon ne s'est pas approché, est un anti-endormissement.

C'est le moyen de concentration le plus efficace.

Tom, supporter lensois expatrié en Normandie, affichant Guillaume Warmuz en photo de profil sur son compte Twitter.

Comment avez-vous vécu votre fin de carrière au RC Lens puis votre retour en 2005/2006 dans la peau d'un adversaire ?

Je raconte tout cela en détail dans le livre.

J'ai été très affecté par la façon dont mon départ s'est déroulé. J'aurais aimé qu'il soit à la hauteur de ce que nous avions vécu, sous les applaudissements des supporters, en les applaudissant de mon côté également. Cela s'est passé différemment.

Je n'ai pas bien vécu mon départ, mais j'ai beaucoup aimé mon retour. Cet accueil si chaleureux.

Dix années ne s'effacent pas comme cela du jour au lendemain.

J'ai jeté mon maillot aux supporters, je ne dis pas que c'était la grande joie de la sortie espérée…

Mais tout cela été très positif, j'ai beaucoup apprécié votre soutien et je pense que cela m'a permis de boucler la boucle.

Loïc, dit Kara, président des North Devils, groupe de supporters du RCL.

Sans langue de bois, quelle ambiance avez-vous préférée parmi tous les clubs où vous avez évolué ?

Sans être langue de bois, c'était l'ambiance des matchs à Bollaert, pour la simple et bonne raison que nous avons régulièrement joué les premiers rôles pendant toutes ces années.

C'est simple, le stade était donc plein et le public était d'un tel enthousiasme que c'était complètement unique.

La masse de supporters à Dortmund est plus importante, j'ai quelques bons souvenirs, la victoire contre le Bayern. Extraordinaire moment, mais ce n'était qu'un seul match.

Frantz, douze ans, supporter lensois comme son papa Hugues au grand désarroi de sa maman lilloise.

Que pensez-vous de l'équipe de Lens actuelle et y a-t-il un joueur qui vous impressionne particulièrement ?

Globalement, je pense que Lens retrouve son identité propre, pas d'un point de vue géographique mais en termes d'attitude et de style de jeu. Un style de jeu extrêmement conquérant, ambitieux, porté vers l'offensive et qui oblige les joueurs à faire ce que le public lensois adore, c'est-à-dire le dépassement de fonction et le dépassement de soi-même. C'est apprécié partout mais particulièrement à Lens.

Au départ, je trouvais même que le style de Franck Haise était trop ambitieux car il n'avait pas les joueurs appropriés, mais il a conservé cette idée-là et c'est lui qui a eu raison ! Chapeau !

Il a réussi à imposer ses idées, à faire un tour de force. On voit que certains des meilleurs joueurs restent à Lens alors qu'avant ils partaient et ça c'est un signe que le club est en train de progresser et de réaffirmer son identité.

Jonathan Clauss a été très bon lors de son passage, sa sélection en équipe de France début 2022 était un petit peu la récompense de ce qui est fait par le club. Je dois aussi citer le capitaine, Seko Fofana, bien sûr.

Alex, surnommé « Gooner Frog » et supporter français d'Arsenal depuis la saison 1993/1994.

Bob Wilson était-il aussi gentil en coach que dans la vie de tous les jours ?

Bob Wilson, c'était la crème des hommes, vraiment. C'était quelqu'un d'une gentillesse !

En partant de Lens, j'ai passé une demi-saison à m'éclater avec lui et David Seaman. Cela m'a fait le plus grand bien !

C'étaient deux gentlemen, ils avaient la grande classe et toujours le sourire.

Bob Wilson avait été international écossais et avait joué dix ans à Arsenal dans les années 1960 et 1970

Ses entraînements étaient différents. Un gardien restait un long moment dans le but et les autres le faisaient travailler. Plutôt que de nous faire enchaîner tour à tour.

Franck BVB, fan et passionné du Borussia depuis 1991, qui a conservé une belle image du passage de Guillaume Warmuz, le premier d'un gardien français à Dortmund.

Le RC Lens et le Borussia Dortmund ont beaucoup de points communs comme l'engouement des fans, le style de région, le climat et la tradition, mais quelles différences avez-vous constatées entre ces deux clubs pendant votre passage en Allemagne entre 2003 et 2005 ?

Il y a beaucoup de points communs réels entre les deux clubs mais leur dimension n'est pas la même.

À Lens, il y a un titre de champion de France, nous avons Bollaert et la Gaillette.

Mais la dimension de Dortmund, c'est plus de titres, dont un de champion d'Europe, plus de joueurs internationaux ou encore 80 000 places dans le stade.

C'est un club beaucoup plus référentiel.

J'ai tout de suite ressenti cette dimension.

Lens est un grand club, mais le Borussia est un très grand club.

Quand j'ai signé, je me suis adressé à tout un tas d'anciens joueurs qui me demandaient pourquoi je venais, comme si aujourd'hui les nouveaux joueurs de Lens étaient accueillis par Sikora, Déhu ou moi-même et que nous leur demandions pourquoi ils venaient jouer au Racing.

La dimension du club dans lequel ils se trouvent.

Sébastien, supporter de l'AS Monaco. Il y en a !

Comment s'est passée votre relation avec Flavio Roma à Monaco et qu'avez-vous retenu de cette dernière expérience avant votre retraite ?

Avec Flavio cela s'est super bien passé. C'est un garçon d'une grande gentillesse et d'une grande sensibilité, on s'est très bien entendus. Le fait qu'il se soit blessé rapidement m'a permis de jouer.

Je n'étais bien sûr pas heureux du tout de ce qui lui arrivait. Cette blessure lui a coûté sa place au Mondial 2006 et j'étais réellement très triste pour lui.

Mais ce malheureux événement, m'a permis de me relancer et de faire quasiment une saison complète.

C'était très clair avec Flavio, j'étais numéro 1 bis derrière lui « au cas où » et quand il est revenu de blessure, j'ai repris cette place.

J'ai beaucoup aimé ces deux années à l'ASM. Mon dernier match professionnel était à Nice, derby perdu 2-0.

J'avais commencé ma carrière par une défaite, j'ai fini sur une défaite…

J'ai beaucoup aimé cette dernière expérience professionnelle, cela m'a permis de goûter à nouveau à l'Europe, de terminer sur des moments que je n'espérais plus forcément connaître, c'était la cerise pour bien terminer le gâteau.

REMERCIEMENTS

Sans Alexandre, ce livre serait resté rangé dans un tiroir de mon esprit. Merci pour votre engagement total !

À toute ma famille qui m'a poussé à le faire, merci à tous !

Les amis m'ont dit de foncer, votre aide a été précieuse.

Remerciements tout à fait spéciaux à mon éditeur, particulièrement Emmanuel, à Laure ainsi que toute leur équipe, pour cette confiance totale dans mes écrits.

Merci pour cette liberté !

Pensée spéciale à ma chienne Dune qui vient de nous quitter, mais qui était présente chaque nuit pour veiller sur cette œuvre.

Guillaume

Imprimé en France par CPI
en octobre 2023

Dépôt légal : octobre 2023
N° d'impression : 176034

Talent Éditions est engagé dans le développement durable afin de limiter l'empreinte carbone de la fabrication de ses livres. Soucieux de l'impact environnemental de notre métier, nos ouvrages sont imprimés en France sur du papier certifié issu de plantations gérées de manière écoresponsable. Les livres non commercialisables sont recyclés et réutilisés pour la fabrication d'autres produits cartonnés.
